Befreiung aus gesellschaftlicher Unmündigkeit

JOACHIM PERELS

Befreiung aus gesellschaftlicher Unmündigkeit

Beiträge zur Geschichte und Theorie der Arbeiterbewegung

PETER LANG
Frankfurt am Main · Berlin · Bern · Bruxelles · New York · Oxford · Wien

Bibliografische Information der Deutschen Nationalbibliothek
Die Deutsche Nationalbibliothek verzeichnet diese Publikation in der Deutschen Nationalbibliografie; detaillierte bibliografische Daten sind im Internet über http://dnb.d-nb.de abrufbar.

Umschlaggestaltung:
© Olaf Glöckler, Atelier Platen, Friedberg

Gedruckt auf alterungsbeständigem,
säurefreiem Papier.

ISBN 978-3-631-61090-9

www.peterlang.de

Peter v. Oertzen (1924-2008),
dem demokratischen Sozialisten
in widrigen Zeiten, gewidmet.

Inhalt

Vorwort

Die Befreiung aus gesellschaftlicher Unmündigkeit war seit dem 19. Jahrhundert das weitgesteckte Ziel der demokratischen Arbeiterbewegung. Diese Perspektive, die von Karl Marx über Willy Brandt bis Oskar Negt reicht, verbindet die Beiträge dieses Buchs. Die Kritik am Kapitalismus, am Stalinismus und an der neoliberalen Ideologie bildet den Interpretationsrahmen.

Die ökonomische Dynamik in der Endphase der Weimarer Republik trägt dazu bei, dass das kapitalistische System durch die Beseitigung der rechtsstaatlichen Demokratie gerettet wird. Im Bündnis mit starken Kräften der privaten Wirtschaft gelingt es der Regierung Hitler, die Arbeiterbewegung, die wichtigste Opposition, auszuschalten, die der imperialistischen Politik entgegengestanden hätte. Die Folgen der diktatorischen Rettung des Kapitalismus waren außerordentlich.

Die Staatsdoktrin des Antisemitismus diente als ideologisches Instrument zur „Erklärung" der in der ökonomischen Krise zugespitzten gesellschaftlichen Ungerechtigkeit. Sie wurde, während das privatwirtschaftliche System fortexistierte, den Juden in die Schuhe geschoben. Die Politik auf der Basis der völkischen Doktrin ging, beginnend mit dem Krieg Nazi-Deutschlands, mit der Vernichtung von Millionen Menschen über eine autoritäre Restabilisierung der kapitalistischen Ordnung in außerordentlichem Maße hinaus.

Auch viele Gruppen von Arbeitern, die im Widerstand in der vordersten Linie standen, wurden im Konzentrationslager und im Zuchthaus physisch vernichtet. Diese Gruppen fehlten für den Neuaufbau nach 1945. Die zerstörerische Wirkung des NS-Systems für die personelle Rekonstituierung der Arbeiterbewegung wird exemplarisch am Schicksal Kurt Schumachers deutlich. Der erste Vorsitzende der SPD nach Kriegsende starb wenige Jahre später an den Folgen der 11-jährigen KZ-Haft, ohne dass ein adäquater Nachfolger existierte.

Die Auseinandersetzung mit der stalinistischen Form der Staatswirtschaft ist die andere Seite der Kritik des Kapitalismus. Die ökonomische Despotie der Sowjetunion und des Ostblocks hat mit dem Sozialismus so viel zu tun wie das Christentum mit der Inquisition. Die „politbürokratische Diktatur" (Bahro) des sog. realen Sozialismus negierte, ungeachtet einiger meist erfolgloser Gegenbewegungen, das Ziel der Selbstbestimmung der unmittelbaren Produzenten. So wurde der Sozialismus, der ohne Demokratie, ohne die Aneignung des Produktionsprozesses durch die Arbeitenden, nicht existiert, durch den Ostblock in besonderer Weise und höchst wirksam diskreditiert.

Die neoliberale Ideologie, die die privatwirtschaftliche Ordnung als unüberschreitbaren Endpunkt der Geschichte begreift, die in der rot-grünen Regierungszeit vielfach praktische Politik wurde, wird nicht zuletzt durch das Grundgesetz in Frage gestellt. Es eröffnet, auch als Antwort auf die kapitalistische Diktatur des Dritten Reiches, die Möglichkeit zur Schaffung einer Wirtschaftsordnung mit gesellschaftlichem Eigentum an den Produktionsmitteln (Art.15 GG), die an rechtsstaatliche Garantien und die persönlichen und politischen Freiheitsrechte gebunden ist (Art.1 Abs.3, Art.79 Abs.3 GG). In der Periode der rot-grünen Regierung wurde der Neoliberalismus von Olaf Scholz, dem Generalsekretär der SPD unter Gerhard Schröder, zum Programm erhoben: Dem Begriff des demokratischen Sozialismus, den er einen Sprechunfall nannte, sprach er eine geringe Aussagequalität zu. Wenige Jahre später übernahm der sozialdemokratische Bundeskanzler die Kernaussage des Neoliberalismus. Er erklärte, dass der Kapitalismus wie kein anderes System Freiheit, Sicherheit und Wohlstand gewährleiste. So spielt die Frage einer Transzendierung des Systems der privaten Profitmaximierung in der SPD, deren Widerstandskämpfer gegen Hitler nicht zuletzt für das Ziel einer demokratischen Wirtschaftsordnung ihr Leben ließen, keine zentrale Rolle mehr. Dabei besitzt die Sozialdemokratie eine auch für die Gegenwart erhellende Tradition großer Analysen der zuletzt mit der Finanzkrise aufbrechenden ökonomischen Widersprüche – man denke nur an Rudolf Hilferdings „Finanzkapital".

Die Idee einer freieren Gesellschaft ist kein leeres Postulat. Im Unterschied zu Marx' Position, der davon sprach, dass die Arbeiterbewegung keine Ideale zu verwirklichen habe, sondern nur die Elemente der neuen Gesellschaft in Freiheit zu setzen habe, kann schon die Antizipation einer humaneren Ordnung eine mobilisierende Wirkung entfalten. Tatsächlich sind die grossen Reformbewegungen im Ostblock in den Forschungsinstitutionen der CSSR und der Sowjetunion in einer Zeit, als die politbürokratische Diktatur herrschte, von führenden Theoretikern –von Zdenek Mlynar und Tatjana Saslawskaja – so vorgedacht worden, dass eine Konzeption der demokratischen Neuordnung in dem Augenblick historische Wirklichkeit zu werden begann, als eine Wendung an der politischen Spitze mit den neuen Generalsekretären Dubcek und Gorbatschow eintrat.

Die mit dem Denken von Marx verbundene Tradition wird nicht unkritisch vergegenwärtigt. Ihre theoretischen Schranken werden thematisiert. Sie bestehen darin, dass eine sozialistische Gesellschaft ganz im Sinne von Rousseau überwiegend als eine homogene Ordnung vollständiger Interessenübereinstimmung der Individuen begriffen wird. Eine derartige, die Differenz von Allgemeinem und Besonderen aufhebende gesellschaftliche Ordnung bedarf auch keiner rechtsstaatlich-demokratischen Garantien wie der Gewaltenteilung und der persönlichen Freiheitsrechte, die Marx in dem Aufsatz über die Judenfrage von 1843 und in dem Beitrag über die Pariser Kommune von 1871 als Konstruktionsprinzip einer neuen Gesellschaft für überflüssig hielt. Gleichwohl behält der Satz von Marx, „alle Verhältnisse umzuwerfen, in denen der Mensch ein erniedrigtes, ein geknechtetes, ein verlassenes, ein verächtliches Wesen ist“, richtunggebende Bedeutung.

Die Beiträge sind, ohne ihre Intention zu verändern, leicht überarbeitet und z.T. gekürzt worden. Für die Mitarbeit an der Gestaltung des Bands danke ich Angelika Berlit.

Hannover, im März 2011

Joachim Perels

I. Grundlegungen

1.
Demokratische Alternativen zur kapitalistischen Krisendynamik
Das Beispiel des Prager Frühlings

I.

Mit der weltweiten Finanz- und Wirtschaftskrise des kapitalistischen Systems, die Millionen von Menschen in Folge des Zusammenbruchs großer Banken in wirtschaftliche Unsicherheit und Not gestürzt hat, steht die Frage der Legitimität der privatwirtschaftlichen Ordnung, die lange Jahre kein öffentliches Thema war, objektiv auf der Tagesordnung. Dem aber widersprechen übereinstimmend Vertreter der offiziellen Politik – wie Bundespräsident Köhler, Ministerpräsident Koch und Finanzminister Steinbrück. In ihrer Perspektive ist die Krise auf das moralisch defizitäre Fehlverhalten Einzelner zurückzuführen. Steinbrück spricht von der Gier und Raffgier von Teilen der Eliten, von der Maßlosigkeit bei Gehältern und Abfindungen. Dies stünde im Widerspruch zu den weiter gültigen Grundsätzen der sozialen Marktwirtschaft.[1]

Die Krise ist jedoch mit der Personalisierung ihrer Ursachen nicht zureichend zu erfassen, weil sie wesentlich auf den immanenten Funktionsmechanismen der privaten Aneignung des Wirtschaftsprozesses, vor allem durch die Großeigentümer und Manager, beruht, die gerade auch im spekulativen Handeln der für den Kapitalismus bestimmenden Systemlogik der Steigerung der Profitrate folgten. Sie ist auch in einer sozialen Marktwirtschaft mit dem Verfügungsmonopol der ökonomischen Eliten in voller Gültigkeit. Rudolf Hilferding, im Kabinett von Hermann Müller von 1928 sozialdemokratischer Finanzminister der Weimarer Republik, ein Vorgänger von Peer Steinbrück, hat in seinem vor dem Ersten Weltkrieg erschienenen Buch „Das Finanzkapital" die mit der Expansion des privaten Bankensystems verbundene Krisendynamik der Blockierung des Kreditsystems, die die Regression der kapitalistischen Wirtschaft bestimmte, analysiert: „Die Banken sind in dieser Periode (der Krise) nicht mehr in der Lage, das Geld für den Zweck der Produktionserweiterung zu Verfügung zu stellen. (...) In dieser Periode (steht) die Spekulation sowohl in Waren als auch in Effekten in höchster Blüte und stellt sehr gesteigerte Anforderungen an den Kredit. (...) Deshalb werden die Banken die Tendenz haben, ihren Gewinn in der flüssigen Form, in der Geldform, festzuhalten, und damit wird die Ver-

1 P. Steinbrück, Wie geht es wieder aufwärts?, Stern H. 15/ 2009, S. 46.

wandlung in produktives Kapital, also die wirkliche Erweiterung des Produktionsprozesses gehemmt.“[2] So resultiert die restriktive Kreditpolitik der Banken nicht aus ihrem bösen Willen, dem durch Appelle abzuhelfen wäre. Vielmehr ist die systematische Beschneidung der Kreditvergabe nichts anderes als die dem Kapitalismus adäquate Bewahrung der Substanz des Profits der Banken bei hohen Verlusten durch Spekulationsgeschäfte.

Ähnlich wie Rudolf Hilferding hat Ernst-Wolfgang Böckenförde, im Gegensatz zur offiziellen Lesart, die kapitalistische Wirtschaftskrise auf den Begriff einer objektiv sich vollziehenden ökonomischen Logik gebracht. Ausdrücklich bezieht sich Böckenförde, der die realsozialistische Systemalternative der autoritären Staatswirtschaft wegen der Negierung rechtsstaatlich-demokratischer Prinzipien grundsätzlich verwirft,[3] sowohl auf die Analysen von Marx als auch auf die den Kapitalismus in Frage stellende katholische Soziallehre. Ihre Grundposition schlägt sich in dem Postulat Papst Johannes Pauls II nieder, dass der Mensch „nicht Sklave der Wirtschaftssysteme, Sklave der Produktion, Sklave der eigenen Produkte“ werden dürfe.[4] Im Zentrum steht die Erkenntnis der Auswirkungen der Funktionslogik der weltweiten, schrankenlosen Profitmaximierung. Böckenförde resümiert: „Der Kapitalismus (...) krankt nicht allein an seinen Auswüchsen, nicht an der Gier und dem Egoismus der Menschen, die in ihm agieren. Er krankt an seinem Ausgangspunkt, seiner zweckrationalen Leitidee und deren systembildender Kraft.“[5] Während Jürgen Habermas feststellt, dass sich „die Spekulanten (...) im Rahmen der Gesetze konsequent nach der gesellschaftlich anerkannten Logik der Gewinnmaximierung verhalten“ haben und gleichzeitig „die sozialisierten Kosten des Systemversagens die verletzbarsten sozialen Gruppen am härtesten treffen“, konstatiert er doch, dass es kein „Ausbrechen aus dem Universum des Kapitalismus seit 1989/90“ mehr gebe; es könne „nur um eine Zivilisierung und Zähmung der kapitalistischen Dynamik von innen gehen.“[6]

Im Gegensatz zur prinzipiellen Hinnahme des Kapitalismus, auch im mainstream der gegenwärtigen Politik, entwickelt Böckenförde eine grundlegende Infragestellung des Systems der privaten Profitmaximierung, für das der Ge-

2 R. Hilferding, Das Finanzkapital. Eine Studie über die jüngste Entwicklung des Kapitalismus, in: Marx-Studien, 3. Band, hrsg. v. M. Adler/R. Hilferding, Wien 1910, S. 323.

3 E.-W. Böckenförde, Die Rechtsauffassung im kommunistischen Staat, 2. Aufl., München 1968.

4 E.-W. Böckenförde, Woran der Kapitalismus krankt. Die Krise liegt im System, Süddeutsche Zeitung v. 24.4.2009.

5 Ebd.

6 J. Habermas, Nach dem Bankrott der Banken. Nicht der Markt, sondern die Politik ist für das Gemeinwohl zuständig, DIE ZEIT v. 6.11.2009.

brauchswert der Produktion, die Interessen und Bedürfnisse der breiten Masse der Bevölkerung eine nachrangige Größe des „geldheckenden Gelds“ (Marx) sind. Die Notwendigkeit der Transzendierung der privaten Profitlogik des Kapitalismus formuliert Böckenförde so: „An die Stelle eines ausgreifenden Besitzindividualismus, der das als natürliches Recht proklamierte potentiell unbegrenzte Erwerbsinteresse der Einzelnen, das keiner inhaltlichen Orientierung unterliegt, zum Ausgangspunkt und strukturierenden Prinzip nimmt, müssen ein Ordnungsrahmen und eine Handlungsstrategie treten, die davon ausgehen, dass die Güter der Erde, das heißt Natur, Umwelt, Bodenschätze, Wasser und Rohstoffe, nicht denjenigen gehören, die sie sich zuerst aneignen und ausnützen, sondern zunächst allen Menschen gewidmet sind, zur Befriedigung ihrer Lebensbedürfnisse und der Erlangung von Wohlfahrt.“ Eine derartige Alternative zum Kapitalismus, die an die Gedankenwelt Thomas von Aquins anknüpft, für den die irdischen Güter die Aufgabe haben, „der Bedürftigkeit der Menschen insgesamt aufzuhelfen“, verändert die fremdbestimmte, durch das System privater Verfügung bestimmte Stellung der Menschen im Produktions- und Reproduktionsprozess der Gesellschaft von Grund auf. Dann erscheint „Solidarität (...) als strukturierendes Prinzip des menschlichen Miteinanders auch im ökonomischen Bereich. (...) (Die Menschen) werden Subjekte und Partner im Bereich von Nutzung, Handel und Erwerb statt Objekte möglicher Ausbeutung.“[7]

II.

Dass das privatwirtschaftliche System auch in der Finanzkrise ohne Alternative sei, weil jede nichtkapitalistische Ordnung notwendig mit einem System politischer und gesellschaftlicher Unfreiheit verbunden sei, ist die Auffassung der führenden Repräsentanten in Wirtschaft und Staat, aber auch in der Wissenschaft. Diese These, die tatsächlich ihr fundamentum in re in der jahrzehntelangen politbürokratischen Diktatur der staatswirtschaftlichen Systeme des Ostblocks unter der Vorherrschaft der Sowjetunion hat,[8] besitzt jedoch, wenn man den historischen Prozess in den Blick nimmt, keine durchgängige Geltung. Nicht nur verschiedene, z.T. begrenzte oder auch weitgreifende demokratische Reformversuche in den Jahren 1956/57 in der Sowjetunion, in Polen, in der DDR und in Ungarn, die die hierarchischen, von der Parteispitze bestimmten Herrschaftsstrukturen verändern sollten, zeugen, ungeachtet ihres durch die parteikommunistischen Herrschaftsverhältnisse bedingten Scheiterns, davon, dass eine

7 Böckenförde, Woran der Kapitalismus krankt (Fn. 4).

8 R. Bahro, Die Alternative. Zur Kritik des real existierenden Sozialismus, Köln 1977.

immanente Überwindung der Formen einer nichtkapitalistischen Diktatur konzeptionell und praktisch nicht a limine ausgeschlossen ist.

Der Prager Frühling von 1968, die umfassendste Reformbewegung im Ostblock bis zur Perestroika in der Sowjetunion, ist das historische Experiment der Verbindung einer entstehenden rechtsstaatlichen Demokratie mit einem System öffentlichen Eigentums an den Produktionsmitteln. Die Strategien der Ära Dubcek sind eine exemplarische Versuchsgestalt einer gesellschaftlichen Demokratie von weltgeschichtlicher Bedeutung, die durch die gewaltsame Beendigung durch die vereinigten Machtträger der staatswirtschaftlichen Diktatur von ihrer unabgegoltenen, geschichtlich schon einmal verankerten Wahrheit nichts verloren hat.[9]

Obgleich das Prager Experiment nicht in der Auseinandersetzung mit dem Kapitalismus, sondern im System des autoritären Staatssozialismus entstand, ist die praktisch wirksam gewordene Konzeption einer demokratischen, die Partikularinteressen transzendierenden Vergesellschaftung für Fragen einer Alternative zu den ruinösen Strukturen privater Profitmaximierung unmittelbar relevant.

III.

Die mit der Reformkonzeption der KPC verbundenen institutionellen Veränderungen zielten ins Herz der politbürokratischen Diktatur, die die Erkenntnis- und Entscheidungsprozesse in einer kleinen bürokratischen Oberschicht monopolisiert hatte.[10] Die Gedankenwelt des Vernunftrechts der Aufklärung, die in den modernen Verfassungen – von der amerikanischen Verfassung bis zum Bonner Grundgesetz – ihren Niederschlag gefunden hat, ist darauf gerichtet, die autoritäre Definitionsmacht über die Gesellschaft durch die Konstituierung der Freiheitsrechte, der Gewaltenteilung und die Gesetzgebungsbefugnis des Volkes aufzuheben, durch die die politischen Leitungsorgane – wie immer vermittelt – an den Willen der vereinigten Individuen gebunden werden.

Die gegen eine unkontrollierbare Allgewalt des Staates gerichtete Gewaltenteilung und die persönlichen und politischen Freiheitsrechte bilden die Grundlage der Umgestaltung. Wie die Gerichte allein an das Gesetz gebunden und politischer Einflussnahme entzogen werden, so sollte der Sicherheitsapparat entmachtet und von der Entscheidung politischer Konflikte ausgeschlossen werden.

---

9 V. Horsky, Prag 1968. Systemveränderung und Systemverteidigung, Stuttgart 1975; Z. Hejzlar, Reformkommunismus. Zur Geschichte der Kommunistischen Partei der Tschechoslowakei, Köln 1976; Z. Mlynar, Nachfrost. Erfahrungen auf dem Weg vom realen zum menschlichen Sozialismus, Frankfurt/M. 1978.

10 Bahro (Fn. 8).

Parallel wurde die Negation der Herrschaft des Gesetzes durch den parteiamtlich angeordneten Terror gegen sogenannte Abweichler aufgearbeitet und dabei Kriterien dafür entwickelt, welche Sicherungen gegen eine fessellose Staatsgewalt erforderlich sind.[11]

In einem programmatischen Artikel „Unser politisches System und die Teilung der Macht"[12] definiert Zdenek Mlynar, der Theoretiker des Prager Frühlings und Sekretär des Politbüros, die neue Ordnung: „Es wäre ein System, das keineswegs auf die Durchführung von Direktiven abzielt, die von vornherein als richtig anzusehen sind, sondern auf eine Meinungs- und Entscheidungsbildung, die die objektiven Bedürfnisse der ganzen Gesellschaft zum Ausdruck zu bringen hat."[13] Daher erhielten die Freiheitsrechte, anders als in den marxistisch-leninistischen Lehren, in denen sie wegen der angeblichen Übereinstimmung von Staat und Bürgern in ein Herrschaftsinstrument der politischen Führung verkehrt wurden,[14] konstitutive Bedeutung. Das galt zentral für die Meinungsfreiheit, die im Gefolge der Abschaffung der Zensur am 4. März 1968 zur Grundlage der Aneignung des zuvor den Menschen durch die Diktatur der Partei entfremdeten gesellschaftlichen Lebensprozesses wurden. Tatsächlich hieß es in dem von Mlynar formulierten Teil des Parteiprogramms vom 5. April 1968, dem Gründungsdokument einer selbstbestimmten Gesellschaft jenseits des Stalinismus: „Man kann den wirklichen Einfluss der Werktätigen auf unsere gesamte Politik nicht gewährleisten (...), wenn wir nicht für alle Bürger mit juristischen Mitteln konsequent die verfassungsmäßig garantierte freie Meinungsäußerung gewährleisten. (...) Einem werktätigen Volk, dem keine Ausbeuterklasse mehr diktiert, kann man nicht durch willkürliche Auslegung der Macht vorschreiben, worüber es informiert sein darf und worüber nicht. (...) Es ist erforderlich (...), die Jahresergebnisse unserer Unternehmen sowie alternative Gegenvorschläge und Lösungen zu veröffentlichen. (...) In der Presse muss es möglich sein, andere als die offiziellen des Staates, der Parteiorgane und der Publizistik zu vertre-

---

11 Horsky (Fn. 9); Pervertierte Justiz. Bericht der Kommission des ZK der KPTsch über die politischen Morde und Verbrechen in der Tschechoslowakei 1949-1963, hrsg. v. J. Pelikan, Wien 1972; Das unterdrückte Dossier. Bericht der Kommission der KPTsch über politische Prozesse und „Rehabilitierungen" in der Tschechoslowakei 1949-1968, hrsg. v. J. Pelikan Wien 1970.

12 Rude Pravo v. 13.2.1968 zit. nach: CSSR im Umbruch. Berichte, Kommentare, Dokumente, hrsg. v. L. Goldstücker, Wien 1968, S. 96.

13 Ebd.

14 Marxistische Staats- und Rechtstheorie Bd. 3. Der sozialistische Staat, Köln 1975 (Moskau 1972), S. 298; Marxistisch-leninistische Staats- und Rechtstheorie. Lehrbuch, 2. Aufl. Berlin 1975, S. 260, vgl. hierzu J. Perels, Koalitionsfreiheit und „realer" Sozialismus, Kritische Justiz H. 4/1980, S. 403 ff.

ten. (...) Es ist erforderlich, durch juristische Normen die freie Meinungsäußerung auch von Minderheitsinteressen (...) zu garantieren."[15]

In einer Gesellschaft mit gesellschaftlichem Eigentum an den Produktionsmitteln hat die Meinungsfreiheit eine tiefergreifende Bedeutung für die unmittelbaren Produzenten und für die Konstitution des sozialen Lebensprozesses insgesamt. Dies kommt ganz elementar darin zum Ausdruck, dass sich in Betrieben Arbeiterräte bilden, die über ihren engeren Funktionsbereich hinaus sich als Schutzorgane für die Meinungsfreiheit begreifen.[16] So wird die Meinungsfreiheit das institutionelle Medium, durch das die Bedürfnisse, Interessen und Interpretationen der gesamten Gesellschaft ohne den Filter privilegierter Dispositionsmacht zum Ausdruck gebracht werden soll. Die Entscheidungen über die Verwendung des gesellschaftlichen Mehrprodukts, über das jeweilige Verhältnis von Akkumulation und Konsumtion, der Umgang mit der Natur werden der folgenreichen öffentlichen Diskussion zugänglich.

Die Sicherung von Freiheitsrechten in einer nicht-kapitalistischen Gesellschaftsordnung beruht auf der Erkenntnis, dass auch eine derartige Ordnung, im Gegensatz zu der schon erwähnten, die Identität der persönlichen und öffentlichen Interessen behauptenden staatssozialistischen Ideologie, von Interessengegensätzen durchzogen ist, die mit der Umwandlung der privatkapitalistischen Eigentumsordnung nicht verschwinden, sondern eine andere Formbestimmtheit annehmen. Karl Korsch und Wlodzimierz Brus haben dies unabhängig voneinander scharfsichtig erkannt.[17] Zwischen den Interessen der Produzenten, die vor allem mittels der Lohnrate einen erheblichen Anteil am gesellschaftlichen Mehrprodukt beanspruchen und den politischen Leitungsorganen, die das gesellschaftliche Mehrprodukt für langfristige Investitionspläne verwenden wollen, gibt es eine erhebliche Differenz, die nicht administrativ, wie in der stalinistischen Wirtschaftspolitik, aufgelöst werden, sondern in einem demokratischen Diskussions- und Entscheidungsprozess, der ohne die Geltung der Freiheitsrechte nicht möglich ist, zu bearbeiten ist.

---

15 Aktionsprogramm der Kommunistischen Partei der Tschechoslowakei vom 5.4.1968; Mlynar (Fn. 9), S. 334 f.

16 Horsky (Fn. 9), S. 65, 68, Anm. 102.

17 K. Korsch, Was ist Sozialisierung? Ein Programm des praktischen Sozialismus (1919), in: ders., Rätebewegung und Klassenkampf. Schriften zur Praxis der Arbeiterbewegung 1919-1923, hrsg. v. M. Buckmiller, Frankfurt/M. 1980, S. 97 ff.; W. Brus, Sozialisierung und politisches System, Frankfurt/M. 1975, S. 197 f.

IV.

Die Reformkonzeption des Prager Frühlings bekommt dadurch einen zusätzlichen Stellenwert, dass sie zentrale Marxsche Theoreme hinter sich lässt, die sich auf Bauelemente einer Gesellschaft der Selbstregierung der Produzenten beziehen. Hatte Marx in der vielfach kanonisierten Schrift über die Pariser Kommune, die er als endlich gefundene Form der sozialen Emanzipation des Proletariats begriff, die aus der bürgerlichen Revolution tradierte Gewaltenteilung als Begrenzung des Vergesellschaftungsprozesses begriffen und eine demokratisch legitimierte Gewaltenvereinigung postuliert,[18] so zielte die Programmatik der KPC – wie übrigens auch Wolfgang Abendroth als rechtsstaatlich-sozialistischer Verfassungstheoretiker der Sowjetischen Besatzungszone – darauf,[19] die Teilung der Gewalten als Instrument gegen einen allmächtigen Parteiapparat, der die Bindung an das demokratische die Richtung der Politik bestimmende Gesetz sistiert, einzusetzen. Die in der Parteidiktatur Nowotnys vielfach zur Disposition gestellten persönlichen Freiheitsrechte, die eine privatautonome Sphäre (Schutz vor gesetzwidriger Verhaftung, Einhaltung der strafprozessualen Verfahrensregeln, Sicherung des Rechts auf Privatheit) sichern, werden in der Programmatik der KPC als Grundlage des demokratisierten politischen Systems verankert.[20] Im Unterschied zum tradierten Denken der Arbeiterbewegung, für das die persönlichen Freiheitsrechte im Gegensatz zu den Staatsbürgerrechten entsprechend der Marxschen Schrift „Zur Judenfrage" mit denen des Bourgeois zusammenfallen und damit für eine künftige sozialistische Gesellschaft ohne Bedeutung sind,[21] zielt die Perspektive der Prager Reform in die umgekehrte Richtung einer juristischen Sicherung der Sphäre persönlicher Freiheit. Dies ergibt sich insbesondere aus der systematischen Auseinandersetzung mit dem stalinistischen Terror der KPC der 50er Jahre, der die Rechte der zu Verrätern Erklärten mit Füßen trat und dafür das Instrument der Folter einsetzte. Allein 27000 Bürger wurden

---

18 K. Marx, Der Bürgerkrieg in Frankreich (1870/71), in: K. Marx, Politische Schriften, Bd. 2, hrsg. v. H. J. Lieber, Stuttgart 1960, S. 927, 923.

19 W. Abendroth, Die Justizreform in der Sowjetzone Deutschlands (1948), in: W. Abendroth, Gesammelte Schriften Bd. I, hrsg. v. M. Buckmiller/J. Perels/U. Schöler, Hannover 2006, S. 557 f.

20 Aktionsprogramm, Mlynar (Fn. 9), S. 337.

21 K. Marx, Zur Judenfrage (1843), in: K. Marx, Frühe Schriften I, hrsg. v. H.J. Lieber/ P. Furth, Stuttgart 1962, S. 471 ff.; vgl. hierzu grundlegend J. Seifert, Karl Marx und die Freiheitsrechte, in: Marx heute – pro und contra, hrsg. v. O.K. Flechtheim, Hamburg 1983, S. 207 ff.

ohne Gerichtsverhandlung durch einen despotischen Exekutivakt in Zwangsarbeitslager verbracht.[22]

V.

Die emanzipatorische Dimension der Prager Reform und ihres Umgangs mit der Marxschen Theorie ist vielfach verkannt worden. Rudolf Bahro, der kritische Analytiker der Entfremdung im realen Sozialismus, betrachtete die Verlebendigung der Freiheitsrechte der Aufklärungsperiode als Rückfall in überholte bürgerliche Rechtsformen. Eine derartige ultralinke Position, die die Prager Reform als „bürgerlich-restaurativ" ansieht,[23] verkennt die Bedeutung der auf demokratische und liberale Freiheitsrechte gegründeten Stufe der Zivilisation. Sie ist dem Denken von Marx und Engels, aber auch von Rosa Luxemburg direkt entgegensetzt. Die in der bürgerlichen Revolution entstandenen politischen Freiheitsrechte nehmen im Prozess der demokratischen Umgestaltung der Gesellschaft „sozialistischen Charakter" an,[24] weil ihr Anspruch der autonomen Selbstbestimmung der Individuen, der im System ökonomischer Verfügungsprivilegien in seiner Wirkungsmöglichkeit leerlaufen muss, beim Wort genommen werden kann.[25] Entsprechend tritt Rosa Luxemburg der bolschewistischen Parteidiktatur – ähnlich wie ein halbes Jahrhundert später die Prager Reformer – entgegen: „Es ist die historische Aufgabe des Proletariats, sozialistische Demokratie zu schaffen, nicht jegliche Demokratie abzuschaffen." Denn: „Ohne allgemeine Wahlen, ungehemmte Presse- und Versammlungsfreiheit, freien Meinungskampf erstirbt das Leben in jeder öffentlichen Institution, wird zum Scheinleben, in der die Bürokratie allein das tätige Element bleibt." Kurz: „Freiheit nur für die Anhänger der Regierung, nur für die Mitglieder einer Partei, mögen sie auch noch so zahlreich sein, ist keine Freiheit, Freiheit ist immer Freiheit des anders Denkenden. Nicht wegen des Fanatismus der Gerechtigkeit, sondern weil all das Belehrende, Heilsame und Reinigende der politischen Freiheit an diesem Wesen hängt und seine Wirkung versagt, wenn die Freiheit zum Privilegium wird."[26]

---

22 Pervertierte Justiz (Fn. 11); Horsky (Fn. 9), S. 48, Anm. 31.

23 Bahro (Fn. 8), S. 367.

24 K. Marx, Der achtzehnte Brumaire des Louis Bonaparte (1852), in: Marx, Politische Schriften (Fn. 18), S. 319.

25 F. Engels, Anti-Dühring (1878), Berlin 1973, S. 99.

26 R. Luxemburg, Die russische Revolution (1918), hrsg. v. O.K. Flechtheim, Frankfurt/M. 1963, S. 78, 75, 73.

Tatsächlich können die bürgerlichen Freiheiten und verfassungsrechtlichen Garantien in einem Sozialismus der Selbstbestimmung erst in vollem Maße Wirklichkeit werden. Ernst Bloch, der in seinem, dem Denken Rosa Luxemburgs verpflichteten Buch „Naturrecht und menschliche Würde“ den inneren Zusammenhang von sozialer Befreiung und politischer Selbstbestimmung in der Tradition des revolutionären Vernunftrechts der Aufklärung eingehend entfaltet, formuliert prägnant: Die bürgerlichen Freiheitsrechte werden „als unbürgerliche erst zustellbar.“[27]

VI.

Es bleibt die Frage, inwieweit eine gesellschaftliche Demokratie eine große Krise verhindern kann. Hierfür können nur ein paar Stichworte gegeben werden. Max Horkheimer nahm die Problemstellung, aktuell bis heute, so in den Blick, dass die außerordentliche Entwertung des produktiven Potentials der Produzenten und ihrer Produkte in der großen Krise seit 1929 gebieterisch die Frage einer Alternative zum Kapitalismus aufwirft: „Wegen der Unfähigkeit, die Erzeugung und Verteilung der zum Leben auf seiner gegenwärtigen Entwicklungsstufe notwendigen Mittel vernünftig zu regeln, ist die Menschheit (...) dazu gezwungen, auf einem unermesslich viel tieferen materiellen und geistigen Kulturniveau zu existieren als es auf Grund ihrer Schätze an Rohstoffen und ihrer hohen technischen Fähigkeiten möglich wäre.“[28]

Die gegenwärtige Krise beruht auf den Auswirkungen des Systems der privaten Aneignung der gesellschaftlichen Produktion, der Funktionslogik des Kapitalismus.[29] In der Finanzspekulation erfuhr dies seine besondere Zuspitzung. Die Erzielung von privatem Profit löste sich so weit von den realwirtschaftlichen Grundlagen, dass im Moment des Zusammenbruchs der schwindelerregenden privaten Spekulationen sich die destruktive Dynamik der privaten Aneignung in der Erzeugung der Zerstörung unermesslicher Werte niederschlug. So nimmt in der Krise das Auseinandertreten von gesellschaftlicher Arbeit und privater Aneignung die gesteigerte Form an, dass der Tauschwert nicht nur – wie unter wirtschaftlichen Normalbedingungen – dem Gebrauchswert übergeordnet

27 E. Bloch, Naturrecht und menschliche Würde, Frankfurt/M. 1961, S. 164.

28 M. Horkheimer, Vorbemerkung zu K. Mandelbaum/G. Meyer, Zur Theorie der Planwirtschaft, Zeitschrift für Sozialforschung H. 2/1934, S. 228; vgl. auch J. Beerhorst, Vergesellschaftung! Welche Vergesellschaftung? Über Finanzkapitalismus, Krise und Demokratisierung der Wirtschaft, Kritische Justiz H. 2/2009, S. 148 ff.

29 E. Varga, Die Krise des Kapitalismus und ihre politischen Folgen, hrsg. u. eingel. v. E. Altvater, Frankfurt/M. 1969, S. 198 ff.

ist, sondern sich, dingfest gemacht an exorbitant vernichteten Geldmengen, auflöst. Da die Krise aus der Logik der privaten, nur exzessiv gesteigerten privaten Aneignung resultiert, fehlt diesem System die grundlegende, die rationale Rechtfertigung. Auch die Kontrolle der Finanzmärkte, die als Palliativ gegen die Krise von den großen Industrienationen geplant wird, würde sich, so wirksam sie im Einzelnen sein mag, auf der unverrückbaren privatwirtschaftlichen Basis vollziehen, aus der die Krise hervorgegangen ist.

Die periodisch wiederkehrende kapitalistische Krisendynamik, auf deren Erscheinungsform der sozialistische Ökonom Kurt Mendelsohn in der Endphase der Weimarer Republik mit der programmatischen Schrift „Kapitalistisches Wirtschaftschaos oder sozialistische Planwirtschaft" reagierte, während später in der Zeitschrift für Sozialforschung die varianten Formen sozialistischer Wirtschaft, vor allem im Blick auf die Möglichkeit der Verbindung marktmäßiger Regulierungsmechanismen mit den Formen gesellschaftlichen Eigentums an den Produktionsmitteln, im Einzelnen behandelt wurden,[30] ist nur zu überwinden, wenn die Wurzel des Krisenübels, die private Aneignung, die mit der Enteignung der meisten am Produktionsprozess Beteiligten verbunden ist, durch demokratische Bestimmungsformen der Gesamtgesellschaft ersetzt wird. Wenn die Herrschaft der Partikularinteressen des privaten Profits aufgehoben wird, kann die Einheit von Produktions- und Verwendungsformen als eine Art institutioneller Sicherung gegen die Krise entstehen. Die rechtsstaatlich-demokratischen Garantien für ein Mündigwerden der Gesamtgesellschaft sind im Prager Frühling in weitem Maße entwickelt worden. Sie können wie immer modifiziert die Grundlage für eine demokratische Alternative zur kapitalistischen Krisendynamik sein, durch die die gesellschaftliche Aneignung des Produktions- und Lebensprozesses in den Horizont menschlicher Bestimmungsgewalt zurückgeholt wird. Auch demokratische Richtungsentscheidungen für die Ökonomie schließen Fehlprognosen und Irrtümer, die allen Formen der Selbstbestimmung inhärent sind, nicht aus. Aber sie können, anders als in politbürokratischen Diktaturen, in denen ökonomische Krisen – von Hungersnöten bis zu Versorgungsstörungen – durch autoritäre Dezisionen hervorgerufen wurden, öffentlich aufgearbeitet und möglicherweise überwunden werden.

30 K. Mendelsohn, Kapitalistisches Wirtschaftschaos oder sozialistische Planwirtschaft, Berlin 1932; K. Mandelbaum/G. Meyer, Zur Theorie der Planwirtschaft, Zeitschrift für Sozialforschung H. 2/1934, S. 230 ff.

2.
Die Zerschlagung der Gewerkschaften 1933
Schutz des Kapitalismus durch Beseitigung der Koalitionsfreiheit

I.

Mit der Ernennung Adolf Hitlers zum Reichskanzler am 30. Januar 1933 sahen sich die Gewerkschaften als Teil der demokratischen Opposition schwerem Druck ausgesetzt. Im Zuge der Etablierung der nationalsozialistischen Diktatur wurden zahlreiche Gewerkschaftsfunktionäre verhaftet, die Auszahlungen an tausende invalide Arbeitnehmer eingestellt und die institutionellen Handlungsmöglichkeiten der Gewerkschaftsbewegung gewaltsam zerstört. Gewählte Betriebsräte wurden gezwungen, ihre Ämter niederzulegen; in 60 Städten kam es zu Durchsuchungen und Räumungen von Gewerkschaftshäusern.

So besetzten am 1. April 1933 bewaffnete Kampftrupps der SS und der SA, die der preußische Innenminister Hermann Göring wenige Wochen zuvor zur Hilfspolizei mit staatlichen Befugnissen ernannt hatte, das Gewerkschaftshaus im Stadtzentrum von Hannover. In dem umfangreichen Gebäudekomplex, dem wichtigsten Organisationszentrum der hannoverschen Arbeiterbewegung, waren der Ortsausschuss des ADGB, sämtliche Orts- und Bezirksleitungen der Gewerkschaften, die Arbeiterwohlfahrt, die Arbeiterjugend, die Volksbuchhandlung, die Freie Volksbühne, das Sekretariat der Ortsvereine der SPD und ihre Zeitung „Volkswillen" angesiedelt.

Die Okkupation des Gewerkschaftshauses war jedoch weit mehr als eine bloße Hausbesetzung. In einem Zeitzeugenbericht der Fürsorgerin Auguste Will heißt es: „Wir arbeiteten in der Nähstube und flickten alte Kleidungsstücke für Arbeitslose. [...] Ich kam aus dem Büro und wollte zu meiner Nähstube zurück, da stieg plötzlich ein SA-Mann durchs Fenster. Andere SA-Leute traten mit ihren Stiefeln die Türen ein, obwohl diese nicht verschlossen waren. Sie benahmen sich, als sei das Gewerkschaftshaus eine Festung, und schlugen alles kurz und klein. [...] Ich wollte mein Rad aus dem Keller holen. Mir wurde ein SA-Mann zur Bewachung mitgegeben. Er ging mit gezogenem Revolver hinter mir! Ich [sah], wie sie unsere schwarz-rot-goldene und unsere rote Fahne herunterrissen und vor dem Gewerkschaftshaus verbrannten. Aus den Fenstern warf die SA Akten und Büsten unserer Arbeiterführer. [...] Ich selbst war so aufgeregt, dass ich nur noch weinen konnte. Mit solcher Brutalität und Gemeinheit hatte ich nicht gerechnet.“[31] Eine andere Zeitzeugin, Käthe O., erinnert sich: „Wir haben alle auf dem Hof gestanden. [...] August Sander und Scheinhardt [...] wurden von der SS mächtig geprügelt. [...] Frau Scheinhardt durfte ihren Mann überhaupt nicht sprechen, er war weg und blieb weg. Nachher hieß es dann: ‚Auf der Flucht erschossen'.“[32]

Dass die Koalitionsfreiheit, Resultat jahrzehntelanger Kämpfe der Gewerkschaften, in Hannover am selben Tag beseitigt wurde, an dem die Nazis – unterstützt von führenden evangelischen Kirchenvertretern – den Boykott der jüdischen Geschäfte verhängten, ist kein Zufall.[33]

Damit wurde bereits an diesem 1. April 1933 die doppelte Frontstellung des nationalsozialistischen Regimes vor aller Augen kenntlich: Die Diktatur richtet sich gegen das politische Ziel der Arbeiterbewegung, die Fremdbestimmung im privatkapitalistischen Produktionsprozess einzuschränken und zu überwinden sowie gegen die grundlegende Verfassungsposition der rechtlichen Gleichheit aller Individuen. Diese wird den Juden Schritt für Schritt, beginnend mit dem Boykott ihrer Geschäfte, genommen. Am Ende steht die Auslöschung ihres Lebens im Holocaust.

II.

Die Zerschlagung der freien Gewerkschaften war im Programm und in der politischen Praxis der NSDAP vorgezeichnet. Als die Partei vor den Toren der Macht stand und im Reichstag als Oppositionspartei fungierte, knüpfte Hitler Kontakte zu maßgeblichen Führern der Privatwirtschaft, um sie als Unterstützer einer NSDAP-geführten Regierung zu gewinnen. Die angestrebte Regierungspolitik bestand im Wesentlichen aus zwei Elementen: der militärischen Aufrüstung für eine zukünftige imperialistische Expansion einerseits und der Beseitigung der parlamentarischen Demokratie von Weimar sowie der gewerkschaftlichen Organisationsfreiheit andererseits.

---

31 Zit. nach H. Obenaus, Die Märzwahlen 1933 in Hannover, in: Hannover 1933. Eine Großstadt wird nationalsozialistisch, Hannover 1981, S. 61 f.

32 Zit. nach K. Mertsching, Die Besetzung des Gewerkschaftshauses am 1. April 1933 und seine Vorgeschichte, Hannover 1983, S. 38.

33 In der Weimarer Verfassung war die Koalitionsfreiheit zur „Wahrung und Förderung der Arbeits- und Wirtschaftsbedingungen“ garantiert (Art. 159 WRV) Zur Haltung führender Vertreter der evangelischen Kirche zum antijüdischen Boykott vom 1. April 1933 vgl. W. Gerlach, Bekennende Kirche und Juden, 2. Aufl. Berlin 1983, S. 40 ff.; E. Röhm/ J. Thierfelder, Juden – Christen – Deutsche, Bd. 1 1933-1935, Stuttgart 1990/92, S. 141 ff.

Am 27. Januar 1932 erklärte Hitler vor Wirtschaftsführern im Industrieclub in Düsseldorf, jede Form der Demokratie entspreche auf wirtschaftlichem Gebiet dem Kommunismus. Dem Leistungsprinzip der Privatwirtschaft sei [...] eine autoritäre Regierung des „Herrensinns“ angemessen.[34] Noch deutlicher wurde Hitler wenige Wochen später in einer am 18. Mai 1932 gehaltenen Rede vor führenden Industriellen: Sein Ziel sei, „die Gewerkschaften aufzulösen und das demokratische System zu liquidieren.“[35] Auf dem Treffen im Hause des Bankiers Kurt Freiherr von Schröder am 4. Januar 1933 zwischen Hitler und Papen, das „recht eigentlich zur Geburtsstunde des Dritten Reiches geworden ist“,[36] avancieren die Positionen der oppositionellen NSDAP zum Regierungsprogramm des designierten Reichkanzlers Adolf Hitler. Beschlossen wurde in der Kölner Bankiers-Wohnung die Zertrümmerung des Verfassungssystem von Weimar, das Verbot der Gewerkschaften sowie die Ankurbelung der Privatwirtschaft mit Krediten und Rüstungsaufträgen.[37]

Zum machttechnischen Instrument dieser nationalsozialistischen Politik wird die Notverordnung vom 28. Februar 1933 zum „Schutz von Volk und Staat“, die von Reichspräsident Hindenburg zusammen mit dem von ihm ernannten Reichskanzler Hitler nach dem Reichstagsbrand erlassen wird. Dabei wurde Art. 54 WRV, der es ausschließt, einen Regierungschef zu ernennen, der keine Mehrheit im Parlament besitzt, verletzt. Die Notverordnung stellt die persönlichen und politischen Grundrechte – wie die persönliche Freiheit, die Freiheit des Eigentums, des Rechts der freien Meinungsäußerung, des Vereins- und Versammlungsrechts, des Post- und Fernsprechgeheimnisses – zur Disposition der neuen Exekutive. Ernst Fraenkel, in der Weimarer Republik Anwalt des Metallarbeiterverbands, nannte die Reichstagsbrandverordnung „die Verfassungsurkunde des Dritten Reiches.“[38] Durch sie wurden die in der Weimarer Verfassung festgeschriebenen Garantien der politischen Freiheit zerbrochen. Und tatsächlich stützte sich das Hitler-Regime auf diese Notverordnung, durch die im politischen Bereich ein Machtsystem ohne grundrechtliche Begrenzungen errichtet wurde. Spätere Einweisungen in Konzentrationslager wurden ebenso auf

34 Zit. nach K.D. Bracher, Die Auflösung der Weimarer Republik, 3. Aufl. Villingen 1960, S. 441, Anm. 121.

35 E. Czichon, Wer verhalf Hitler zur Macht?, Köln 1967, S. 33.

36 Bracher (Fn. 4), S. 691.

37 J. Perels, Kapitalismus und politische Demokratie, Frankfurt/M. 1973, S. 79.

38 Ernst Fraenkel schrieb noch während seines Kampfes gegen die Nazis in Deutschland das wichtigste Buch über die juristische Herrschaftsstruktur der NS-Diktatur, den er „Doppelstaat“ nannte: E. Fraenkel, Der Doppelstaat (1941), Frankfurt/M. 1974, hier S. 26. Vgl. auch D. Deiseroth, Die Legalitäts-Legende. Vom Reichstagsbrand zum NS-Regime, in: Blätter f. deutsche u. internationale Politik, 2/2007, S. 91ff.

diese Diktaturermächtigung gestützt wie die Prozesse gegen die Verschwörer des 20. Juli 1944.

Auch die gewaltsame Zerschlagung der Gewerkschaften wurde durch die Reichstagsbrandverordnung vorbereitet und praktisch ermöglicht. Ausdrücklich war die in Art. 124 WRV garantierte Vereinigungsfreiheit, deren Spezifikation die in Art. 159 gewährleistete Koalitionsfreiheit ist, durch die Notverordnung außer Kraft gesetzt worden. In der Folge verloren die Gewerkschaften ihren rechtlichen Schutz als staatsfreie Vereinigungen. Der Terror gegen einzelne Oppositionelle, die Verfügung von Polizeihaft gegen Gewerkschaftsfunktionäre, die Versiegelung des hannoverschen Gewerkschaftshauses und die Stationierung von Abteilungen der SS-Hilfspolizei sowie einiger Schutzpolizisten in dem Gebäude basierte auf der Aufhebung der Weimarer Rechtspositionen. Die Garantie der persönlichen Freiheit galt gegenüber den durch SA und SS verstärkten Staatsorganen nicht mehr. Der Schutz der gewerkschaftlichen Organisationsfreiheit unterlag der unbegrenzten Verfügungsgewalt der sich etablierenden Diktatur, die, in einem Aufruf vom 10. März 1933, die „Vernichtung des Marxismus" zum öffentlichen Programm machte.[39] Mit der endgültigen Zerschlagung der deutschen Gewerkschaftsorganisation am 2. Mai 1933 sollte die Koalitionsfreiheit in Deutschland für zwölf lange Jahre nicht mehr existieren.

III.

Die systematische Zerstörung der demokratischen Rechtsordnung in der ersten Phase der NS-Diktatur wurde später – dies verdient erinnert zu werden – von Landgerichtsdirektor Fritz Bauer, der Ende der 40er Jahre aus der Emigration zurückgekehrt war und später Generalstaatsanwalt Hessens wurde, zum Gegenstand eines Strafverfahrens in Braunschweig gemacht. Das bundesrepublikanische Gericht ahndete, im Gegensatz zur späteren Rechtsprechung, die die NS-Diktatur vielfach in einen Rechtsstaat umdeutete,[40] die im Rahmen der Reichtagsbrandverordnung verfügten diktatorischen Maßnahmen. Die Freiheitsberaubungen und Körperverletzungen durch die SA-Sturmtrupps wurden als Verletzung des Strafgesetzbuchs qualifiziert und die Verantwortlichen am 29. November 1949 vom Landgericht Braunschweig zu Freiheitsstrafen verurteilt.[41]

---

39 Der Nationalsozialismus. Dokumente 1933-1945, hrsg. v. W. Hofer, Frankfurt/M. 1957, S. 55.

40 Vgl. J. Perels, Die Umdeutung der NS-Diktatur in einen Rechtsstaat, in: Leviathan, 2/2007, S. 230 ff.

41 Landgericht Braunschweig – 1 Ks 31/48; I. Wojak, Fritz Bauer 1903-1968. Eine Biographie, München 2009, S. 252 f.

Die Illegalisierung der Gewerkschaftsbewegung war umso einfacher möglich, als die Gewerkschaftsführung unter Theodor Leipart vor dem Regime kapitulierte und bereits am 20. März 1933 öffentlich die grundsätzliche Akzeptanz der Diktatur erklärte. Entsprechend agierte der einst republikanische Polizeiapparat; an der Spitze der Geheimen Staatspolizei in Preußen stand ein früherer Parteigänger der Deutschen Demokratischen Partei. Eine vergleichbare Wirkung ging auch von den zum Hitler-Regime übergelaufenen Arbeitsrechtlern wie beispielsweise Hans Carl Nipperdey aus, die das von ihnen einst vertretene Grundrecht der Koalitionsfreiheit negierten und zugleich die Unterwerfung des Produktionsprozesses unter das Führerprinzip legitimierten.[42]

Franz L. Neumann, Gewerkschaftsanwalt in der Weimarer Republik und 1932/33 Justitiar des Parteivorstands der SPD, hat die Funktion der Zerschlagung der Gewerkschaftsbewegung präzise bestimmt. In seinem in der Emigration erschienenen, für die Erkenntnis der Gesamtstruktur der NS-Herrschaft grundlegenden Buch analysierte er die klassenpolitische Zielsetzung des Regimes: „Die Ziele der Monopolmächte konnten in einem System politischer Demokratie zumindest in Deutschland nicht erfüllt werden. Die Sozialdemokratische Partei und die Gewerkschaften waren, obwohl sie ihre streitbare Militanz verloren hatten, immer noch mächtig genug, um ihre Besitzstände zu verteidigen. Ihre defensive Stärke schloss es aus, den gesamten Staatsapparat in den Dienst einer partikularen Gruppe der Gesellschaft zu stellen. [...] Die vollständige Unterjochung durch die industriellen Machthaber konnte nur mit einer politischen Organisation gelingen, in der es keine Kontrolle von unten gab, in der alle autonomen Massenorganisationen und jede Freiheit der Kritik beseitigt waren."[43]

Ernst Fraenkel, mit Neumann in einer gemeinsamen Anwaltspraxis tätig, analysierte die unmittelbar ökonomische Funktion der Beseitigung der Koalitionsfreiheit: „Für den Erfolg der gesamten Investitionspolitik war es schlechthin entscheidend, daß eine beachtliche Steigerung der Nominallöhne über das Niveau der Weltwirtschaftskrise verhindert werden konnte. Die Durchführung dieser Lohnpolitik war gleichbedeutend mit einem enormen Druck, der auf die Arbeiterklasse ausgeübt werden musste. Es wäre für Hitler unmöglich gewesen, die Politik mit einer Arbeiterklasse zu realisieren, deren wirtschaftliche Organisationen noch funktionierten."[44]

---

42 K. Wallbaum, Der Überläufer. Rudolf Dietz (1900-1957). Der erste Gestapo-Chef des Hitler-Regimes, Frankfurt/M. 2010; Hueck-Nipperdey-Dietz, Gesetz zur Ordnung der nationalen Arbeit. Kommentar, München 1939.

43 F. Neumann, Behemoth (1942), Köln 1977, S. 313.

44 Fraenkel (Fn. 38), S. 212.

IV.

Für die Lehre aus der Geschichte ist die Beantwortung der Frage relevant, ob der Sieg Hitlers über die Arbeiterbewegung unvermeidlich war. Die politisch wohl einzige Möglichkeit einer Blockierung der entstehenden Diktatur mittels einer Einheitsfront aller Arbeiterorganisationen, die das Kampfmittel der Massenaktionen bis hin zu einem großen Streik für die Erhaltung der Demokratie eingesetzt hätte, wurde nicht Realität. Die Strategien von SPD und KPD verhielten sich wie Feuer und Wasser zueinander. Rudolf Hilferding, der führende Theoretiker der SPD, schrieb in der Januarausgabe 1933 seiner Zeitschrift „Die Gesellschaft": „Die Nationalsozialisten sind in die Legalität gebannt." Zugleich machte die KPD eine Verteidigung der Weimarer Demokratie dadurch unmöglich, dass sie die SPD als sozialfaschistisch attackierte.[45]

Lediglich punktuell gab es Versuche der Kooperation beider Parteien. Der Chefredakteur des „Vorwärts", Friedrich Stampfer, hatte den Kommunisten Ende Januar 1933 einen Nichtangriffspakt vorgeschlagen. In Hannover schien sich, nach einer Initiative der Kommunisten im Februar 1933, eine gemeinsame Position von SPD und KPD zu entwickeln, die einen Waffenstillstand zwischen den Arbeiterparteien zum Ziel hatte. Vor den Märzwahlen 1933 schlugen die SPD und die Gewerkschaften der KPD vor, jede „gegenseitige Bekämpfung in Wort und Schrift zu unterlassen" und ein „Zusammengehen von Fall zu Fall" zu vereinbaren, um so zu „einer wirklichen Einheitsfront auf bester kameradschaftlicher Grundlage" zu kommen.[46] Dieser Versuch scheiterte jedoch schließlich an der KPD, die auf ihre öffentlichen Attacken gegen die SPD nicht verzichten wollte. Willy Brandt, zu jener Zeit Mitglied der Sozialistischen Arbeiterpartei, der linken SPD-Abspaltung, beschreibt die Lage der Gegenkräfte zu Beginn des Jahres 1933 so: „Hitler hätte kaum mehr zur Preisgabe der Regierungsmacht gezwungen werden können. Aber [...] ein Naturgesetz, demzufolge die Weimarer Republik hätte untergehen müssen, gab es nicht. [...] Die Zukunft Deutschlands (und Europas) hätte anders ausgesehen, wenn die Nazis nicht nahezu kampflos das Feld hätten übernehmen können."[47]

---

45 Zit. nach Sozialdemokratische Arbeiterbewegung und Weimarer Republik. Materialien zur gesellschaftlichen Entwicklung, Bd. 2, hrsg. v. W. Luthardt, Frankfurt/M. 1978, S. 379; zur Sozialfaschismus-„Theorie" s. Perels (Fn. 37)

46 Obenaus (Fn. 31), S. 54 f.

47 W. Brandt, Links und frei, Hamburg 1982, S. 61 f.

V.

Nach der militärischen Niederwerfung der Nazi-Diktatur wird in der Bundesrepublik die Koalitionsfreiheit auf dem Niveau der Weimarer Verfassung wiederhergestellt und das Vermächtnis der zerschlagenen Gewerkschaftsbewegung und ihrer zahllosen Opfer erfüllt. In Hessen wird die Koalitionsfreiheit 1946 sogar durch ein verfassungsrechtliches Aussperrungsverbot verstärkt, das jedoch im Zuge der Wiederherstellung des Kapitalismus bald nur noch auf dem Papier steht.

Die Grundrechtsgarantie für gewerkschaftliche Arbeit ist auch im demokratischen Rechtsstaat immer wieder Gefährdungen ausgesetzt. Diese beruhten in der ersten Phase der Bundesrepublik vor allem darauf, dass die Interpretationsmacht über den Gehalt der Koalitionsfreiheit fast ausschließlich in den Händen derjenigen lag, die als Arbeitsrechtler ihre Beseitigung im „Dritten Reich“ legitimiert hatten und nun – das prominenteste Beispiel ist Hans Carl Nipperdey – als Rechtsinterpreten der Arbeitgeberverbände oder als Richter am Bundesarbeitsgericht tätig wurden.

Tatsächlich wurde die Reichweite der Koalitionsfreiheit durch eine Entscheidung der meisten Landesarbeitsgerichte zu Beginn der 50er Jahre massiv beschnitten. So wurde der an das Parlament adressierte, zweitägige Demonstrationsstreik der Industriegewerkschaft Druck und Papier gegen das Betriebsverfassungsgesetz von 1952 für illegal und schadensersatzpflichtig erklärt. Dieser Streik steht für jene Arbeitskämpfe, die sich auf die Wahrung der vom Staat durch Gesetz festgelegten Wirtschaftsbedingungen richten, die dem Schutzbereich des Art. 9 Abs. 3 GG unterliegen. Mit der Illegalisierung der verfassungsrechtlich verbürgten Organisationsfreiheit der Gewerkschaften wurde der Schutzbereich der Koalitionsfreiheit auf dem Niveau des kaiserlichen Obrigkeitsstaats eingefroren, in dem nur die arbeitsrechtlichen Beziehungen rechtlichem Schutz unterlagen. So wurde die verfassungsrechtliche Lage, die etwa Nipperdey vor der Errichtung der NS-Diktatur ausdrücklich anerkannt hatte, durch die bundesrepublikanische Rechtsprechung überspielt und die Handlungsfreiheit der Gewerkschaften bis heute wirksam beschnitten.[48]

Die größte Gefahr für die Koalitionsfreiheit ging jedoch von den Notstandsplänen der Regierung Adenauer aus. Am 13. Januar 1960 legte Innenminister Gerhard Schröder (CDU) den Entwurf für ein Notstandsverfassungsgesetz vor, das im Ausnahmezustand die Einschränkung der Koalitionsfreiheit „über das sonst vorgesehene Maß“ (§ 1 Abs. 4 Ziff. 2a) hinaus vorsah. Deren Gehalt wäre

48 J. Perels, Die Aufhebung der Legalität des politischen Demonstrationsstreiks, in: ders., Das juristische Erbe des „Dritten Reiches“, Frankfurt/M. 1999, S. 121 ff.

dann gegen staatliche Eingriffe – ähnlich wie in der Reichstagsbrandverordnung vom Februar 1933 – nicht mehr geschützt. Der geplante Angriff auf die Koalitionsfreiheit verfolgte auch ein klassenpolitisches Ziel. So führte Innenminister Schröder 1960 im Innenausschuss des Deutschen Bundestags eine Rede des IG-Metall-Vorsitzenden Otto Brenner als Beispiel für die Herbeiführung eines inneren Notstands an. In dieser Rede, die für den Innenminister „zu allergrößten Bedenken Anlaß gab", hatte Brenner erklärt: „Wir werden nicht vor der Anwendung des politischen Streiks zurückschrecken, wenn es gilt, die Demokratie zu verteidigen."[49]

Dass der Innenminister die Verteidigung der Demokratie mittels der Inanspruchnahme der Koalitionsfreiheit zum Notstandsfall erklärte, zeigte, wie gefährdet die Freiheit der Gewerkschaften war. Dass sich die Linie der Regierung Adenauer, durch die sich die Bundesrepublik in einen „autoritären Besitzverteidigungsstaat" (Kurt Schumacher) hätte verwandeln lassen, am Ende nicht durchsetzte, lag nicht zuletzt an der sozialen Organisationsmacht der Gewerkschaften.

Vor allem der IG Metall gelang es auf dem Scheitelpunkt der Notstandsauseinandersetzung im Jahre 1965 im Bündnis mit führenden Intellektuellen und Verfassungsjuristen, die Sozialdemokratische Partei zur Aufgabe ihrer Position zu veranlassen. Die SPD hatte zuvor ihre Bereitschaft erklärt, die Koalitionsfreiheit für „Zwecke der Verteidigung" (Vorlage des Rechtsausschusses v. 17. März 1965, Neufassung Art. 12 Abs. 2) zur Disposition zu stellen und insoweit die Aufhebung des Streikrechts durch Dienstverpflichtungen zu akzeptieren.

Otto Brenner bündelte die Kritik daran am 11. Mai 1965 auf der Großkundgebung des DGB in der Westfalenhalle in Dortmund. Er sagte: „Die Gefährdung der Grundrechte richtet sich in erster Linie gegen die Arbeitnehmer. [...] Nicht zufällig hat sich die Diskussion auf die Frage der Dienstverpflichtungen, der Beseitigung des Koalitions- und Streikrechts und der Behinderung der gewerkschaftlichen Aktionsfähigkeit in Krisenzeiten zentriert."[50] Dank des breiten, die öffentliche Meinung verändernden Massenprotests, der im Kontrast zum Immobilismus der Arbeiterorganisationen in der Endphase der Weimarer Republik stand, blieb die Koalitionsfreiheit in der 1968 von der großen Koalition verabschiedeten Notstandsgesetzgebung im Kern erhalten.

---

49 Zit. nach J. Seifert, Gefahr im Verzuge. Zur Problematik der Notstandsgesetzgebung, 3. Aufl. Frankfurt/M. 1965, S. 34.

50 Otto Brenner. Ausgewählte Reden 1946-1971, hrsg. v. Jens Becker/Harald Jentsch, Göttingen 2007, S. 376; s. auch J. Perels, Der Kampf gegen die Notstandsgesetze als Aneignung der Verfassung, in: ders., Recht und Autoritarismus, Baden-Baden 2009, S. 160 ff.

VI.

Die Koalitionsfreiheit ist damit jedoch nicht endgültig gesichert. Ein Indiz dafür ist das vom Arbeitsgericht Nürnberg am 8. August 2007 verhängte – allerdings von den Obergerichten nicht bestätigte – Streikverbot gegen die Gewerkschaft der Lokführer wegen der zu erwartenden „wirtschaftlichen Schäden" für die „gesamte Volkswirtschaft."[51] Setzte sich diese Lesart fort, würde die Kernfunktion eines jeden Streiks, nämlich die Erzeugung wirtschaftlichen Schadens, dessen Illegalisierung begründen und der Koalitionsfreiheit damit ihre Wirkungsmacht nehmen.

Wichtiger ist allerdings heutzutage, dass sich durch die Regierungspolitik der letzten zehn Jahre die sozialen Voraussetzungen für die Wahrnehmung der Koalitionsfreiheit strukturell verändert haben. Die Einkommenslage der abhängig Beschäftigten hat sich vor allem durch die Steuer- und Sozialpolitik und die Folgewirkungen der Massenarbeitslosigkeit verschlechtert. Zugleich wurden die wirtschaftlichen Oberschichten über viele Jahre entlastet. Während im Jahre 2001 die Körperschaftsteuer für Unternehmen ganz entfiel, wurden den abhängig Beschäftigten die gesamten Beiträge für das Krankengeld und die Rente abgenötigt. „Wer wenig verdient, zahlt drauf", titelte die Süddeutsche Zeitung am 12. März 2008 in einem Bericht über eine neue OECD-Studie zu den Folgen der bundesrepublikanischen Steuerpolitik.

Zieht man zudem in Betracht, dass die Reallohnentwicklung überwiegend stagniert und durch die Hartz-IV-Gesetzgebung besonders die Armut stark zugenommen hat, dann muss man davon sprechen, dass der biblische Satz – „Wer hat, dem wird gegeben" – in weitem Maße den Inhalt der Politik der letzten Bundesregierungen, ob Rot-Grün oder Schwarz-Rot, bezeichnet.[52]

Das aber bedeutet, dass die tatsächliche Inanspruchnahme der Tarifvertragsfreiheit heute erheblich erschwert ist – allen rechtlichen Möglichkeiten zum Trotz. Inwiefern durch Tarifpolitik allein die Möglichkeit besteht, diese Tendenz längerfristig wieder umzukehren, ist eine offene Frage, von der nicht zuletzt die Zukunft der deutschen Gewerkschaftsbewegung abhängt.

Unter den gegenwärtigen parteipolitischen Bedingungen sind die Gewerkschaften, die als Organisation der abhängig Beschäftigten die Interessen der Mehrheit der Bevölkerung und nicht die einer diffusen „Mitte" vertreten, bei der Wahrnehmung der Koalitionsfreiheit stärker als bisher auf sich selbst und ihre intellektuellen Mitstreiter angewiesen.

---

51 ArbG Nürnberg, Beschluss v. 8.8.2007 – 136 a 65/07 –.

52 Vgl. J. Perels, Der soziale Rechtsstaat im Widerstreit, Kritische Justiz, 2/2006, S. 295 ff.

3.

Die Harzburger Front – Etappe im Aufstieg des Nationalsozialismus

I.

Der Prozess der Zerstörung der Weimarer Demokratie durchlief seit 1930 verschiedene Etappen. Ein zentraler Wendepunkt war das Treffen der „Harzburger Front" am 11.Oktober 1931. Wesentliche Teile der republikanischen Verfassung waren zu der Zeit nicht mehr in Kraft. Die parlamentarische Verantwortung der von der Mehrheit der Abgeordneten gewählten Regierung hatte aufgehört zu existieren. Stattdessen stützte sich der Regierungschef – zu jener Zeit Heinrich Brüning – auf die autoritäre, durch den Rückgriff auf Art. 48 WRV (schein)legitimierte Ernennung durch den Reichspräsidenten Hindenburg. Diese Aufhebung des parlamentarischen Systems, die vor allem durch die Stärke der antirepublikanischen Parteien der NSDAP und der KPD und den Immobilismus der Verfassungsparteien von SPD und Zentrum bedingt war, bedeutete für den Historiker Arthur Rosenberg, dass die Demokratie bereits 1930 ihr Ende gefunden hat. Dies ist jedoch nicht zutreffend, da auch in der Endphase der Weimarer Republik das gesamte System der Grundrechte fortexistierte, das die Aktionsfreiheit der Arbeiterbewegung und die publizistische Macht der Verlage, Zeitschriften und Zeitungen, die auf dem Boden der Demokratie standen, grundsätzlich sicherte. Allerdings hatten wichtige Kräfte unter dem Eindruck der Wirtschaftskrise bereits im Lager der gegen die Verfassung von Weimar gerichteten Gegenrevolution Position bezogen. Vertreter der Industrie, deren Reichsverband sich Mitte der 20er Jahre noch auf den Boden der demokratischen Ordnung gestellt hatte, kehrten sich mit dem Beginn der Wirtschaftskrise, als ihre Repräsentanten im Parlament an Einfluss einbüßten, vom System des Parlamentarismus ab und traten für ein unternehmerfreundliches Verordnungsregime ein.[53] In dieser Situation nobilitierte der Reichspräsident die Führung der NSDAP, deren Vorsitzender wenige Jahre zuvor in München einen Staatsstreich organisierte hatte und der in der Volksvertretung für einen antiparlamentarischen Destruktionskurs verantwortlich war. Hindenburg empfing Hitler am 10. Oktober 1931, bezeichnender Weise einen Tag vor dem Harzburger Treffen.

Der Ort für den Aufmarsch des rechten Lagers war gezielt gewählt worden. Im Land Braunschweig war eine Koalitionsregierung der DNVP und der

53 J. Perels, Kapitalismus und politische Demokratie, Frankfurt/M. 1973, S. 66 ff.

NSDAP an der Macht, deren Adepten in Bad Harzburg zusammenkamen. Innen- und Volksbildungsminister war der spätere Regierungschef Dietrich Klagges, der bereits seit 1925 Mitglied der Nazi-Partei war. Die Braunschweigische Regierung hat 1932 dafür gesorgt, dass Hitler durch die Ernennung zum Regierungsrat zum deutschen Staatsbürger gemacht wurde, damit er die Voraussetzungen für das Amt des Reichskanzlers erfülle. Entscheidend für die Wahl des Tagungsorts im Land Braunschweig war, dass er einem möglichen Zugriff der republikanisch orientierten Polizei des Landes Preußen entzogen war, in dem eine geschäftsführende Regierung aus SPD und Zentrum im Amt war, die auf dem Boden der Weimarer Verfassung stand.

Die Stoßrichtung der „Harzburger Front" war durch die in ihr vereinigten, gegen die Prinzipien der Novemberrevolution von 1918 formierten Kräfte, die z.T. bereits am hochverräterischen Kapp-Putsch von 1920 beteiligt waren, eindeutig. Tatsächlich waren „in der Harzburger Front ... alle Gegner der Weimarer Republik, mit Ausnahme der Kommunisten, unter sich. Neben den politischen Führern standen die Antirepublikaner und Monarchisten aus Offizierkorps und Wehrverbänden, und diesen sekundierten Wirtschaftsführer, die sich mit den führenden Interessenverbänden gegen die bestehende bürgerlich-sozialdemokratische Kompromissordnung entschieden hatten. DNVP, NSDAP, Stahlhelm, Reichslandbund, Wirtschaftsverbände, DVP, Wirtschaftspartei, Alldeutsche und einzelne Fürstenhäuser waren vertreten. Die prominente Reihe umfasste Hugenberg und Hitler mit ihren Reichstags- und Landtagsfraktionen, Seldte und Duesterberg mit dem Führerstab des Stahlhelm, ferner Graf Kalckreuth mit der Führung des Reichslandbunds. Daneben stand die Elite der Alldeutschen mit Justizrat Claß. Zu den 15 pensionierten Offizieren im Generals- oder Admiralsrang, die – wie. v. Lüttwitz – ausgeprägt antirepublikanisches Profil besaßen, gesellte sich auch v. Seeckt, der als Reichtagsabgeordneter zugleich den Kurswechsel der DVP demonstrierte. Vor allem fanden sich neben namhaften Repräsentanten der akademischen Schicht prominente Wirtschaftsführer ein, unter denen Schacht, der Gegner des Young-Plans, Fritz Thyssen, der langjährige Förderer der NSDAP, Poensgen von den Vereinigten Stahlwerken, Schlenker vom Langnam-Verein und die Direktoren der größten Schiffswerft, Gok und Blohm aus Hamburg herausragten."[54]

54 K.D. Bracher, Die Auflösung der Weimarer Republik, 3. Aufl. Villingen 1960, S. 409 f.

II.

Auch wenn es auf der Harzburger Manifestation zwischen den Vorsitzenden der Deutschnationalen und dem Vorsitzenden der Nationalsozialisten gewisse Differenzen gab, die sich in der Ablehnung Hitlers, den Aufmarsch der Formation des Stahlhelm zu begrüßen, niederschlug, weil die NSDAP anders als die elitären Organisationen auf eine allgemeine Massenmobilisierung setzte, ändert dies nichts daran, dass das Bündnis von Hitler und Hugenberg auf klaren gemeinsamen Positionen beruhte, die sich in der Schlussresolution der „nationalen Opposition“ umfassend niederschlugen.[55]

In der Resolution wird gegen den „fortschreitenden Kulturbolschewismus“[56] Front gemacht. Dies war eine Kampfansage an die gesellschaftskritische Kunst, die sich in den Arbeitergedichten Bertolt Brechts und der Musik Hanns Eislers, in dem pazifistischen Roman von Erich Maria Remarque „Im Westen nichts Neues“, in Georg Grosz’ gegen den Krieg gerichtete Zeichnung „Christus mit der Gasmaske“ und in den anti-bürgerlichen Essays von Siegfried Kracauer, Walter Benjamin und Ernst Bloch im Feuilleton der „Frankfurter Zeitung“ niederschlug. Auf dem wirtschaftlichen Feld richtete sich die Resolution „gegen die Zerreißung der Nation durch den Klassenkampf.“[57] Diese nahm die rechtlichen Sicherungen für die Austragung des sozialen Konflikts von Lohnarbeit und Kapital ins Visier, der dem Klassenantagonismus zwischen denjenigen, die über die Mittel der Produktion privat verfügen und denjenigen, die unter fremdbestimmten Arbeitsverhältnissen tätig sind, entspringt. Durch die Weimarer Verfassung war in Art. 159 die Koalitionsfreiheit garantiert worden, die die organisierte Vertretung der Arbeiterinteressen durch die Gewerkschaften auf arbeitsrechtlichem und politischem Gebiet – das schloss Demonstrationsstreiks gegenüber dem Gesetzgeber ein – gewährleistete. Das Betriebsrätegesetz wirkte als Grundlage für eine innerbetriebliche Interessenvertretung der Arbeiter, deren soziale Lage durch neue, auf den Gegensatz von Lohnarbeit und Kapital bezogene Konfliktregeln im Prinzip gesichert wurde. Schließlich enthielt die Verfassung in Art. 156 mit dem Institut der Sozialisierung die Möglichkeit der legalen Transformation des Kapitalismus, den die Harzburger Kräfte durch die Beseitigung der Rechtspositionen der Arbeiterbewegung durch eine „Volksgemeinschaft“[58] auf Dauer ruhig stellen wollten. Mit der Forderung nach dem „sofortigen Rück-

---

55 Die Hauptresolution der Harzburger Tagung, in: Verein Spurensuche (Hrsg.), Harzburger Front von 1931 – Fanal zur Zerstörung einer demokratischen Republik. Eine Dokumentation, hrsg. v. P. Schyga/M. Weber, Clausthal-Zellerfeld 2007, S. 73.

56 Ebd.

57 Ebd.

58 Ebd.

tritt der Regierung Braun“[59] in Preußen, der wichtigsten republikanischen, von der SPD und Zentrum getragenen Koalition, sollte das Weimarer Verfassungssystem seine legale Macht, die insbesondere auf der Größe des zwei Drittel der Gesamtbevölkerung umfassenden Landes beruhte, einbüßen. Wenn Preußen fällt, in dem die Exekutivgewalt der Sicherung der gewaltfreien Formen der politischen Auseinandersetzung gegen ihre Durchbrechung verpflichtet ist, wird der Republik das Rückgrat gebrochen.

Schließlich wird mit der Forderung nach „nach Übernahme der Regierungsgewalt“ durch einen „starke(n) nationalen Staat“[60] die Machtfrage direkt gestellt. Den Inhalt dieser Formel hat wenig später Carl Schmitt in einem Vortrag vor dem Langnam-Verein, der Vertretung der Schwerindustrie, die zu den verantwortlichen Trägern der „Harzburger Front“ gehörte, konkretisiert. Schmitt negierte das Weimarer Verfassungssystem, das, in seiner Terminologie, einen quantitativ totalen Staat konstituierte, der in alle gesellschaftlichen Bereiche, auch in Form der von den Gewerkschaften propagierten Wirtschaftsdemokratie, hineinwirke. Dieser Ordnung stellte er den qualitativ totalen, autoritären Staat entgegen, der die politischen Freiheitsrechte – wie die Meinungsfreiheit – grundsätzlich unter Vorbehalt stellt, aber die ökonomische Betätigungsfreiheit der Privatwirtschaft gegen Eingriffe des Staates absolut sichert.[61]

Unterbaut wird der starke Staat durch Prinzipien, in denen sich der Bruch mit Weimar in besonderer Weise ausdrückt. Die geforderte Regierung soll sich auf die „blutsmäßige Verbundenheit mit dem deutschen Volk“[62] gründen. Das zielte auf die rassistische, die Gleichheit vor dem Gesetz beseitigende Umgestaltung der staatlichen Ordnung durch den Ausschluss der Juden, die in weiten Bereichen – in den Studentenvertretungen, auf Nord- und Ostseeinseln, in der Ideologie des Reichgerichts und durch Repräsentanten der evangelischen Kirche – bereits ausgegrenzt wurden.[63]

Das Postulat der „Wiederherstellung der deutschen Wehrhoheit“[64] zielt darauf, die Bestimmungen des völkerrechtlich verbindlichen Versailler Vertrags zu

---

59 Ebd.

60 Ebd.

61 C. Schmitt, Gesunde Wirtschaft im starken Staat (1932), abgedruckt in: Entwicklung des Rechts im organisierten Kapitalismus, hrsg. v. G. Brüggemeier, Bd. 2, Frankfurt/M. 1979, S. 92 ff.

62 Hauptresolution, ebd.

63 Vgl. J. Ellenbogen/E. Sterling, Die Geschichte der Juden in Deutschland, Wiesbaden 1982, S. 284 ff.; vgl. auch J. Perels, Das Borkumlied – Schlüsselhymne der Judenfeindschaft, in: E.P. Blumenthal, Die gläserne Wand. Ein Burgdorfer Roman, Knesebek 2004, S. 259 ff.

64 Ellenbogen/Sterling (Fn. 63).

durchbrechen, die Deutschland verpflichteten, nur eine begrenzte Militärmacht in Gestalt des 100.000-Mann-Heeres aufzubauen. In der Überschreitung dieser Schranke deutet sich schon die intendierte außenpolitische Machtpolitik mit militärischen Mitteln an.

III.

Die Auswirkungen der Manifestation der „Harzburger Front“ waren erheblich. Am 20. Juli 1932 wird, übereinstimmend mit den frühen Forderungen des rechten Lagers, die sozialdemokratisch dominierte Regierung in Preußen durch einen Staatsstreich der Regierung Papen und des Reichspräsidenten Hindenburg unter Berufung auf Art. 48 WRV, dessen Voraussetzungen (Nichterfüllung der Gesetze, Störung der öffentlichen Sicherheit und Ordnung) nicht vorlagen, aus dem Amt entfernt und durch einen Reichskommissar ersetzt. Das demokratische Verfassungsrecht wurde, wie von der „Harzburger Front“ gefordert, die sich gegen die „Erhaltung eines falschen Systems“[65] formierte, in eine „technische Herrschaftslehre“[66] verkehrt. Ihr Ziel bestand darin, „die gesamte politische Machtfülle an Stellen zu zentralisieren, bei denen eine auch nur entfernte Einflußnahme der werktätigen Bevölkerung nicht mehr vorhanden ist. Diesem Zweck dient die gewaltsame Ausschaltung der einem gewissen Maß von Einfluß der Arbeiterschaft zugänglichen preußischen Regierung.“[67]

In der Übernahme der Regierung durch die NSDAP Adolf Hitlers und die DNVP Alfred Hugenbergs kommt anderthalb Jahre nach dem von beiden Politikern geführten Harzburger Angriff auf die Republik die rechte Opposition ans Ziel. Die Positionen von Harzburg bilden die Grundpfeiler der am 30. Januar durch Hindenburg konstituierten Regierungsgewalt, die unter Verletzung von Art. 54 WRV, die die Ernennung des Regierungschefs an eine Mehrheit im Parlament bindet, ins Amt kam. In den ersten Monaten (bis zu seinem Ausscheiden Ende Juni 1933) trug Hugenberg, der Wirtschaftsminister im Kabinett Hitler, die Maßnahmen zur Errichtung der seit 1931 gemeinsam angestrebten souveränen Diktatur in vollem Maße mit. Am 28. Februar 1933 werden durch die Reichtagsbrandverordnung die Grundrechte zur Disposition der neuen Exekutivgewalt gestellt. Die Verordnung wurde zur „Verfassungsurkunde“[68] des Dritten Reiches, durch die die politische und gewerkschaftliche Opposition und die Juden

65 Ebd.

66 O. Kirchheimer, Die Verfassungslehre des „Preußen-Konflikts“ (1932), in: ders., Funktionen des Staats und der Verfassung, Frankfurt/M. 1972, S. 45.

67 Kirchheimer, ebd., S. 59.

68 E. Fraenkel, Der Doppelstaat (1941), Köln 1974, S. 26.

der Willkür des neuen Staates, insbesondere durch die Einlieferung in die schnell geschaffenen Konzentrationslager, unterworfen wurden. Neben der Beseitigung der allgemeinen politischen Betätigungsfreiheit und der persönlichen Freiheit wird die parlamentarische Gesetzgebungsbefugnis durch das Ermächtigungsgesetz abgeschafft und auf die autoritäre Regierung verlagert, deren wesentliche Zielsetzung die „Vernichtung des Marxismus" war.[69]

IV.

Für den Umgang mit der „Harzburger Front" nach der Überwindung der NS-Diktatur müssen ein paar Hinweise genügen.

Der führende Funktionär der NSDAP, Dietrich Klagges, der an der Vorbereitung und Gestaltung der Harzburger Veranstaltung erheblichen Anteil hatte und der als Regierungschef von Braunschweig für die gewaltförmige Errichtung der Nazi-Diktatur verantwortlich war, deren Opfer vor allem Vertreter der Arbeiterbewegung waren, wurde in der unmittelbaren Nachkriegszeit vor Gericht zur Rechenschaft gezogen. Klagges wurde in einer Anklageschrift vorgeworfen, er habe „Gewalttaten oder Vergehen wie Mord, Freiheitsberaubung, Folterung oder andere an der Zivilbevölkerung begangene unmenschliche Handlungen sowie Verfolgungen aus politischen und rassischen Gründen befohlen oder begünstigt oder durch seine Zustimmung daran teilgenommen."[70] Klagges wurde am 5. April 1950 vom Schwurgericht Braunschweig auf der Grundlage des von den Alliierten geschaffenen Kontrollratsgesetzes Nr. 10 zu lebenslangem Zuchthaus verurteilt. Das Gesetz hob die grundrechtsfeindlichen Repressionsnormen der Diktatur dadurch auf, dass es die Möglichkeit eröffnete, die despotischen Bestimmungen und ihre Anwendung unter rechtsstaatlichen Kriterien zu überprüfen. Schon am 2. Oktober 1957 wird Klagges – in gewisser Parallelität zur weitgehenden Amnestierung der von den Vereinigten Staaten Ende der 40er Jahre in Militärgerichtsverfahren verurteilten nationalsozialistischen Gewaltverbrecher – aus der Haft entlassen. Bald ist Klagges dank der Auswirkung des 1951 erlassenen Gesetzes zu Art. 131 des Grundgesetzes, das die weitgehende Übernahme des Staatsapparats der NS-Diktatur in die politische Ordnung der Bundesrepublik regelte, in einer gänzlich neuen Lage. Klagges erscheint als normaler vorsorgungsberechtigter Träger der Staatsgewalt, dessen systematische Rechtsverletzungen gegenüber der politischen Opposition seiner Position keinen

69 Der Nationalsozialismus. Dokumente 1933-1945, hrsg. v. W. Hofer, Frankfurt/M. 1957, S. 55.

70 I. Wojak, Fritz Bauer 1903-1968. Eine Biographie, München 2009, S. 246.

Abbruch tun. „Mit 63 Jahren beantragte Klagges seine Pension und klagte sich nach der ersten Ablehnung durch die Instanzen bis zum Bundesverwaltungsgericht hinauf, das ihm im August 1970 eine Versorgungsrente von monatlich 600 DM und eine Nachzahlung von 100.000 DM zusprach.“[71]

Der deutschnationale Repräsentant der „Harzburger Front“, Alfred Hugenberg, der als Wirtschaftsminister in der Konstituierungsphase des Dritten Reiches die Mitverantwortung für die Zerstörung der rechtsstaatlichen Demokratie trug, wurde nach 1945 – wie viele Funktionsträger des Nazi-Regimes, etwa Hans Globke oder Carl Schmitt – von den Alliierten interniert. Als sich das öffentliche Klima im Blick auf die Entnazifizierung grundlegend änderte, insbesondere vorangetrieben durch die Regierung Adenauer, die die Prozesse der Amerikaner gegen die Funktionseliten des Dritten Reichs ganz überwiegend für rechtlich nicht vertretbar erklärte,[72] wurde Hugenberg 1951 als „Entlasteter“ eingestuft.[73] Dies entsprach im Übrigen einer verbreiteten Tendenz zu ostentativer Milde in Entnazifizierungsverfahren, die bei einem aktiven Nazi-Propagandisten, der antisemitische Schriften veröffentlicht hatte, zu einer Strafe von 50 Reichsmark führte.[74]

Der Ortsgruppenleiter der NSDAP in Bad Harzburg, Hermann Berndt, Mitglied im Stadtrat im Jahr 1931, wurde wie Hugenberg nach 1945 von den Alliierten interniert. Diese Phase endete wie bei vielen früheren Trägern der NS-Herrschaft mit dem gesellschaftlichen Wiederaufstieg: Der Bürgermeister von Westerland, Heinz Reinefarth, war an der Niederschlagung des Warschauer Aufstands von 1944 beteiligt, der kurzzeitige Generalbundesanwalt, Wolfgang Fränkel, hatte im Dienst der Reichsanwaltschaft viele Todesurteile beantragt, der hannoversche Stadtbaurat Karl Elkart, nach dem eine Straße in der Landeshauptstadt benannt ist, war aktiv an der Diskriminierung, Ausraubung und Deportation der Juden beteiligt.[75]

---

71 Wojak, ebd., S. 264; vgl. J. Perels, Die Übernahme der Beamtenschaft des Hitler-Regimes, in: ders., Entsorgung der NS-Herrschaft?, Hannover 2004, S. 137 ff.

72 Vgl. N. Frei, Vergangenheitspolitik. Die Anfänge der Bundesrepublik und die NS-Vergangenheit, München 1996, S. 271.

73 Enzyklopädie des Nationalsozialismus, hrsg. v. W. Benz/H. Graml/H. Weiß, Stuttgart 1997, S. 849.

74 Zur Archäologie der Demokratie in Deutschland, Bd. 2: Analysen politischer Emigranten im amerikanischen Außenministerium 1946-1949, hrsg. v. A. Söllner, Frankfurt/M. 1986, S. 232.

75 E. Klee, Das Personenlexikon zum Dritten Reich, Frankfurt/M. 2003, S. 487, 159; R. Fleiter, Stadtbaurat Karl Elkart und seine Beteiligung an der NS-Verfolgungspolitik, Hannoversche Geschichtsblätter Bd. 60/006, Hannover 2006, S. 135 ff.

Für das politische Klima, das für die Auslöschung der Erinnerung an die Rolle der Funktionsträger der NS-Despotie in Staat und Wirtschaft, in den Universitäten und Kirchen kennzeichnend war, sind auch jene demokratischen Politiker mitverantwortlich, die für eine Straffreiheit für bestimmte nationalsozialistische Verbrecher plädierten. Es war Carlo Schmid, Vizepräsident des Deutschen Bundestags und führender Sozialdemokrat, der sich dafür einsetzte, Martin Sandberger, der als Einsatzgruppenleiter für die Ermordung von Juden verantwortlich war und dafür von einem amerikanischen Militärgericht verurteilt wurde, zu amnestieren, weil er kein fanatischer Nationalsozialist gewesen sei.[76] So ist es kein Zufall, dass Hermann Berndt, der die NSDAP im Versammlungsort der „Harzburger Front" leitete, von 1957 bis 1963 Kurdirektor von Bad Harzburg werden konnte.

V.

In der Geschichte der Bundesrepublik zeichnete sich zu Beginn der 60er Jahre eine gewisse, wenn auch natürlich nicht identische Neuauflage der gegen die Arbeiterbewegung gerichteten Position der „Harzburger Front" ab, als die Bundesregierung unter Konrad Adenauer im Bündnis mit den Arbeitgebern seit 1960 Pläne für ein Notstandsverfassungsgesetz entwickelte, das explizit gegen die verfassungsrechtlich verbürgte Organisationsfreiheit der Gewerkschaften gerichtet war.[77] Immerhin konnte – anders als vor 1933, als es zu keinen wirksamen Massenaktionen der Arbeiterbewegung gegen die heraufziehende Hitler-Diktatur kam, die Gefahr für die Koalitionsfreiheit der Gewerkschaften durch eine breite, hauptsächlich von der IG-Metall und kritischen Intellektuellen getragene Protestbewegung abgewehrt werden, die ihre Wirkung auf die SPD nicht verfehlte. Anders als in den ersten Notstandsentwürfen blieb in der von der großen Koalition getroffenen Regelung von 1968 die Koalitionsfreiheit unangetastet.[78]

---

76 Frei (Fn. 18), S. 300.

77 J. Seifert, Gefahr im Verzuge. Zur Problematik der Notstandsgesetzgebung, Frankfurt/M. 1963, S. 234 f.

78 J. Perels, Der Kampf gegen die Notstandsgesetzgebung als Aneignung der Verfassung, in: ders., Recht und Autoritarismus, Baden-Baden 2009, S. 167 ff.

4.
Sozialismus als Demokratie
Probleme einer Ordnung gesellschaftlicher Selbstbestimmung

> Fehltritte, die eine wirklich revolutionäre Arbeiterbewegung begeht, sind geschichtlich unermeßlich fruchtbarer und wertvoller als die Unfehlbarkeit des allerbesten „Zentralkomitees".
>
> Rosa Luxemburg

I.

Die Konstituierung des Sozialismus folgte für Marx und Engels nicht aus einem abstrakten Postulat, das – wie bei den utopischen Sozialisten – als Modell abseits vom Geschichtsprozess konstruiert wurde. Vielmehr trieb die Analyse des Kapitalismus dessen Verfallsbedingungen hervor, aus denen „mit der Notwendigkeit eines Naturprozesses"[79] eine sozialistische Produktionsweise entstehen sollte. Sie erscheint als bestimmte Negation des Kapitalismus und seiner politischen Verfassung.

In seiner frühen Schrift „Zur Judenfrage", in der Marx die in den bürgerlichen Interessenhorizont festgebannte Französische Revolution analysierte und die politische Emanzipation des Dritten Standes gegen die menschliche Emanzipation kontrastierte,[80] ist in nuce die im Sozialismus avisierte, qualitative Veränderung der Kommunikationsbeziehungen der Individuen bezeichnet: „Erst wenn der wirkliche individuelle Mensch den abstrakten Staatsbürger in sich zurück-

79 K. Marx, Das Kapital I (1867), Berlin 1962, S. 791. Das in dieser Formulierung implizierte Problem der Beziehung von objektivem und subjektivem Faktor fällt aus dem Rahmen unserer Erörterungen heraus. Zu der in der Marxschen Theorie explizit nicht aufgelösten Problematik des Verhältnisses des hegelianischen Geschichtsobjektivismus und der freien Tat des Proletariats vgl. etwa K. Korsch, Karl Marx, Frankfurt/M./Wien 1967, S. 136 f.

80 K. Marx, Zur Judenfrage, in: K. Marx, Frühe Schriften, hrsg. v. H.J. Lieber, Stuttgart 1962, S. 469. „Die politische Revolution löst das bürgerliche Leben in seine Bestandteile auf, ohne diese Bestandteile selbst zu revolutionieren und der Kritik zu unterwerfen. Sie verhält sich zur bürgerlichen Gesellschaft, zur Welt der Bedürfnisse, der Arbeit, der Privatinteressen, als zur Grundlage ihres Bestehens, als zu einer nicht weiter begründeten Voraussetzung, daher als zu ihrer Naturbasis.", ebd., S. 478.

nimmt und als individueller Mensch in seinem empirischen Leben, in seiner individuellen Arbeit, in seinen individuellen Verhältnissen, *Gattungswesen* geworden ist, erst wenn der Mensch seine ‚forces propres' als *gesellschaftliche* Kräfte erkannt und organisiert hat und daher die gesellschaftliche Kraft nicht mehr in Gestalt der *politischen* Kraft von sich trennt, erst dann ist die menschliche Emanzipation vollbracht."[81]

Die kapitalistischen Produktionsverhältnisse sind das Reversbild der von Marx antizipierten „menschlichen Emanzipation". In ihnen sind die „forces propres" der Menschen nicht bewusst als gesellschaftliche organisiert, sondern zu isoliert privaten dissoziiert. Dies gründet in der Warenform der Produktion, die den gesellschaftlichen, kooperativen Charakter der Arbeit nicht in ihr selbst, sondern erst nachträglich im Tausch der Arbeitsprodukte erscheinen lässt.[82] Der „Fetischcharakter der Ware", der „den Menschen die gesellschaftlichen Charaktere ihrer eigenen Arbeit als gegenständliche Charaktere der Arbeitsprodukte selbst, als gesellschaftliche Natureigenschaften dieser Dinge zurückspiegelt",[83] kann nur entstehen, weil die Privatarbeiten unabhängig voneinander betrieben werden, das heißt sich nur im naturwüchsigen Tausch der Arbeitsprodukte aufeinander beziehen. „Den [...] [Produzenten] erscheinen [...] die gesellschaftlichen Beziehungen ihrer Privatarbeiten als das, was sie sind, d.h. nicht als unmittelbar gesellschaftliche Verhältnisse der Personen in ihren Arbeiten selbst, sondern vielmehr als sachliche Verhältnisse der Personen und gesellschaftliche Verhältnisse der Sachen."[84] Die auf diese Weise dissoziierten Individuen stehen unter der Kontrolle ihrer Produkte, statt sie zu kontrollieren.[85] Die Zerreißung von Allgemeinem und Besonderem, d.h. die Annektierung des Besonderen, der individuellen Arbeit, durchs abstrakt Allgemeine, der Herrschaft des Tauschwerts über den Gebrauchswert,[86] kristallisiert sich im antagonistischen Verhältnis der kapitalistischen Produktion, im Verhältnis von Kapital und Lohnarbeit.

81 Ebd., S. 479. Hervorhebungen von Marx.

82 Marx, Das Kapital I (Fn. 79), S. 87. Vgl. auch zum Folgenden H.J. Krahl, Zur Wesenslogik der Marxschen Warenanalyse, neue kritik, 55/56 (1970), S. 18 ff.

83 Marx, Das Kapital I (Fn. 79), S. 86.

84 Ebd., S. 87.

85 Ebd., S. 89.

86 Der Gebrauchswert, der als konkreter Gegenstand „ein besonderes Bedürfnis befriedigt" (ebd., S. 56), wird in der Warenproduktion, deren immanentes Gesetz die Produktion für den Tausch ist, zum Anhängsel des Tauschwerts: „Im Wertausdruck der Leinwand besteht die Nützlichkeit der Schneiderei nicht darin, daß sie Kleider, also auch Leute, sondern daß sie einen Körper macht, dem man es ansieht, daß er Wert ist" (ebd., S. 72); „die konkrete Arbeit [wird] zur Erscheinungsform ihres Gegenteils, abstrakt menschlicher Arbeit.", ebd., S. 73.

Dem Kapital, dessen Selbstverwertung der Zweck der Warenproduktion ist, gehören die Produktionsmittel; die Lohnarbeit, Bedingung der Existenz des Kapitals, ist von den Produktionsmitteln getrennt: die unmittelbaren Produzenten besitzen nur ihre Arbeitskraft, die sie, um leben zu können, ans Kapital veräußern. Die unmittelbaren Produzenten werden zu Momenten des ihrer Verfügung entzogenen Produktionsapparates, „ebenso Zubehör des Kapitals als das tote Arbeitsinstrument".[87] „Einerseits verwandelt der Produktionsprozeß fortwährend den stofflichen Reichtum in Kapital, in Verwertungs- und Genußmittel für den Kapitalisten. Andererseits kommt der Arbeiter beständig aus diesem Prozeß heraus, wie er in ihn eintrat – persönliche Quelle des Reichtums, aber entblößt von allen Mitteln, diesen Reichtum für sich zu verwirklichen. Da er vor seinem Eintritt in den Prozeß seine eigene Arbeit ihm selbst entfremdet, dem Kapitalisten angeeignet und dem Kapital einverleibt hat, vergegenständlicht sie sich während des Prozesses beständig im fremden Produkt. Da der Produktionsprozeß zugleich Konsumtionsprozeß der Arbeitskraft durch den Kapitalisten ist, verwandelt sich das Produkt des Arbeiters nicht nur fortwährend in Ware, sondern in Kapital, Wert, der die wertschöpfende Kraft aussaugt, Lebensmittel, die Personen kaufen, Produktionsmittel, die den Produzenten anwenden. Der Arbeiter selbst produziert daher beständig den objektiven Reichtum als Kapital, ihm fremde, ihn beherrschende und ausbeutende Macht, und der Kapitalist produziert ebenso beständig die Arbeitskraft als subjektive, von ihren eigenen Vergegenständlichungs- und Verwirklichungsmitteln getrennte, abstrakte, in der bloßen Leiblichkeit des Arbeiters existierende Reichtumsquelle, kurz den Arbeiter als Lohnarbeiter."[88]

Die Aufhebung des Kapitalverhältnisses, in dem die Arbeiter, Objekt eines antagonistischen Verhältnisses, von ihren „eigenen Vergegenständlichungs- und Verwirklichungsmitteln" getrennt sind, geschieht in Marx' Perspektive durch die Expropriation der Expropriateure,[89] die Ersetzung des Kapitals durch die assoziierten Produzenten, die „mit gemeinschaftlichen Produktionsmitteln arbeiten und ihre vielen individuellen Arbeitskräfte selbstbewußt als gesellschaftliche Arbeitskraft verausgaben".[90] Der Fetischcharakter der Warenproduktion, der die Individuen zu Anhängseln der Zwangsgesetze des Tauschverkehrs degradiert, wäre überwunden in einer planmäßig auf die Bedürfnisse der Menschen gerichteten Produktionsweise, in der der „Mensch sein[e] ‚forces propres' als gesell-

87 Ebd., S. 598.
88 Ebd., S. 595 f.
89 Ebd., S. 791.
90 Ebd., S. 92.

schaftliche Kräfte erkannt und organisiert hat",[91] „die assoziierten Produzenten [...] ihren Stoffwechsel mit der Natur rationell regeln, unter ihre gemeinschaftliche Kontrolle bringen, statt von ihm als von einer blinden Macht beherrscht zu werden".[92]

Mit der Aufhebung der antagonistischen kapitalistischen Produktionsverhältnisse verändert sich die politische Verfassung, weil „der Mensch [...] die gesellschaftliche Kraft nicht mehr in Gestalt der politischen Kraft"[93] von sich zu trennen genötigt ist. War der Staat die Gestalt des vorgeblich klassenjenseitigen, „illusorische[n] Allgemeininteresses",[94] „die Zusammenfassung der bürgerlichen Gesellschaft",[95] „die Organisation, welche sich die bürgerliche Gesellschaft gibt, um die allgemeinen äußeren Bedingungen der kapitalistischen Produktionsweise aufrecht zu erhalten gegen Übergriffe sowohl der Arbeiter als auch einzelner Kapitalisten",[96] so verschwindet nach Marx der Staat im Kommunismus als der Gesellschaftsformation, die nicht mehr von antagonistischen Interessen zerrissen ist, die durch eine öffentliche Gewalt gezähmt werden müssten. „Die bisherige, sich in Klassengegensätzen bewegende Gesellschaft hatte den Staat nötig, d.h. eine Organisation der jedesmaligen ausbeutenden Klasse zur Aufrechterhaltung ihrer äußeren Produktionsbedingungen, also namentlich zur gewaltsamen Niederhaltung der ausgebeuteten Klasse in den durch die bestehende Produktionsweise gegebenen Bedingungen der Unterdrückung (Sklaverei, Leibeigenschaft oder Hörigkeit, Lohnarbeit) [...] Sobald es keine Gesellschaftsklasse mehr in der Unterdrückung zu halten gibt, sobald mit der Klassenherrschaft und dem in der bisherigen Anarchie der Produktion begründeten Kampf ums Einzeldasein auch die daraus entspringenden Kollisionen und Exzesse beseitigt sind, gibt es nichts mehr zu reprimieren, das eine besondere Repressionsgewalt, einen Staat, nötig machte [...] Der Staat wird nicht abgeschafft, *er stirbt ab.*"[97] „Die Gesellschaft, die die Produktion auf Grundlage freier und gleicher Assoziation der Produzenten neu organisiert, versetzt die ganze Staatsmaschine dahin, wohin sie dann gehören wird: ins Museum der Altertümer, neben das Spinnrad und die bronzene Axt."[98]

---

91 Marx, Zur Judenfrage (Fn. 80), S. 479.

92 K. Marx, Das Kapital III, Berlin 1964, S. 828.

93 Marx, Zur Judenfrage (Fn. 80), S. 479.

94 K. Marx/F. Engels, Die deutsche Ideologie, Berlin 1960, S. 63.

95 K. Marx, Grundrisse der Kritik der politischen Ökonomie, Berlin 1953, S. 29 f.

96 F. Engels, Die Entwicklung des Sozialismus von der Utopie zur Wissenschaft, Frankfurt/M. 1946, S. 40.

97 Ebd., S. 42. Hervorhebung von Engels.

98 F. Engels, Der Ursprung der Familie, des Privateigentums und des Staates, Stuttgart 1948, S. 96. Zur kritischen Erörterung der These vom Absterben des Staates vgl.: Ist eine

Das Aufgehen der Staatsgewalt in der freien Assoziation der Produzenten ist allerdings an die Überwindung des in der „ersten Phase der kommunistischen Gesellschaft" fortwirkenden „engen bürgerlichen Rechtshorizonts"[99] und an die höchste Entfaltung der Produktivkräfte gebunden. In der „ersten Phase der kommunistischen Gesellschaft", die noch „mit den Muttermalen der alten Gesellschaft behaftet ist", besteht das „gleiche Recht" mit seiner „bürgerlichen Schranke" fort: obgleich das Privateigentum in genossenschaftliches übergegangen ist, regelt sich die Verteilung der individuellen Konsumtionsmittel nach gleichem Recht, proportional zu den Arbeitslieferungen der Produzenten. „Dies gleiche Recht ist ungleiches Recht für ungleiche Arbeit. Es erkennt keine Klassenunterschiede an, weil jeder nur Arbeiter ist wie der andere; aber es erkennt stillschweigend die ungleiche individuelle Begabung und daher Leistungsfähig-

---

marxistische Rechtstheorie möglich? Ein Gespräch zwischen Joachim Perels und Friedrich Müller, Bloch-Almanach 6. Folge, hrsg. v. K. Weigand, Baden-Baden 1986, S. 67 ff. „Bei Marx (spielt) die eschatologische Vorstellung seiner Jugend, der Kommunismus sei das aufgelöste Rätsel der Geschichte, auch in den Spätschriften weiter eine Rolle. Wenn das Rätsel der Geschichte aufgelöst ist, gibt es keine Konflikte mehr, die zu regeln wären, also auch kein Recht und keine wie immer gearteten öffentlichen Amtsfunktionen. Es gibt aber bei Marx untergründig auch eine andere Linie, in der Marx in seinen späteren Schriften von seinem eschatologischen Verständnis der endgültigen Lösbarkeit geschichtlicher Probleme abgewichen ist. Im dritten Band des „Kapital" handelt er davon, was eigentlich geschichtlich möglich ist. Er sagt, daß es nur möglich ist, den Produktionsprozeß unter humaneren Bedingungen zu organisieren. Es bleibt aber immer ein Reich der Notwendigkeit, und jenseits dieses Reichs beginnt erst das Reich der Freiheit. Marx hat dies Enteschatologisierung des Ziels dann nicht bezogen auf die Fragen der Konstituierung eines sozialistischen Gemeinwesens. Wenn wir uns die Schrift von Rosa Luxemburg über die russische Revolution anschauen, so ist sie in gewisser Weise eine Form der Selbstreflexion der Schranken der Rechts- und Verfassungstheorie von Marx – bezogen auf die Konstitutionsprobleme des Sozialismus. Wenn Rosa Luxemburg sagt: „Freiheit nur für die Anhänger der Regierung ist keine Freiheit", dann bezieht sie sich auf eine sozialistische Regierung. Rosa Luxemburgs Position ist in der Marxschen Zielbestimmung eigentlich nicht unterzubringen, denn ein homogenes gesellschaftliches Gesamtsubjekt kann per definitionem keine Opposition zu sich selber ausbilden. Dies aber sieht Rosa Luxemburg als Problem an, weil sie nicht von einem homogenen Gesamtsubjekt ausgeht, sondern von der Frage: Wie kann sich ein Gesamtsubjekt in der Form der Selbstregierung der Produzenten überhaupt konstituieren? Es kann sich nur in der Form eines gesellschaftliche Konflikte aufnehmenden und verarbeitenden Subjekts konstituieren. Daher bedarf es der Freiheitsrechte, der Meinungsfreiheit, der Versammlungsfreiheit etc., um einen solchen Prozeß auf der Basis sozialistischer Eigentumsverhältnisse in Gang zu setzen." (J. Perels, ebd. S. 79 ff)

99 K. Marx, Kritik des Gothaer Programms, in: Politische Schriften II, hrsg. v. H.J. Lieber, Stuttgart 1960, S. 1024.

keit als natürliche Privilegien an. Es ist daher ein Recht der Ungleichheit seinem Inhalt nach, wie alles Recht.“[100] Das Überschreiten des bürgerlichen Verteilungssystems ist erst möglich, „nachdem mit der allseitigen Entwicklung der Individuen auch die Produktionskräfte gewachsen sind und alle Springquellen des genossenschaftlichen Reichtums voller fließen; erst dann kann der enge bürgerliche Rechtshorizont ganz überschritten werden und die Gesellschaft auf ihre Fahnen schreiben: Jeder nach seinen Fähigkeiten, jedem nach seinen Bedürfnissen“.[101] Weitere Voraussetzung für das Aufgehen der politischen Gewalt in der Selbstbestimmung der assoziierten Individuen ist die Internationalisierung des Sozialismus, der „empirisch nur als die Tat der herrschenden Völker auf einmal und gleichzeitig möglich [ist], was die universelle Entwicklung der Produktivkraft und den mit ihr zusammenhängenden Weltverkehr voraussetzt.“[102] In der Übergangsperiode vom Kapitalismus zum Sozialismus besteht die öffentliche Gewalt in veränderter Funktion fort. Sie wird zum Instrument des Proletariats, das der Bourgeoisie die Produktionsmittel entzieht und sie seiner Verfügungsgewalt unterwirft. Die „revolutionäre Diktatur des Proletariats“,[103] die Marx und Engels mit der „Erkämpfung der Demokratie“[104] gleichsetzen und die aus dieser Perspektive keine gesetzlose Herrschaft über das Volk ist, wie Arkadij Gurland gezeigt hat, weil die „proletarische Bewegung [...] die selbständige Bewegung der ungeheuren Mehrzahl im Interesse der ungeheuren Mehrzahl [ist]“,[105] ist die politische Form für die Aufhebung des Kapitalverhältnisses.

In der Pariser Kommune nahm die umfassende Umgestaltung der Gesellschaft von unten Gestalt an. Die zur politischen Herrschaft gekommene Arbeiterklasse konnte „nicht die fertige Staatsmaschine einfach in Besitz nehmen und diese für ihre eigenen Zwecke in Bewegung setzen“.[106] Denn die alte Staatsmaschine, „Kriegswerkzeug des Kapitals gegen die Arbeit“,[107] war zunächst für die spezifischen Formen bürgerlicher Herrschaft (Gewaltenteilung, Repräsentativsystem und Parlamentarismus) konstruiert. „Statt einmal in drei oder sechs Jahren zu entscheiden, welches Mitglied der herrschenden Klasse das Volk im Parlament ver- und zertreten soll, sollte das allgemeine Stimmrecht dem in Kommunen konstituierten Volk dienen.“[108] „Die Kommune bildete sich aus den

100 Ebd., S. 1022 ff.
101 Ebd., S. 1024.
102 Marx/Engels, Die deutsche Ideologie (Fn. 94), S. 32.
103 Marx, Kritik des Gothaer Programms (Fn. 99), S. 1034.
104 K. Marx/F. Engels, Manifest der Kommunistischen Partei, Berlin 1946, S. 23.
105 Ebd., S. 15; A.R.L. Gurland, Marxismus und Diktatur (1930), Frankfurt/M. 1981.
106 K. Marx, Der Bürgerkrieg in Frankreich, in: Politische Schriften II (Fn. 99), S. 919.
107 Ebd., S. 921.
108 Ebd., S. 924 f.

durch allgemeines Stimmrecht in den verschiedenen Bezirken von Paris gewählten Stadträten. Sie waren verantwortlich und jederzeit absetzbar [...] Die Kommune sollte nicht eine parlamentarische, sondern eine arbeitende Körperschaft sein, vollziehend und gesetzgebend zur gleichen Zeit. Die Polizei, bisher das Werkzeug der Staatsregierung, wurde sofort aller ihrer politischen Eigenschaften entkleidet und in das verantwortliche, jederzeit absetzbare Werkzeug der Kommune verwandelt. Ebenso die Beamten aller anderen Verwaltungszweige. Von den Mitgliedern der Kommune an abwärts mußte der öffentliche Dienst für Arbeiterlohn verrichtet werden [...] Wie alle übrigen öffentlichen Diener sollten sie [die richterlichen Beamten] fernerhin gewählt und jederzeit absetzbar sein.“[109] War die öffentliche Gewalt aus ihrer bürgerlichen Form und Scheinselbständigkeit gerissen, konnte daran gegangen werden, die gesellschaftliche Herrschaft der Bourgeoisie, der Charaktermasken des Kapitals, zu überwinden – durch die „Enteignung der Enteigner“.[110] Die Kommune, „Resultat des Kampfes der hervorbringenden gegen die aneignende Klasse, [war] die endlich entdeckte politische Form, unter der die ökonomische Befreiung der Arbeit sich vollziehen konnte“.[111]

II.

Zwischen 1917 und 1921 wurden von den Bolschewiki die zentralen Fragen der politischen Verfassung des Sozialismus theoretisch erörtert und praktisch in einer Weise gelöst, die in der späteren Struktur der osteuropäischen Länder zum sozialistischen Richtmaß erhoben wird.[112] Für eine Analyse dieser Länder, die sich vom emanzipativen Gehalt der Marxschen Theorie lässt, erscheint die Vergegenwärtigung der Diskussion und Praxis der frühen Sowjetunion insofern als notwendige Voraussetzung.

---

109 Ebd., S. 922 ff.; zur kritischen Auseinandersetzung mit dem die Entstehung einer homogenen, von Interessengegensätzen freien Gesellschaft voraussetzenden Marxschen Kommunemodell s. J. Perels, Meinungsfreiheit als Element des Sozialismus; ders., Recht und Autoritarismus, Baden-Baden 2009, S. 196 ff.

110 K. Marx (Fn. 79), S. 927.

111 Ebd., S. 927.

112 Vgl. etwa die Anmerkungen des Dietz-Verlages Berlin (Ost) zu Lenins Ausgewählten Werken (1970), in denen von Lenin abweichende Positionen innerhalb der Bolschewiki zu „parteifeindlichen“ erklärt werden (z.B. Bd. III, S. 934) – unabhängig auch von Lenins eigenem Verhalten: Schlapnikow, Vertreter der dissentierenden „Arbeiteropposition“ wurde z.B. auf Lenins Vorschlag nach der Auseinandersetzung auf dem X. Parteitag von 1921 ins ZK gewählt.

Die Frage der politischen Form für die ökonomische Emanzipation des Proletariats stand mit der bürgerlichen Februarrevolution von 1917 in Rußland auf der Tagesordnung. In den Aprilthesen von 1917 – mit denen Lenin die „zweite [...] Etappe der Revolution, die die Macht in die Hände des Proletariats und der ärmsten Schichten der Bauernschaft legen“[113] soll, einleitet – wird, der Marxschen Tradition folgend, die Forderung nach einem „Kommunestaat“, „das heißt eines Staates nach dem Vorbild der Pariser Kommune“,[114] aufgestellt. Durch den „Übergang [...] der gesamten Staatsmacht an die Sowjets der Arbeiterdeputierten“[115] nimmt die Kommune, Instrument für die Machteroberung durchs Proletariat und, gleichzeitig, die Regierungsform des Proletariats, welche die Trennwand zwischen Regierenden und Regierten aufhebt, die Gestalt der Sowjets an. Entsprechend lauten die Forderungen: „Abschaffung der Polizei, der Armee, der Beamtenschaft (das heißt Ersetzung des stehenden Heeres durch die allgemeine Volksbewaffnung); Entlohnung aller Beamten, die durchweg wählbar und jederzeit absetzbar sein müssen, nicht über den Durchschnittslohn eines guten Arbeiters hinaus.“[116] In seiner Schrift „Staat und Revolution“, geschrieben im August 1917, nimmt Lenin seine Aprilthesen auf, erweitert sie zu einer auf die aktuellen Probleme der bevorstehenden Revolution bezogenen Rekonstruktion der Marx-Engelschen Staatstheorie. Indem sich die öffentliche Gewalt vermittels der Sowjets zu einem Organ der ungeheuren Mehrheit des Volkes verwandelt, „*beginnt der Staat abzusterben.* An die Stelle besonderer Institutionen einer bevorzugten Minderheit (privilegiertes Beamtentum, Kommandobestand des Heeres) kann das die Mehrheit unmittelbar besorgen, und je größeren Anteil das gesamte Volk an der Ausübung der Funktionen der Staatsmacht hat, umso weniger bedarf es dieser Macht.“[117] Nach dem Sturz der Kapitalisten und Beamten und der Übernahme der „Rechnungslegung und Kontrolle durch die Arbeiter selbst“, hört der Staat auf, „ein ‚politischer Staat' zu sein, dann ‚verwandeln sich die öffentlichen Funktionen aus politischen in einfache, administrative Funktionen'.“[118]

Die von Lenin antizipierte Rolle der Sowjets wird zunächst Wirklichkeit in der Oktoberrevolution, in der die Bolschewiki ihr Führungsmandat aus der Mehrheit in den Sowjets ableiten. In der Verfassung der Russischen Föderativen Sowjetrepublik vom Juli 1918 wird die Sowjetverfassung institutionalisiert: „Rußland wird als Republik der Arbeiter, Soldaten- und Bauerndeputierten er-

---

113 W.I. Lenin, Über die Aufgaben des Proletariats in der gegenwärtigen Revolution, in: Ausgewählte Werke in drei Bänden, Bd. II, Berlin 1970, S. 40.

114 Ebd., S. 42.

115 Ebd., S. 41.

116 Ebd., S. 41.

117 Lenin, Staat und Revolution (Fn. 113), Werke Bd. II, S. 353. Hervorhebung von Lenin.

118 Ebd., S. 402, Anm. 1.

klärt. Die ganze zentrale und lokale Gewalt steht diesen Sowjets zu." (Art. 1 Ziff. 1).[119] Die Sowjets als Organe der Selbstregierung des Volkes verlieren allerdings schnell ihre Funktion: Einmal stärkt der in der Mitte des Jahres 1918 einsetzende Bürgerkrieg unmittelbar die Zentralgewalt, die durch das Verbot nicht-bolschewistischer Parteien gleichzeitig die freie Wahl der Kandidaten für die Sowjets aufhebt.[120] Neben diesen äußeren Umständen ist die Räteverfassung der russischen Republik durch das leninistisch bestimmte Verhältnis von Partei und Klasse mit einer prinzipiellen Crux behaftet (ein Problem übrigens, das in „Staat und Revolution" nicht thematisiert wird).[121] In den Jahren 1902/1904 hatte Lenin einen auf die Erfordernisse des autokratisch regierten Zarismus bezogenen Parteitypus inauguriert, der die Partei zum konspirativen, berufsrevolutionären und zentralistisch organisierten „Vortrupp" machte, unter dessen „Leitung" die gesamte Klasse „in der Epoche des Bürgerkriegs" handeln sollte.[122] Die immanenten Folgen der Theorie Lenins hatte Trotzki bereits 1904 antizipiert (ohne daß er nach der Oktoberrevolution diese Position beibehalten hätte):[123] Durch die „politische [...] Substitution des Proletariats" werde die Diktatur des Proletariats zu einer „Diktatur über das Proletariat": „Nicht die selbständige Arbeiterklasse, die das Schicksal in ihre Hände nimmt, sondern die ‚starke und mächtige Organisation' die über das Proletariat und durch es über die Gesellschaft herrscht, wird den Übergang zum Sozialismus sichern."[124] Der Leninsche Parteitypus verwandelte sich nach der Oktoberrevolution in ein staatsrechtliches Institut, welches den Bolschewiki das prinzipiell nicht weiter abzuleitende Führungsmandat, jenseits der in den Sowjets sich herausbildenden Selbstorganisationsformen, zusprach. Die Dialektik von Partei und Klasse wurde so in der Avantgardefunktion der Bolschewiki stillgelegt. Lenin selber stellte – unter Hinweis auf das niedrige Kulturniveau des Landes – im März 1919 fest, „daß die Sowjets, die nach ihrem Programm Organe der Verwaltung *durch die Werktätigen* sein sollen, in Wirklichkeit Organe *für die Werktätigen* sind, eine Verwaltung durch die fortgeschrittene Schicht des Proletariats, nicht aber durch die

---

119 H. Conert, Der Kommunismus in der Sowjetunion, Frankfurt/M. 1971, S. 33.

120 A. Rosenberg, Geschichte des Bolschewismus, Frankfurt/M. 1966, S. 155 f.

121 Vgl. L. Magri, Für einen neuen Realismus, in: I. Colletti u.a., Lenins „Staat und Revolution" – heute, Berlin 1970, S. 52.

122 Lenin, Ein Schritt vorwärts, zwei Schritt zurück, in: Staat und Revolution (Fn. 113), Werke Bd. I, S. 368 f.; vgl. auch ebd., S. 490 sowie Lenin, Was tun?, in: Staat und Revolution (Fn. 113), Werke Bd. I, S. 252 f.

123 Vgl. zu seiner mit Lenin übereinstimmenden Haltung nach der Revolution: L. Trotzki, Terrorismus und Kommunismus, Hamburg 1921, S. 88.

124 L. Trotzki, Unsere politischen Aufgaben (1904), in: Schriften zur revolutionären Organisation, hrsg. von H. Mehringer, Hamburg 1970, S. 68, 127.

werktätigen Massen selbst".[125] Die „fortgeschrittene Schicht des Proletariats" – das ist die Partei der Bolschewiki, die, zumal bei den Sowjetwahlen mittlerweile nur Bolschewiki und regierungstreue Parteilose zugelassen sind,[126] ihre Herrschaft mit der Diktatur des Proletariats gleichsetzt: „Die Diktatur der Arbeiterklasse [kann] nicht anders verwirklicht werden [...] als durch die Diktatur ihrer Vorhut, d.h. durch die Kommunistische Partei",[127] heißt es bei Sinowjew. „Die Räte-Demokratie wurde zur Hülle, die die Parteidiktatur verbarg."[128] Die Diktatur der Partei über die Klasse löste die politische Organisationsform für die ökonomische Befreiung des Proletariats auf. Rosa Luxemburg hat dies in ihrer Analyse der russischen Revolution herausgearbeitet: „Lenin-Trotzki entscheiden sich [...] für die Diktatur im Gegensatz zur Demokratie und damit für die Diktatur einer Handvoll Personen, d.h. für Diktatur nach *bürgerlichem Muster*. [...] Es [das Proletariat] soll und muß [...] sofort sozialistische Maßnahmen in energischer, unnachgiebigster, rücksichtslosester Weise in Angriff nehmen, also Diktatur ausüben, aber Diktatur der *Klasse*, nicht einer Partei oder Clique, Diktatur der Klasse, d.h. in breitester Öffentlichkeit, unter tätigster ungehemmter Teilnahme der Volksmassen, in unbeschränkter Demokratie [...]. Es ist die historische Aufgabe des Proletariats, wenn es zur Macht gelangt, anstelle der bürgerlichen Demokratie sozialistische Demokratie zu schaffen, nicht jegliche Demokratie abzuschaffen."[129]

Die Diktatur der Partei folgte nicht nur aus bestimmten theoretischen Prämissen Lenins, sondern wurde durch die geschichtlichen Umstände nach dem Ende des Bürgerkriegs, der durch den Interventionskrieg kapitalistischer Staaten besonders verschärft wurde, begünstigt, aber nicht einfach determiniert. Das Land war verwüstet, „wirtschaftlich [...] um mehr als ein halbes Jahrhundert zurückgeworfen"; das Proletariat, ohnehin nur ein kleiner Teil des russischen Volkes, hatte „als geschlossene gesellschaftliche Macht zu existieren aufgehört."[130] Diese Lage, der „authentische [...] Ursprung [...] der sogenannten bürokratischen

125 Lenin, Bericht über das Parteiprogramm (auf dem VIII. Parteitag der KPR [B]), in: Staat und Revolution (Fn. 113), Werke Bd. III, S. 200. Hervorhebungen von Lenin.

126 Rosenberg (Fn. 120), S. 156.

127 G. Sinowjew, Der Zentralismus, in: Kommunistische Rundschau, Jg. 1 Nr. 1 (1.10.1920), S. 27 f., zit. nach O. Anweiler, Einleitung zu Arbeiterdemokratie oder Parteidiktatur, hrsg. v. F. Kool/E. Oberländer, Olten 1967, S. 56.

128 W. Abendroth, Sozialgeschichte der europäischen Arbeiterbewegung, Frankfurt/M. 1965, S. 104.

129 R. Luxemburg, Die russische Revolution (1918), Frankfurt/M. 1963, S. 77 f. Erste Hervorhebung J. Perels, zweite von Luxemburg.

130 I. Deutscher, Die unvollendete Revolution 1917-1967, Frankfurt/M. 1967, S. 38.

Degeneration des Regimes",[131] ermöglichte die Substitution des Proletariats durch die alte Garde der Bolschewiki. Lenin war sich dieses Tatbestandes bewusst. Im März 1922 notierte er: „Wenn man seine Augen nicht vor der Wirklichkeit verschließen will, so sollte man zugeben, daß der proletarische Charakter der von der Partei betriebenen Politik gegenwärtig nicht von der Klassenzusammensetzung der Mitgliedschaft bestimmt wird, sondern von der enormen und ungeteilten Autorität jener sehr dünnen Schicht von Mitgliedern, die sich als die alte Garde der Partei beschreiben lassen."[132]

Wie die politische Verfassung der Sowjetunion sich in die autoritäre Herrschaft der kommunistischen Partei verwandelte, so blieben auch die mit einer sozialistischen Revolution intendierten qualitativen Veränderungen der Beziehungen der Individuen im ökonomischen Bereich blockiert. Die von Lenin – im Gefolge von Marx – vorausgesetzte Internationalisierung der sozialistischen Revolution, die nach dem Durchbrechen des „schwächsten Gliedes" des Kapitalismus in Rußland die Entfaltung der Produktivkräfte auf der Basis eines zumindest europäischen Sozialismus sichern sollte, blieb aus. Lenin hatte im Mai 1918 ausdrücklich erklärt: „Wir verschließen nicht die Augen davor, daß es uns allein – der sozialistischen Revolution in einem Land, selbst wenn dieses viel weniger rückständig wäre als Rußland, selbst wenn wir in leichteren Verhältnissen lebten als nach vier Jahren eines unerhörten, qualvollen, schweren und verheerenden Krieges – nicht möglich ist, mit den eigenen Kräften die sozialistische Revolution in einem Land voll durchzuführen."[133] Die Rückständigkeit des Landes, die sich besonders im Überwiegen der Bauernwirtschaft mit ihrer durch die Landaufteilung begünstigten individualistischen Kleinwarenproduktion ausdrückte, ließ die Entfaltung sozialistischer Produktionsverhältnisse gegenüber der Entwicklung der Produktivkräfte zurücktreten. So wurden in dieser primär auf die Produktionsentwicklung gerichteten Periode die Ursachen gesetzt für eine Verengung des Begriffs des Sozialismus auf einen vom Kapitalismus nur noch quantitativ unterschiedenen: auf die technische Dimension der Steigerung der Produktivkräfte.[134] Schon bei Lenin ist die Tendenz hierzu angelegt. Obgleich er

131 Ebd., S. 39.

132 W.I. Lenin, Sotschinenija, Bd. XXIII, S. 228 ff., zit. nach I. Deutscher, Trotzki II, Stuttgart 1962, S. 32. Zur Frage der Substitution der Proletariats durch die Partei vgl. T. Cliff, Revolutionäre Partei und Klasse, Sozialistische Correspondenz, Frankfurt/M. 1970, Nr. 56/57, S. 23 ff.

133 Lenin, Rede auf dem ersten Kongreß der Volkswirtschaftsräte, in: Staat und Revolution (Fn. 113), Werke Bd. II, S. 827.

134 Vgl. O. Negt, Marxismus als Legitimationswissenschaft, Einleitung zu A. Deborin/ N. Bucharin, Kontroversen über dialektischen und historischen Materialismus, Frank-

erkennt, dass „der Sozialismus [...] *auf seine Art*, mit seinen Methoden – sagen wir konkreter, mit *sowjetischen* Methoden – [den] Vormarsch [zu einer höheren Arbeitsproduktivität] verwirklichen“[135] muss, heißt es an anderer Stelle kategorisch: „Die Arbeitsproduktivität ist in letzter Instanz das allerwichtigste, das ausschlaggebende für den Sieg der neuen Gesellschaftsordnung.“[136] Dem entspricht, dass Lenin die Übernahme kapitalistischer Arbeitstechnik, Taylor-System und Stücklohn propagiert. Wie im Kapitalismus soll die Direktionsgewalt im Betrieb unangetastet bleiben. Im Arbeitsprozess soll „die *unbedingte Unterordnung der Massen* unter den *einheitlichen Willen der Leiter des Arbeitsprozesses*“[137] gelten. Der Übernahme der kapitalistischen Arbeitstechniken korrespondiert die bloße Verstaatlichung der Produktionsmittel, die mit einer Vergesellschaftung, die die kollektive Verfügung über den Arbeitsprozess und die gesellschaftliche Aneignung der Produkte zum Inhalt hat, nicht zu verwechseln ist; die Verstaatlichung ändert nichts an der Objektstellung der unmittelbaren Produzenten, sie sind den staatlichen Verfügungsbeamten, den Betriebsleitern, unterworfen. Lenin bezeichnete in seiner Auseinandersetzung mit den linken Kommunisten den „Staatskapitalismus“ als „einen Schritt vorwärts gegenüber der jetzigen Lage der Dinge in unserer Sowjetrepublik“, weil er die gesamtstaatliche Organisation der Produktion durch Rechnungsführung und Kontrolle ermögliche, ohne dass freilich die „neuen ökonomischen Zustände als sozialistisch bezeichnet“ werden könnten.[138] Die von Lenin eingeführte politische Kompensation für die Fortexistenz fremdbestimmter Arbeitsverhältnisse im Staatskapitalismus: die Herrschaft des Proletariats im sozialistischen Staat[139] blieb durch den prinzipiellen Führungsanspruch der Partei der Bolschewiki aus.

Gegen Lenins Ziel, staatskapitalistische Produktionsverhältnisse zur Entfaltung der Produktivkräfte einzusetzen, wandte sich eine Gruppe linker Kommunisten (Bucharin, Radek, Osinskij, Preobraschenski u.a.), die im Frühjahr 1918 in einem eigenen theoretischen Organ, „Kommunist“, ihre Kritik entwickelten.

---

furt/M. 1969, S. 30 ff.; H. Marcuse, Die Gesellschaftslehre des sowjetischen Marxismus, Neuwied/Berlin 1964, S. 59, 84 f.

135 Lenin, Die nächsten Aufgaben der Sowjetmacht, in: Staat und Revolution (Fn. 113), Werke Bd. II, S. 743. Hervorhebung von Lenin.

136 Lenin, Die große Initiative, in: Staat und Revolution (Fn. 113), Werke Bd. III, S. 261.

137 Lenin, Die nächsten Aufgaben der Sowjetmacht, ebd., Werke Bd. II, S. 763. Hervorhebung von Lenin.

138 Lenin, Über „linke Kinderei“ und Kleinbürgerlichkeit, in: Staat und Revolution (Fn. 113), Werke Bd. II, S. 786 ff.

139 „Ist es nicht klar, daß wir [...] je vollständiger wir in den Sowjets den sozialistischen Staat und die Diktatur des Proletariats verkörpert haben, um so weniger den Staatskapitalismus zu fürchten brauchen?“, Lenin, ebd., S. 793.

Die Abschaffung des Kapitalverhältnisses, die bei Lenin hinter die staatskapitalistisch organisierte Entfaltung der Produktivkräfte zurücktritt, rückte bei den linken Kommunisten ins Zentrum, ohne dass sie die „objektiven Verhältnisse, namentlich die zahlenmässige und politisch-organisatorische Schwäche der Arbeiterschaft, die sozialökonomische Rückständigkeit des Landes und die Zerrüttung der Wirtschaft übersahen.“[140] Osinskij schrieb im „Kommunist“: „Wenn man den Übergang zum Sozialismus in der Verstaatlichung der Betriebe erblickt, bedeutet die Verstaatlichung an sich, d.h. der Übergang eines Betriebs in Staatseigentum, noch keinen Sozialismus. In Preußen sind sämtliche Staatsbahnen in die Hände des Staates übergegangen, aber niemand glaubt deshalb, daß das eine Maßnahme des Übergangs zum Sozialismus gewesen sei. Damit die Verstaatlichung einen derartigen Sinn bekommt, ist es erstens notwendig, daß die Organisierung der Wirtschaft in den verstaatlichten Betrieben nach sozialistischen Prinzipien erfolgt, daß die Kommandogewalt des Kapitals beseitigt wird und daß der Aufbau des Betriebs keinen Boden für die Wiederbelebung dieser Kommandogewalt bietet; zweitens ist es notwendig, daß die gesellschaftliche Macht, in deren Hände das Eigentum an den Produktionsmitteln übergeht, eine proletarische Macht ist.“[141] Osinskij erklärte, die mit der staatskapitalistischen Wirtschaftsform verknüpften Methoden zerstörten, wie Lorenz referiert, „die Klassensolidarität der Arbeiterschaft und verwandelten diese in ein passives Element des Produktionsprozesses. Vor allem trage hierzu das System der außerordentlichen und bevollmächtigten Kommissare bei, da es jede spontane Initiative und Demokratie von unten durch eine bürokratische Zentralisation der Verwaltung ersetze. In gleicher Richtung, der Erziehung zur Passivität, wirke eine von oben oktroyierte Arbeitsdisziplin, die durch bürokratische Institutionen überwacht werde.“[142] Die Kontroverse zwischen Lenin und den linken Kommunisten wurde nicht zuletzt durch den im Sommer 1918 beginnenden Bürgerkrieg gewaltsam entschieden: ökonomisch wie politisch ging die Leitungsbefugnis auf den zentralen administrativen Apparat über.[143]

Nach dem Ende des Bürgerkrieges entbrannte die von den linken Kommunisten entfachte Diskussion um den Aufbau sozialistischer Produktionsverhältnisse aufs Neue – unter dem Vorzeichen der Gewerkschaftsdiskussion auf dem X. Parteitag der Bolschewiki im März 1921. „Die gesamte Struktur des Sowjet-

---

140 R. Lorenz, Wirtschaftspolitische Alternativen der Sowjetmacht im Frühjahr und Sommer 1918, neue kritik 45 (Dezember 1967), S. 34.

141 N. Osinskij, Über den Aufbau des Sozialismus, Kommunist Nr. 1 und 2/1918, zit. nach dem vollständigen Text in: Kool/Oberländer (Fn. 127), S. 101.

142 Lorenz (Fn. 140), S. 29 f.

143 Ebd., S. 45.

regimes stand in dieser Debatte zur Diskussion.“[144] Während die von Trotzki repräsentierte Gruppe die Verstaatlichung der Gewerkschaften, ihre Unterstellung unter die zentrale Wirtschaftsverwaltung forderte (wie sie später unter Stalin verwirklicht wurde), plädierte die Gruppe „Arbeiteropposition“ (Schlapnikow, Kollontaj u.a.) für den Übergang der Leitung des Wirtschaftsprozesses an die in den Gewerkschaften zusammengefassten unmittelbaren Produzenten. Lenin, Repräsentant des mehrheitlichen Zentrums der Partei, das die Gewerkschaften zu „Schulen des Kommunismus“ machen wollte, war sich mit Trotzki – dessen Verstaatlichungsforderung er allerdings ablehnte, weil sich die Gewerkschaften in einen bürokratischen Apparat verwandeln würden – darin einig, dass es gegenüber der politischen und ökonomischen Suprematie der Partei keine autonome Selbstorganisation der Produzenten geben dürfe.[145] So richtete sich der entscheidende Stoß gegen die „Arbeiteropposition“. Ihre Zielsetzung gipfelte in der 13. ihrer zum Parteitag veröffentlichten Thesen: „Die Organisierung der Leitung der gesamten Volkswirtschaft obliegt dem Allrussischen Kongreß der in den Gewerkschaften zusammengeschlossenen Produzenten, der das zentrale Organ zur Leitung der gesamten Volkswirtschaft der Republik wählt.“[146] Die Arbeiteropposition – ihre Sprecher waren durchweg erprobte bolschewistische Gewerkschafter –, ließ sich vom gleichen Impetus leiten wie die linken Kommunisten des Jahres 1918: „Die Gewerkschaft muß, wenn sie im Produktionsprozeß [...] das Bewußtsein der befreiten Produzenten entwickelt, die Arbeit so organisieren, daß der Arbeiter aus einem Anhängsel der toten Wirtschaftsmaschinerie zum bewußten Schöpfer des Kommunismus wird [...].“[147] Ein derartiges „Fundament neuer Produktionsverhältnisse“ sei in der jetzigen ökonomischen Verfassung nicht zu erblicken: „Die Praxis der Parteizentren und der Staatsorgane hat den Tätigkeitsbereich der Gewerkschaften in den letzten beiden Jahren systematisch eingeschränkt und den Einfluß der Gewerkschaften im Sowjetstaat fast beseitigt. Die Rolle der Gewerkschaften bei der Organisierung und Leitung der Produktion ist in Wirklichkeit auf die Rolle eines Auskunfts- oder Empfehlsbüros reduziert worden, das die Verwaltungsposten mit Funktionären besetzt.“[148] Alexandra Kollontaj, Wortführerin der Arbeiteropposition, rüttelte an der Avantgardefunktion der Partei, bestimmte das Verhältnis von Partei und Klasse bei der Umgestaltung der Gesellschaft gegen Lenin in der Weise Rosa Luxemburgs, die der Partei nur eine abgeleitete und keine originäre Funk-

144 I. Deutscher, Die sowjetischen Gewerkschaften, Frankfurt/M. 1969, S. 75.

145 Ebd., S. 69, 72, 80.

146 Vollständiger Text in: Kool/Oberländer (Fn. 127), S. 177.

147 Ebd., S. 176.

148 Ebd., S. 176, 172.

tion in der Selbstorganisation des Proletariats zusprach. Alexandra Kollontaj schrieb: „Die Revolution kann von der Vorhut der Klasse vollendet werden, aber die wirtschaftliche Grundlage der Herrschaft der neuen Gesellschaft kann nur von *der ganzen Klasse* in der praktischen Alltagsarbeit ihres wichtigsten Klassenkollektivs geschaffen werden [...]. Den Kommunismus kann man nicht dekretieren. Er kann nur durch lebendiges Suchen, durch zeitweilige Fehler, jedenfalls aber durch die schöpferische Kraft der Arbeiterklasse geschaffen werden."[149] Lenin verwarf die von der Arbeiteropposition intendierte Selbstregierung der Produzenten. Er verwies auf die spezifische Situation des Sowjetstaates, auf die Zerrüttung des Landes, und vor allem auf die in der Übergangsphase zum Sozialismus fortbestehenden Klassenverhältnisse, die sich von der Homogenität einer sich selbst regierenden Produzentengesellschaft, der kommunistischen Gesellschaft, derart unterscheide, dass eine Übernahme der Wirtschaftsorganisation durch einen Allrussischen Kongreß der Produzenten unmöglich sei.[150] Lenins prinzipielles Argument aber lautete, „daß die Diktatur des Proletariats nicht anders als durch die kommunistische Partei möglich ist."[151] In der von Lenin entworfenen und vom Parteitag mit überwältigender Mehrheit angenommenen Resolution „über die syndikalistische und anarchistische Abweichung in unserer Partei" heißt es zusammenfassend zur Arbeiteropposition: „Die Ideen [der Arbeiteropposition] [...] sind theoretisch von Grund aus falsch, denn sie bedeuten den völligen Bruch mit dem Marxismus und Kommunismus sowie mit den Ergebnissen der praktischen Erfahrungen aller halbproletarischen Revolutionen und der jetzigen proletarischen Revolution. Erstens vereinigt der Begriff ‚Produzent' den Proletarier mit dem Halbproletarier und mit dem kleinen Warenproduzenten und gibt somit den Grundbegriff des Klassenkampfes und die Grundforderung, zwischen den Klassen zu unterscheiden, radikal preis. Zweitens ist die Orientierung auf die parteilosen Massen bzw. das Liebäugeln mit ihnen [...] eine nicht weniger radikale Abkehr vom Marxismus. Der Marxismus lehrt [...], daß nur die politische Partei der Arbeiterklasse, d.h. die kommunistische Partei, imstande ist, eine solche Avantgarde des Proletariats zu vereinigen, zu erziehen und zu organisieren, die allein fähig ist, den unvermeidlichen kleinbürgerlichen Schwankungen dieser Masse, den unvermeidlichen Traditionen und Rückfällen in zünftlerische Beschränktheit oder zünftlerische Vorurteile unter dem Proletariat zu widerstehen und die ganze zusammengefaßte Tätigkeit

149 A. Kollontaj, Die Arbeiteropposition, vollständiger Text in: Kool/Oberländer (Fn. 127), S. 223. Hervorhebung J. Perels.

150 W. I. Lenin, Referat über die Einheit der Partei und die syndikalistische Abweichung (auf dem X. Parteitag), in: W.I. Lenin, Für und wider die Bürokratie, Schriften und Briefe 1917-1923, hrsg. v. J. Hillmann, Hamburg 1970, S. 113 ff.

151 Lenin, Schlußwort zum Bericht der KPR (B) (auf dem X. Parteitag), in: ebd., S. 97.

des Proletariats zu leiten, d.h. es politisch zu leiten, und durch das Proletariat alle werktätigen Massen zu leiten. Anders ist die Diktatur des Proletariats nicht zu verwirklichen."[152]

Der Hinweis auf die besonderen Wirtschafts- und Klassenbedingungen des Sowjetstaates, die einen direkten Übergang zu Produktionsverhältnissen assoziierter Produzenten verhinderten, erscheint nicht grundsätzlich gerechtfertigt, weil er eine Trennung zwischen dem Weg zum Sozialismus, der ohne eine qualitative, die Objektstellung der unmittelbaren Produzenten aufhebende Veränderung der Arbeitsverhältnisse nicht existiert, und dem Ziel des Sozialismus in der Sowjetunion impliziert. Die Thesen der „Arbeiteropposition" bedeuten keinen „völligen Bruch" mit dem Marxismus; ihr Ansatz, Verfügung über die gegenständlichen Arbeitsbedingungen durchs Proletariat, bezeichnet den Kern des Sozialismus. Die Partei ist demgegenüber eine abgeleitete und sekundäre Größe, die nur als unmittelbares Instrument der Arbeiterklasse ihre Legitimation besitzt.[153] Nicht die Herrschaft der Partei, sondern die Emanzipation des Proletariats ist das Ziel des Sozialismus.

Die uneingeschränkte Herrschaft der Partei, die Trotzki in der Diskussion des Parteitages auf die Formel brachte, dass die Partei „berechtigt wäre, ihre Diktatur selbst dann zu sichern, wenn diese Diktatur zeitweilig mit den vorübergehenden Stimmungen der Arbeiterdemokratie zusammenstößt",[154] wurde zur Kernstruktur des osteuropäischen Sozialismus. Die Folgen der leninistisch aufgelösten Dialektik von Partei und Klasse sah Rosa Luxemburg schon 1918 voraus: „Das öffentliche Leben schläft allmählich ein, einige Dutzend Parteiführer von unerschöpflicher Energie und grenzenlosem Idealismus dirigieren und regieren [...] und eine Elite der Arbeiterschaft wird von Zeit zu Zeit zu Versammlungen aufgeboten, um den Reden der Führer Beifall zu klatschen, vorgelegten Resolutionen einstimmig zuzustimmen, im Grunde also eine Cliquenwirtschaft – eine Diktatur allerdings, aber nicht die Diktatur des Proletariats, sondern die Diktatur einer Handvoll Politiker, d.h. Diktatur im bürgerlichen Sinne, im Sinne der Jakobiner-Herrschaft."[155]

152 Lenin, Ursprünglicher Entwurf der Resolution über die syndikalistische und anarchistische Abweichung unserer Partei, in: Staat und Revolution (Fn. 113), Werke Bd. III, S. 663 f.

153 Vgl. R. Rossanda, Einleitung zu: Partei und Klasse, Berlin 1970, S. 5 ff.

154 L. Trotzki, zit. nach Deutscher, Die sowjetischen Gewerkschaften (Fn. 144), S. 78. Vgl. auch Lenin: „Produktion ist immer nötig, Demokratie nicht.", in: Hillmann (Fn. 150), Über die Gewerkschaften, die gegenwärtige Lage und die Fehler des Genossen Trotzki, S. 74.

155 Luxemburg, Die russische Revolution (Fn. 129), S. 75.

Die parteibürokratische Tendenz, die den emanzipativen Anspruch qualitativ veränderter Produktionsverhältnisse aufhebt, führt zur Identifikation des Aufbaus des Sozialismus mit der Steigerung der Produktivkräfte. Dies wird auf dem XI. Parteitag der Bolschewiki vom März 1922 besonders deutlich. In der entscheidenden, von Lenin formulierten Entschließung heißt es: „Nach der Eroberung der Staatsmacht besteht das wichtigste und grundlegendste Interesse des Proletariats in der Vergrößerung der Produktionsmenge und gewaltigen Steigerung der Produktivkräfte der Gesellschaft [...]. Ein solcher Erfolg [der Wiederherstellung der Großindustrie] erfordert seinerseits, bei der gegenwärtigen Lage Rußlands, unbedingt die Konzentration der gesamten Machtfülle in den Händen der Betriebsleitungen [...] Jede unmittelbare Einmischung der Gewerkschaften in die Leitung der Betriebe muß unter diesen Umständen als unbedingt schädlich und unzulässig betrachtet werden.“[156] Eine derartige technizistische Reduktion des Sozialismus hatte Alexandra Kollontaj kritisiert: „Ohne die Einführung grundlegender Neuerungen im System der Leitung und Organisierung der Produktion [würde Sowjetrußland] in seiner Entwicklung *nur* die kapitalistischen Länder einholen.“[157]

III.

Im Stalinismus kulminierten die Tendenzen gegen eine Selbstregierung der Massen. Schon 1926 hatten die Opponenten Stalins (Sinowjew, Kamenew, Krupskaja, Trotzki u.a.) die Monopolisierung des öffentlichen Lebens durch eine verselbständigte „parteibürokratische Oberschicht“,[158] die Entwicklung zur Selbstherrschaft diagnostiziert: „Eine wirkliche Disziplin wird zerrüttet und ersetzt durch Unterwerfung unter einflußreiche Personen des Apparates [...] Das bürokratische Regime frißt sich wie ein Rost ein in das Leben jedes Betriebs und jeder Abteilung. Wenn die Parteimitglieder tatsächlich nicht das Recht haben, die Bezirksleitung, die Gruppenleitung oder das ZK zu kritisieren, so haben sie

156 Lenin, Über die Rolle und die Aufgaben der Gewerkschaften unter den Verhältnissen der Neuen Ökonomischen Politik, in: Staat und Revolution (Fn. 113), Bd. III, S. 748 f.

157 Kollontaj (Fn. 127), S. 220. Hervorhebung von J. Perels. Zu den hieraus folgenden Veränderungen im Oberbau vgl. K. Korsch, Zur Geschichte der marxistischen Ideologie in Rußland, Der Gegner, 1932, Nr. 3, S. 9 ff. und besonders Marcuse (Fn. 134), S. 122 ff., 198 ff., 231 ff.

158 Dieser Terminus nach E.S. Varga, Der russische Weg zum Sozialismus und seine Ergebnisse, in: Sowjetunion und China – zwei Modelle des sozialistischen Aufbaus, München 1970, S. 31.

im Betrieb nicht das Recht, ihre nächste Obrigkeit zu kritisieren.“[159] Die öffentlicher Kontrolle und Diskussion entzogene Herrschaft der parteibürokratischen Oberschicht, abgesichert durch das Terrorinstrument der Geheimpolizei, das insbesondere gegen die alten Kader der Bolschewiki eingesetzt wird, ließ die Selbstorganisationsformen der Sowjets vollends zur Farce herabsinken. „Die Bevölkerung wählt die von den Parteizirkeln zuvor bestimmten Kandidaten [...] So kann man sagen, daß die Macht der Sowjets bei uns nur in dem besonderen Sinn existiert, daß die Oberschicht der Partei das Land im Namen der Sowjets beherrscht.“[160] Aus der Diktatur des Proletariats wurde, wie Brecht im Gespräch mit Benjamin sagte, eine „Diktatur über das Proletariat“;[161] die politische Form für die ökonomische Befreiung des Proletariats existierte nicht mehr.

Zwischen Politik und Ökonomie bestand, da der Staat Eigentümer der Produktionsmittel war, eine vollständige Fusion.[162] Die unmittelbaren Produzenten blieben von den verstaatlichten Produktionsmitteln, über welche die parteibürokratische Oberschicht verfügte, getrennt: „Vor allem ist es notwendig“, erklärte M.M. Kaganowitsch, ein Senior-Vertreter des Kommissariats für die Schwerindustrie, „die Ein-Mann-Leitung zu stärken. Es ist notwendig, von der grundlegenden Auffassung auszugehen, daß der Direktor der höchste Chef der Fabrik ist. Alle in der Fabrik Beschäftigten müssen ihm vollständig untergeordnet sein.“[163] „Die Ein-Mann-Leitung [ist]“, heißt es in einem von Paschukanis herausgegebenen Buch zum sowjetischen Wirtschaftsrecht, „das wichtigste Prinzip der Organisation der sozialistischen Wirtschaft.“[164] Das Arbeitsverhältnis wurde quasi-militärisch geordnet, die Arbeiter waren einem drakonischen Strafensystem unterworfen. Ein am 18. Dezember 1938 veröffentlichter Erlass, unterzeichnet von Stalin, Molotow und Schwernik, bestimmte z.B., dass Arbeiter, die ihre Arbeitsstellen ohne Erlaubnis verließen oder sich ernster Vergehen gegen die Arbeitsdisziplin schuldig machten, „verwaltungsmäßigen Zwangsausweisungen (aus ihren Wohnungen) innerhalb von 10 Tagen unterlagen, ohne daß ihnen Wohnungen zur Verfügung gestellt wurden“.[165] „Da Häuser in der Regel

159 Erklärung der Dreizehn – An die Mitglieder des ZK und des ZKK, in: G. Hillmann (Hrsg.), Selbstkritik des Kommunismus, Hamburg 1967, S. 113, 115. Hervorhebung durch die Verfasser.

160 Varga (Fn. 158), S. 41.

161 W. Benjamin, Versuche über Brecht, Frankfurt/M. 1966, S. 135.

162 Vgl. T. Cliff, Russia a Marxist Analysis, 3. Aufl. London 1970, S. 125 f.

163 Sa Industrialisaziu (Organ des Kommissariats für die Schwerindustrie), Moskau 16.4.1934, zit. nach Cliff (Fn. 84), S. 19.

164 L. Gintsburg/E. Paschukanis, Leitfaden des sowjetischen Wirtschaftsrechts (russisch), Moskau 1935, Vol. 1, S. 8, zit. nach Cliff (Fn. 162), S. 19.

165 Deutscher, Die sowjetischen Gewerkschaften (Fn. 144), S. 113 f.

Eigentum der Gemeinden oder Stadtbehörden waren, besaß der [...] Ausgewiesene praktisch keine Möglichkeit, eine neue Unterkunft zu erhalten. Dies hatte häufig die Deportierung in Zwangsarbeitslager zur Folge. Die Furcht vor dem Lager begann nun diejenige Rolle zu spielen, die die Furcht vor Arbeitslosigkeit unter dem Kapitalismus gespielt hatte: sie hielt die Arbeitsdisziplin aufrecht."[166] Mit dem Stichwort „sozialistischer Wettbewerb", besonders ausgeprägt im „Stachanowismus", der die Arbeiter durch ein ausgeklügeltes Akkordsystem dissoziierte und die „besten Vertreter" mit Privilegien bedachte, wurde gleichzeitig eine starke Differenzierung der Löhne durchgesetzt.[167] Die Gewerkschaften degenerierten zu Transmissionsriemen der parteibürokratischen Oberschicht. Nicht zufällig fand 17 Jahre lang zwischen 1932 und 1949 kein Gewerkschaftskongreß statt.[168] Im Rahmen dieser repressiven Arbeitsverhältnisse fungierte die gesamtwirtschaftliche Planung, institutionalisiert in den Fünf-Jahresplänen, als bürokratische Regelung von oben, die den unmittelbaren Produzenten als fremdes Zwangsgesetz auferlegt wurde, das die kapitalistische Anarchie des Marktes durch die Dezision der Parteizentrale ersetzte.[169]

Die ökonomische und politische Fremdbestimmung der unmittelbaren Produzenten wurde zur Basis des Industrialisierungsprozesses in der Sowjetunion. Dieser Zusammenhang wird allzuleicht zur mechanistischen Notwendigkeit verkürzt. Schon das Beispiel Jugoslawiens, das mit Hilfe des die Selbständigkeit der unmittelbaren Produzenten mobilisierenden Systems der Arbeiterselbstverwaltung seit 1950, ungeachtet schwach entwickelter Produktivkräfte, die Industrialisierung betreibt,[170] zeigt, dass von einer gleichsam meta-geschichtlichen Notwendigkeit nicht gesprochen werden kann. Das Geflecht stalinistischer Verformungen war das Resultat besonderer Bedingungen: Zum einen nicht überwundener „Zarismen", die Lenin mit dem Satz bezeichnete, daß der Staatsapparat „nur äußerlich leicht übertüncht worden [ist], im übrigen aber [...] etwas

166 Ebd., S. 114; vgl. auch zu weiteren Einzelheiten der stalinistischen Arbeitsverfassung: W. Hofmann, Die Arbeitsverfassung der Sowjetunion, Berlin 1956, S. 225 ff.

167 Deutscher, Die sowjetischen Gewerkschaften (Fn. 144), S. 121 ff.

168 Ebd., S. 147.

169 Vgl. C. Bettelheim, Ökonomischer Kalkül und Eigentumsformen, Berlin 1970.

170 Vgl. H. Roggemann, Das Modell der Arbeiterselbstverwaltung in Jugoslawien, Frankfurt/M. 1970. Die durch die Selbsttätigkeit der unmittelbaren Produzenten vermittelte Industriali sierung ist allerdings durch die gleichzeitige Einführung des Marktmechanismus mit kapitalistischen Friktionen belastet. – Zu der Industrialisierung in China, die sich von der sowjetischen der 30er Jahre offenbar durch größere Initiative der Massen unterscheidet, vgl. Bettelheim, China und die Sowjetunion: Zwei „Modelle" der Industrialisierung, in: Varga, Sowjetunion und China (Fn. 158), S. 50 ff. und C. Bettelheim u.a., Der Aufbau des Sozialismus in China, München 1969.

typisch Altes aus unserem alten Staatsapparat [darstellt]";[171] hinzutrat die weltpolitische Isolierung der Sowjetunion, verbunden mit der latenten Interventionsdrohung kapitalistischer Staaten, die dazu führte, die Produktivkräfte durch Rüstungsinvestitionen zu fesseln: das Ausbleiben der internationalen Revolution behinderte die emanzipative Überwindung der Rückständigkeit des Sowjetstaates. Als systematische Ursache erscheint schließlich die Leninsche Parteidoktrin, die die Usurpation des Parteiapparats durch das Generalsekretariat Stalins direkt begünstigte. Die aus diesen Bedingungen hervorgegangenen Herrschaftsverhältnisse wurden von Stalin zum „vollen Sieg des sozialistischen Wirtschaftssystems" erklärt, das die „Ausbeutung des Menschen durch den Menschen" beseitigt habe.[172] Demgegenüber ist mit Trotzki daran festzuhalten, daß das „Sowjetregime in allen seinen Widersprüchlichkeiten nicht als sozialistisches, sondern als vorbereitendes oder Übergangsregime zwischen Kapitalismus und Sozialismus zu bezeichnen" ist,[173] das, ungeachtet seiner repressiven Gesamtverfassung, dank der zentral gesteuerten Investitionspolitik eine autoritäre cum grano salis wohlfahrtsstaatliche Entwicklung der Infrastruktur (Bildungs- und Gesundheitswesen etc.) ermöglichte. Die repressive Verfassung des stalinistisch organisierten Sowjetstaates, der, obgleich er die formalen Voraussetzungen des Sozialismus (Abschaffung des kapitalistisch fungierenden Eigentums/gesamtwirtschaftliche Planung) verwirklichte, dessen emanzipativen Anspruch in terroristischen, parteibürokratischen Herrschaftsverhältnissen begrub, hat Brecht prägnant charakterisiert. In seiner Schrift „Me-ti-Buch der Wendungen" heißt es: „Der Besitz der Einzelnen an Arbeitsmitteln ist abgeschafft, und indem auch die Erde als ein solches Arbeitsmittel betrachtet wird und der Einzelbesitz an Erde abgeschafft ist, verschwindet der Gegensatz von Stadt und Land, denn auch die Erde kann jetzt auf große planmäßige Weise bebaut werden. Aber das neue System, das fortschrittlichste der Weltgeschichte, arbeitet noch sehr schlecht und wenig organisch und braucht soviel Anstrengung und Gewaltanwendung, daß die Freiheiten der Einzelnen sehr gering sind. Da es von geringen Einheiten von Menschen erzwungen wird, gibt es überall Zwang und keine richtige Volksherrschaft. Die Meinungsunfreiheit, Koalitionsunfreiheit, Lippendienerei, die Gewalttaten der Magistrate beweisen, daß noch lange nicht alle

171 Lenin, Wie wir die Arbeiter- und Bauerninspektion reorganisieren sollen, in: Staat und Revolution (Fn. 113), Werke Bd. III, S. 871.

172 J.W. Stalin, Rechenschaftsbericht an den XVIII. Parteitag über die Arbeit des ZK der KPdSU (B), in: J.W. Stalin. Schriften zur Ideologie der Bürokratisierung, hrsg. v. J. Hillmann, Hamburg 1970, S. 217, 221.

173 L. Trotzki, Verratene Revolution, Zürich o. J. (1957), S. 49.

Grundelemente der großen Ordnung [d.h. des Sozialismus] verwirklicht sind und verwirklicht werden."[174]

IV.

Die Erfahrungen mit den staatssozialistischen Verformungen im Stalinismus ließen, als bestimmte Negation, Modelle der politischen Verfassung des Sozialismus entstehen, die sich mehr oder minder ausdrücklich auf die zentrale Marxsche Intention, die Abschaffung des Kapitalverhältnisses und die damit verknüpfte Veränderung der politischen Verfassung, berufen. Von den verschiedenen theoretischen und praktischen Ansätzen in Osteuropa sei exemplarisch der tschechoslowakische Reformkommunismus des Jahres 1968 betrachtet. Die praktische Kritik setzte in der CSSR direkt am politischen Herrschaftssystem an. Seine Struktur analysierten die Reformer in folgender Weise: „Das Vorjanuar-System war gekennzeichnet durch eine tiefe, hierarchisch abgestufte politische Ungleichheit zwischen der kleinen Gruppe wirklich herrschender Personen, den Beamten der diversen Apparate, dem Funktionärsaktiv und schließlich den breiten Schichten der Bevölkerung (Kommunisten und anderen Bürgern), die an der Leitung der Gesellschaft nicht wesentlich mitwirken konnten."[175] „Der Sozialismus [...] wurde reduziert auf die Verstaatlichung des kapitalistischen Eigentums, auf administrativ direkte Wirtschaftsleitung vom Zentrum aus und auf ein monopolistisches machtpolitisches System. Das ist jedoch noch kein Sozialismus. Innerhalb dieser Grenzen des gesellschaftlichen Lebens vermag weder die Arbeiterschaft noch die Bauernschaft und die Intelligenz sich als Schöpferin neuer zwischenmenschlicher Beziehungen zu entfalten."[176] Demgegenüber sollten politische Freiheitsrechte (Vereinigungsfreiheit, Koalitionsfreiheit, Meinungsfreiheit, Pressefreiheit) den Herrschaftsapparat demokratisieren, ihn in eine massenmobilisierende Öffentlichkeit, die zum Artikulationsorgan der Selbstregierung wird, zurückzuholen – entsprechend der Formulierung des Aktionsprogramms der KPC vom 5. April 1968: „Der Sozialismus kann nicht

174 B. Brecht, Me-ti, Buch der Wendungen, Frankfurt/M. 1965, S. 138 f. Hervorhebung von Brecht.

175 Analyse der Parteitätigkeit und der gesellschaftlichen Entwicklung seit dem 13. Parteitag und die Hauptaufgaben der Partei (Materialien für den 14. Parteitag der KPC, der am 22.8.1968 in Prag als Untergrundsparteitag stattfand), in: Panzer überrollen den Parteitag, Protokoll und Dokumente des 14. Parteitags der KPC am 22.8.1968, hrsg. v. J. Pelikan, Wien/Frankfurt/M./Zürich 1969, S. 196.

176 Über die Vorbereitung und Grundzüge eines langfristigen Parteiprogramms, in: Materialien (Ebd.), S. 120.

nur die Befreiung des arbeitenden Volkes von der Vorherrschaft der ausbeutenden Klassenbeziehungen bedeuten, sondern muß mehr als jede andere bürgerliche Demokratie ermöglichen, die Persönlichkeit des Einzelnen voll zur Geltung zu bringen.“[177]

Das Zurückgreifen auf liberale Freiheitsrechte ist als Rückfall in überholte bürgerliche Rechtsformen begriffen worden: „Die nach-stalinistische Reform in der CSSR stellte eine ahistorische Überführung des geschichtlich neuen, noch unentfalteten und etatistisch verstümmelten Prinzips der sozialistischen Produktionsweise in die alte und abgestorbene Substanz bürgerlicher Verkehrsformen dar [...], als ‚weltgeschichtliche Totenbeschwörung' (Marx) des fossilierten Liberalismus der längst untergegangenen konkurrenzkapitalistischen Phase der bürgerlichen Gesellschaft – als Versuch rechtsstaatlicher Institutionalisierungen republikanischer Freiheiten.“[178] Eine derartige ultralinke Kritik wirft das emanzipative geschichtliche Erbe der Französischen Revolution auf den Kehrichthaufen der Geschichte, statt zu erkennen, dass im Sozialismus die bürgerlichen Freiheiten, in „umfunktionierte[r] Konsequenz“,[179] ohne Paralysierung durch ökonomische Ungleichheit, inhaltlich realisiert werden können. Rosa Luxemburg fasste diese Einsicht in den Satz: „Wir unterscheiden stets den sozialen Kern von der politischen Form der *bürgerlichen* Demokratie, wir enthüllen stets den herben Kern der sozialen Ungleichheit unter der süßen Schale der formalen Freiheit und Gleichheit – nicht um diese zu verwerfen, sondern um die Arbeiterklasse dazu anzustacheln, sich nicht mit der Schale zu begnügen, vielmehr die politische Macht zu erobern, um sie mit neuem Inhalt zu füllen.“[180] Allein sozialistische Demokratie – das war der strategische Sinn der These Rosa Luxemburgs – kann verhindern, daß die Selbstregierung des Proletariats zur Herrschaft einer unkontrollierbaren und unkritisierbaren parteibürokratischen Oberschicht (die sich schließlich mit dem Spruch „Die Partei hat immer recht“ gegen die

177 Volkszeitung (Prag) v. 19.4.1968. Vgl. auch O. Negt, Das Ende des Stalinismus, in: Prag und die Linke, Hamburg 1968, S. 27.

178 H.J. Krahl, Zur historischen Dialektik der nachstalinistischen Reform, Einleitung zu: R. Deppe u.a., Die Tschechoslowakei 1945-1968 – Zwischen Kapitalismus und Revolution, Frankfurt/M./Berlin 1968, S. 7, 11; vgl. aber ebd., S. 14: „Die Erfahrungen gerade der ersten Okkupationstage in der CSSR haben gezeigt, daß in einem Land mit staatlicher Aufhebung [des Privateigentums an Produktionsmitteln] die republikanischen Freiheiten wieder in allerdings geschichtlich neuer Weise dem Proletariat die organisatorischen Bedingungen für die Fortsetzung des revolutionären Klassenkampfes im sozialistischen Lager selbst liefern können.“

179 E. Bloch, Über die Bedeutung des XX. Parteitages, in: ders., Politische Messungen, Frankfurt/M. 1970, S. 365. Zur theoretischen Begründung vgl. E. Bloch, Naturrecht und menschliche Würde, Frankfurt/M. 1961, S. 200 ff.

180 Luxemburg, Die russische Revolution (Fn. 129), S. 78. Hervorhebung von Luxemburg.

potentielle Selbsttätigkeit der Produzenten impfte) verkehrt wird. Dies hatte die KPC erkannt. Im Aktionsprogramm hieß es: „Die kommunistische Partei stützt sich auf die freiwillige Unterstützung durch die Menschen. Sie verwirklicht ihre führende Rolle nicht dadurch, daß sie die Gesellschaft beherrscht, sondern dadurch, daß sie der freien, fortschrittlichen und sozialistischen Entwicklung am treuesten dient. Sie kann sich ihre Autorität nicht erzwingen, sondern muß sie immer aufs Neue durch ihre Taten gewinnen [...] Die führende Rolle der Partei wurde in der Vergangenheit oft als Monopol, als Konzentration der Macht in der Hand der Parteiorgane aufgefaßt. Das entsprach der falschen These, daß die Partei das Instrument der Diktatur des Proletariats sei."[181] Die emanzipatorische Funktion der Prager Reformer bestand darin, die Partei, die den Staatsapparat in unbeschränkter Verfügungsmacht beherrscht hatte, auf die Ebene öffentlicher Diskussion und Kontrolle zurückzuholen.

Im Rahmen einer emanzipativen politischen Verfassung, die Selbstorganisationsformen der Massen sich entwickeln lässt, konnte die ökonomische Befreiung der unmittelbaren Produzenten, die in dem etatistischen Vorjanuar-System von den verstaatlichten Produktionsmitteln getrennt bleiben, wieder ins Zentrum rücken. Selbstverwaltungsorgane – insbesondere Arbeiterräte – sollten als Form des „allmählichen langfristigen Absterbens staatlicher Macht und Repression"[182] fungieren. Mit der Rückbesinnung auf die zentrale Marxsche Intention konnte auch die technizistische Reduktion des Sozialismus auf die Steigerung der Produktivkräfte überwunden werden: „Die Industrialisierung, die sich vorwiegend auf das extensive Wachstum der industriellen Produktivkräfte (Maschinen- und Arbeitskräfte) stützt, zählt nicht zu den historischen Aufgaben des Sozialismus, sondern vielmehr zu seinen Voraussetzungen, sie stellt sogar einen Zivilisationsprozeß dar, der zur eigentlichen Entwicklung des Sozialismus im Widerspruch steht. Solange die Gesellschaft die Produktion um den Preis einer gewissen Einschränkung der Konsumentwicklung (für die Mehrheit) entfaltet, solange sie die Produktivkräfte durch Vermehrung der einfachen Industriearbeit erweitert, solange sie wissenschaftliche Leitung in dem Sinn einführt, daß der Mehrheit die Teilnahme an der Leitung verwehrt bleibt, [...] solange also die allgemeine Entwicklung eine Einschränkung der Entwicklung für die Mehrheit der Arbeitenden erfordert, solange besteht wenig Hoffnung, daß die zwischenmenschlichen Beziehungen – trotz Aufhebung der Ausbeutung – wahrhaft sozialistischen Charakter annehmen."[183]

---

181 Volkszeitung Prag (Fn. 177).

182 Über die Vorbereitung und Grundzüge eines langfristigen Parteiprogramms, in: Materialien (Fn. 175), S. 126.

183 Ebd., S. 130 f.

5.
Sozialistisches Erbe an bürgerlichen Menschenrechten

> Das arbeitende Volk hat nicht zu erfahren, daß es gut regiert wird; sondern daß es selber regieren soll, gehört zu einem Stück seiner Arbeit.
>
> Ernst Bloch

Gehalt und Versprechen der bürgerlichen Menschenrechte stoßen – oftmals in einem bemerkenswerten Gleichklang – bei politischen Repräsentanten des westdeutschen Bürgertums und bei den Führungsschichten des ostdeutschen Sozialismus immer wieder auf Abwehr. Der Sprecher der CDU/CSU im deutschen Bundestag, Karl Carstens, erklärte zu Beginn der 70er Jahre rechtsstaatliche Garantien zu „juristischem Beiwerk“, übereinstimmend mit Bismarcks Bemerkung, man solle nicht über juristische Zwirnsfäden stolpern.[184] Umgekehrt haben auch die Vertreter der Herrschaftsverhältnisse in der DDR, die nach einem Wort des Leipziger Kabaretts ‚Pfeffermühle’ Sozialismus mit einer „polizeilichen Notverordnung“[185] gleichsetzen, mit der Intention der bürgerlichen Menschenrechte wenig im Sinn. Blochs Buch „Naturrecht und menschliche Würde“, das dem Problem eines sozialistischen Erbes an den bürgerlichen Menschenrechten nachgeht, wird in einer DDR-Veröffentlichung unter Versuche subsumiert, den „Marxismus und Sozialismus durch die Berufung auf einzelne Positionen der Aufklärungsideologie in Frage zu stellen“.[186]

I.

Blochs Rechtsphilosophie, die den Arbeitstitel „Sozialismus und Naturrecht“ trug, steht in einem spezifischen geschichtlichen Kontext. In der DDR hatten 1956 Teile der Intelligenz den Impuls der Entstalinisierung, der vom XX. Parteitag der KPdSU ausging, aufgenommen. Bloch war zu dieser Zeit Vorsitzender der Sektion Philosophie der Akademie der Wissenschaften der DDR. Unter sei-

---

184 Verhandlungen des Bundestages, 7. Wahlperiode, 132. Sitzung vom 14.11.1974, Stenographischer Bericht, Bonn 1974, S. 8970; F.S. Grosshut, Staatsnot, Recht und Gewalt, Nürnberg 1962.

185 Frankfurter Rundschau v. 24.3.1975, S. 11.

186 Autorenkollektiv, W. Schröder (Leiter), Französische Aufklärung, Bürgerliche Emanzipation, Literatur und Bewußtseinsbildung, Leipzig 1974, S. 713.

ner Ägide fand im März 1956 eine internationale wissenschaftliche Konferenz mit dem politisch brisanten Thema „Das Problem der Freiheit im Lichte des wissenschaftlichen Sozialismus“[187] statt. Bloch setzt die Richtpunkte einer sozialistischen Entstalinisierung. Er spricht von den „häuslichen Freiheitsgrenzen“, den „vermeidlichen, die sich von Bürokratie, Administration, Schematismus und dergleichen herschreiben“.[188] Dagegen mobilisiert er die Gedankenwelt des revolutionären Citoyen, der zur Substanz einer sozialistischen Freiheit werden solle, die den obrigkeitlichen Zwang Schritt für Schritt ablegt. In anderen osteuropäischen Ländern wird die Entstalinisierung von der Arbeiterklasse in die Hand genommen. Im Herbst 1956 breiten sich in polnischen Industriestädten Massenstreiks aus, es bilden sich Räte, die Parteiführung geht in die Hände des Nationalkommunisten Gomulka über. In Ungarn bietet sich das gleiche Bild, jedoch versetzt mit nationalistischen Strömungen; mit einem Doppelschlag treffen die von Kadar herbeigerufenen sowjetischen Interventionstruppen die Arbeiterräte und die Bastionen der Nationalisten.

In dieser Situation spricht Bloch am 14. November 1956 in der Ost-Berliner Humboldt-Universität zum 125. Todestag Hegels; es ist sein letzter öffentlicher Vortrag in der DDR. Gegen den zu einer Herrschaftslehre versteinerten Marxismus, einem „Stilleben aus vier bis fünf Lesefrüchten“, einer „Schulmeisterei aus Sekte und vorwissenschaftlichem Katechismus“,[189] formuliert Bloch die gezielte Metapher: „Jetzt muß statt Mühle endlich Schach gespielt werden.“[190] Doch die Partei spielt weiter Mühle. Bloch wird dem Lager der Reaktion zugeschlagen – entsprechend dem stalinistischen Schema, das die immanente Kritik des „realen“ Sozialismus, die ihre Maßstäbe aus den ursprünglichen sozialrevolutionären Intentionen von Marx gewinnt, der Konterrevolution zuschlägt. 1957 wird Bloch der parteiamtlich bestellte Ketzerhut des „Revisionismus“ aufgesetzt. Er wird zwangsemeritiert. Im April 1957 hält die von der SED veranstaltete „Konferenz über die Fragen der Blochschen Philosophie“ das Parteigericht ab. Blochs Philosophie, wie sie in seinem Hegel-Vortrag zum Ausdruck komme,

---

187 Deutsche Akademie der Wissenschaften zu Berlin, Das Problem der Freiheit im Lichte des wissenschaftlichen Sozialismus, Konferenz der Sektion Philosophie, 8.-10.3.1956, Protokoll, Berlin 1956.

188 Ebd., S. 345; Blochs Hauptreferat zum Thema ‚Freiheit, ihre Schichtung und ihr Verhältnis zur Wahrheit‘ (ebd. S. 16 ff.) ist wieder abgedruckt in: ders., Philosophische Aufsätze, Frankfurt/M. 1969, S. 573 ff.; sein Schlusswort (ebd., S. 344 ff.) ist in seine Politischen Messungen, Frankfurt/M. 1970, S. 366 ff., aufgenommen worden.

189 Bloch, Hegel und die Gewalt des Systems, in: Bloch, Philosophische Aufsätze (Fn. 188), S. 495.

190 Ebd., S. 483.

habe „objektiv reaktionären politischen Zielsetzungen gedient",[191] sie habe insgesamt „einen verderblichen Einfluß auf gewisse Kreise der Intelligenz und der Studentenschaft gewonnen",[192] sie sei „mit den Prinzipien der Lehre von Marx, Engels und Lenin"[193] nicht zu vereinbaren.

Das Naturrechtsbuch, das im Jahre 1961 zuerst erschien, als Bloch sich gezwungen sah, der DDR den Rücken zu kehren, verarbeitet rechtstheoretisch die Erfahrungen mit der stalinistischen Umfunktionierung des Sozialismus in ein System zur Beherrschung der Arbeiterklasse. Nach dieser Seite zielt die Formel des Vorworts: „Kein wirkliches Ende der Ausbeutung ohne Installierung der Menschenrechte."[194] Neben diese Motivationslinie tritt eine zweite. Sie geht aus der Einsicht hervor, dass sich unter der formalen Gleichheit des liberalen Rechtsstaats die Herrschaft der bürgerlichen Klasse, die ökonomische Fremdbestimmung der Arbeiterklasse verbirgt und dass diejenigen Freiheitsrechte, die das Kampffeld der Arbeiterbewegung juristisch sichern, von der Bourgeoisie unter bestimmten Bedingungen als lästige Fessel abgeworfen werden. So gibt Bloch auch die umgekehrte Losung aus: „Keine wirkliche Installierung der Menschenrechte ohne Ende der Ausbeutung".[195]

II.

Zu den mit den bürgerlichen Menschenrechten formulierten Idealen stehen Marx und Engels in einem positiven und kritischen Traditionszusammenhang. Die Menschenrechte werden im Wege einer ökonomistischen Reduktion nicht negiert, aber ihre bürgerlichen Schranken werden benannt. Im klassischen bürgerlichen Naturrecht, das sich gegen den absolutistischen Feudalismus richtete und sich in der Französischen Revolution in positives Verfassungsrecht verwandelte, wird eine Stufe der Emanzipation erreicht, auf die der Sozialismus aufbaut – wenn er nicht in sein Gegenteil umschlagen und sein „Freiheitsgesicht"[196] verlieren soll.

Das Zentrum des klassischen Naturrechts bildet – bekanntlich – die Lehre vom Gesellschaftsvertrag. Er entzieht den absoluten Fürsten die erbliche Souve-

191 W. Schubardt, Philosophie und Politik im Hegel-Vortrag Ernst Blochs, in: Ernst Blochs Revision des Marxismus, Berlin 1957, S. 241.

192 Ernst Blochs Revision des Marxismus (Fn. 191), Vorwort, S. 7.

193 Ebd.

194 E. Bloch, Naturrecht und menschliche Würde, Frankfurt/M. 1961, S. 13.

195 Ebd.

196 Bloch, Marx, aufrechter Gang, konkrete Utopie, Vortrag zum 150. Geburtstag von Karl Marx, in: ders., Politische Messungen (Fn. 188), S. 455.

ränitätsgewalt und überträgt sie den sich selbst bestimmenden Individuen. „Indem der Staatsvertrag, wie jeder Geschäftspakt, bei einseitiger Nichterfüllung die Kündigung einschloss, legt er die Revolution juristisch frei.“[197] Das Gemeinwesen konstituiert sich durch das Volk, nicht durch den Monarchen. Der Schritt zur Demokratie ist getan. Aus der theoretischen und praktischen Installierung der Volkssouveränität leiten sich die Menschen- und Bürgerrechte ab. Sie schaffen die Voraussetzung dafür, dass die Individuen zum Subjekt der öffentlichen Gewalt werden können. Die Kurzformel für die Menschenrechte, proklamiert vom revolutionären Dritten Stand in Frankreich am 26. August 1789, lautet: Freiheit, Eigentum, Sicherheit, Widerstandsrecht gegen Unterdrückung. Die persönlichen Grundrechte schützen die Freiheitssphäre der Einzelnen gegen Eingriffe des Staates, die sich nicht auf ein von den Bürgern selbst beschlossenes Gesetz stützen. Meinungsfreiheit und allgemeines Wahlrecht ermöglichen die Teilnahme an der Willensbildung der staatlichen Organe.

Die politischen Zielsetzungen des Dritten Standes bringt die revolutionäre bürgerliche Theorie auf den Begriff. Bei Anselm Feuerbach, dem liberalen Juristen des frühen 19. Jahrhunderts, wird die objektive Rechtsordnung, die den Individuen als Zwangssystem entgegentrat, verworfen: Er definiert das Recht als Summe von Rechten, nicht von Verboten.[198] „Der Nimbus um die Häupter der Unterdrücker verschwindet“[199], schreibt Hegel 1795 an seinen Freund Schelling. Im selben Jahr akzentuiert Schelling, gleichfalls mit dem Gesicht zur Französischen Revolution, die originäre Freiheit des individuellen Willens: das Gemeinwesen ist dessen Medium.[200] Die Stufe der Emanzipation aus politischer Unmündigkeit wird von Marx 1841 in der „Kritik des Hegelschen Staatsrechts“ emphatisch bestimmt: „Die Demokratie ist das aufgelöste Rätsel aller Verfassungen. Hier ist die Verfassung nicht nur an sich, dem Wesen nach, sondern der Existenz, der Wirklichkeit nach in ihren wirklichen Grund, den wirklichen Menschen, das wirkliche Volk, stets zurückgeführt und als sein eigenes Werk gesetzt. Die Verfassung erscheint als das was sie ist: freies Produkt der Menschen [...] Die Demokratie verhält sich zu allen übrigen Staatsformen als zu ihrem alten Testament. Der Mensch ist nicht des Gesetzes, sondern das Gesetz des Menschen wegen da [...].“[201]

Den fortgeschrittensten Vertretern des Bürgertums wird sogar die Gestalt des Staates zum Problem. Fichte denkt in seiner Staatsphilosophie das Konstruk-

197 Bloch, Philosophische Aufsätze (Fn. 188), S. 217.

198 Ebd., S. 217.

199 Zit. nach H. Marcuse, Vernunft und Revolution, Neuwied 1962, S. 22.

200 Bloch, Naturrecht und menschliche Würde (Fn. 194), S. 109 f.

201 K. Marx, Werke Bd. 1, Kritik des Hegelschen Staatsrechts (1843), Berlin 1974, S. 231.

tionsprinzips des klassischen Naturrechts zu Ende. Er zielt auf die Aufhebung des Staates als einer gegenüber den Menschen verselbständigten Zwangsapparatur.[202] 1796 hat auch Hegel noch diese Perspektive: „[...] Jeder Staat muß freie Menschen als mechanisches Räderwerk behandeln; und das soll er nicht; also soll er aufhören."[203] Sachlich knüpft der junge Marx hier an. Als er sich 1844 vom radikalen bürgerlichen Demokraten, der in der „Kritik des Hegelschen Staatsrechts" noch auf die Herstellung eines vernünftigen Staates zielte, zum Theoretiker des proletarischen Sozialismus wandelt, begreift er die Form des Staates als Ausdruck der Klassenspaltung und unterzieht seine vormalige Auffassung einer prinzipiellen Kritik: „Selbst die radikalen und revolutionären Politiker suchen den Grund des Übels nicht im Wesen des Staates, sondern in einer bestimmten Staatsform, an deren Stelle sie eine andere Staatsform setzen wollen. Der Staat und die Einrichtungen der Gesellschaft sind von dem politischen Standpunkt aus nicht zwei verschiedene Dinge. Der Staat ist die Einrichtung der Gesellschaft [...] Die Existenz des Staates und die Existenz der Sklaverei sind unzertrennlich."[204]

III.

Negieren die Menschenrechte mit der Proklamation von Freiheit und Gleichheit für alle Individuen die autoritär gestufte Privilegienordnung des Feudalismus, so tragen sie doch eine bürgerliche Grenze in sich: die soziale Emanzipation steht nicht auf der Tagesordnung. „Der Staat hebt den Unterschied der Geburt, des Standes, der Bildung, der Beschäftigung in seiner Weise auf, wenn er Geburt, Stand, Bildung, Beschäftigung für unpolitische Unterschiede erklärt, wenn er ohne Rücksicht auf diese Unterschiede jedes Glied des Volkes zum gleichmäßigen Teilnehmer der Volkssouveränität ausruft [...] Nichtsdestoweniger läßt der Staat das Privateigentum, die Bildung, die Beschäftigung auf ihre Weise [...] wirken und ihr besonderes Wesen geltend machen. Weit entfernt, diese faktischen Unterschiede aufzuheben, existiert er vielmehr nur unter ihrer Voraussetzung

202 Bloch, Naturrecht und menschliche Würde (Fn. 194), S. 91.

203 G.W.F. Hegel, Das ältere Systemprogramm des deutschen Idealismus (1796/97), in: Werke 1, hrsg. v. E. Moldenhauer/K.M. Michel, Frankfurt/M. 1971, S. 234 f.

204 K. Marx, Kritische Randglossen zu dem Artikel eines Preußen (1844), (Fn. 201), S. 401 f. Zur Problematisierung dieses Staatsbegriffs, den Marx später partiell überwindet, s.o. S. 46 f, Fn. 98, vgl. auch L. Basso, Die Rolle der Legalität in der Phase des Übergangs zum Sozialismus (1971), in: ders., Gesellschaftsformation und Staatsform, Frankfurt/M. 1975, 136 ff.

zung."[205] Die Individuen werden von staatlicher Bevormundung freigesetzt, damit sie ihre egoistischen Privatinteressen verfolgen können. „[...] Das Menschenrecht der Freiheit basiert nicht auf der Verbindung des Mensehen mit den Menschen, sondern vielmehr auf der Absonderung des Menschen von den Menschen. Es ist das Recht dieser Absonderung [...] Der Mensch wurde nicht vom Eigentum befreit. Er erhielt die Freiheit des Eigentums. Er wurde nicht vom Egoismus des Gewerbes befreit, er erhielt die Gewerbefreiheit."[206] Die soziale Existenzweise der Menschen, wie sie sich wesentlich im Verhältnis von besitzenden und besitzlosen Klassen darstellt, wird in der formalen Rechtsgleichheit nicht kenntlich und damit faktisch zementiert. Zu den unveräußerlichen Menschenrechten zählt das Privateigentum, dessen Begriff sich bezeichnenderweise von dem lateinischen privare, d.h. berauben, herleitet. In der Überhöhung des Privateigentums, das sich gerade dadurch konstituiert, dass die Besitzlosen seiner ledig sind, schützt das Bürgertum seine soziale Machtstellung; es allein kann von der Freiheit, über Privateigentum zu verfügen, auch Gebrauch machen.

Die Klassenschranke der Menschenrechte wurde bereits in der Französischen Revolution zum Ausgangspunkt der Opposition des Vierten Standes. Die Adelsaristokratie drohe durch eine „Aristokratie der Reichen"[207] ersetzt zu werden, schrieb ein französischer Journalist zwei Monate nach der Revolution. Marat proklamierte gegen das Recht auf Eigentum das Recht auf Existenz für die Unterklassen.[208] Und Babeuf erklärte das Privateigentum für die „Quelle alles Unheils auf Erden".[209]

Schon in der Französischen Revolution wird der Mechanismus ausgebildet, der in der Entwicklungsgeschichte des Kapitalismus bestimmend bleibt: die politischen Freiheitsrechte, die gerade vom Bürgertum erkämpft sind, treten in Gegensatz zu den sozialen Interessen der Bourgeoisie. So hebt die Nationalversammlung im Herbst 1789 das allgemeine Wahlrecht auf und beschränkt es auf die besitzenden Klassen: die Aktivbürger seien „die wahren Aktionäre des sozialen Unternehmens", die Passivbürger „die Arbeitsmaschinen dieses Betriebs."[210]. Mit diesen Worten rechtfertigte der Verfassungstheoretiker des Dritten Standes, Abbe Sieyès, die Einführung des Zensuswahlrechts. Nicht nur das Wahlrecht wird zum Privileg der besitzenden Klassen, auch das Koalitionsrecht des Proletariats wird durch ein Dekret vom 14. Juni 1791 zur strafbaren Hand-

205 K. Marx, Zur Judenfrage (1843), (Fn. 201), S. 354.
206 Ebd., S. 364, 369.
207 P. Frölich, 1789 – die große Zeitwende, Frankfurt/M. 1957, S. 124.
208 Ebd., S. 98.
209 Bloch, Naturrecht und menschliche Würde (Fn. 194), S. 188.
210 Frölich (Fn. 24), S. 137.

lung. „Indem das Privateigentum zu den unveräußerlichen Menschenrechten gezählt wurde, konnten diese selber an den Kapitalismus veräußert werden."[211]

IV.

Mit dem bürgerlichen Klasseninhalt sind jedoch die Menschenrechte nicht erschöpft. In der gleichen Schrift, in der Marx den Menschenrechten attestiert, dass sie das Sklaventum der bürgerlichen Gesellschaft entfesseln, hält er daran fest, dass „die Französische Revolution Ideen hervorgetrieben hat, welche über die Ideen des ganzen Weltzustandes hinausführen."[212] Der überschießende Gehalt der Ideen der Französischen Revolution entspringt nicht aus einer geistesgeschichtlichen Eigendynamik. Er beruht auf einer gewichtigen gesellschaftlichen Traditionslinie. Die Trias von Freiheit, Gleichheit, Brüderlichkeit, in der sich die Idee der Französischen Revolution zusammenfasst, wurde nach dem Zeugnis einiger Forscher zuerst in den Ketzerbewegungen des Mittelalters, von den Albigensern, zum Programm erhoben.[213] Wie die übrigen Ketzerbewegungen vertraten auch die in Südfrankreich ansässigen Albigenser gegen die weltherrscherliche römische Kirche, damals der größte Grundeigentümer Europas, das Recht der Armen und Unterdrückten: sie praktizierten die urchristliche Form des Gemeinbesitzes, des Liebeskommunismus; ihre Bischöfe verfügten über kein Sondereigentum. So war die Losung der Französischen Revolution in ihrem Ursprung darauf gerichtet, das Privateigentum, in dem die Scheidung der Menschen in herrschende und beherrschte Klassen sich manifestiert, aufzuheben. An diese Traditionslinie konnte der Vierte Stand anknüpfen, wenn er den Kampf um seine soziale Emanzipation aufnimmt. „Die revolutionäre Bewegung, welche 1789 im Cercle social [mit seinen Forderungen nach gerechter Bodenaufteilung, Beschränkung des großen Eigentums, Recht auf Arbeit] begann, [...] hatte die kommunistische Idee hervorgetrieben, welche Babeufs Freund, Buonarroti, nach der Revolution von 1830 wieder in Frankreich einführte. Diese Idee, konsequent ausgearbeitet, ist die Idee des neuen Weltzustands."[214] Im Begriff des Citoyen ist sie abstrakt formuliert. „Marx trennt den egoistischen Inhalt der damaligen droit de l'homme scharf von dem damaligen politischen, noch abstrakt idealistischen

211 Bloch, Naturrecht und menschliche Würde (Fn. 194), S. 78.

212 K. Marx/F. Engels, Die heilige Familie, in: Frühe Schriften Bd. 1, hrsg. v. H.J. Lieber/ P. Furth, Stuttgart 1962, S. 812; vgl. Bloch, Naturrecht und menschliche Würde (Fn. 194), S. 205.

213 J. Schumacher, Leonardo da Vinci, der Maler-Philosoph, Frankfurt/M. 1974, S. 35; vgl. auch zum Folgenden: K. Farner, Theologie des Kommunismus?, Frankfurt/M. 1969.

214 Marx/Engels, Die heilige Familie (Fn. 212), S. 812.

Idealbild des Citoyen."[215] Der Gegenstand dieses Begriffs ist die Volkssouveränität: Die Individuen nehmen die öffentlichen Angelegenheiten in ihre Hände, heben die privategoistische Vereinzelung der Menschen auf, assoziieren sich, wie Marx sagt, „als Gemeinwesen".[216] Dies noch abstrakte Ideal gibt Marx nicht etwa preis, sondern hält es im Begriff der menschlichen Emanzipation, der Umwälzung der Lebensverhältnisse fest: „Erst wenn der wirkliche individuelle Mensch den abstrakten Staatsbürger in sich zurücknimmt und als individueller Mensch in seinem empirischen Leben, in seiner individuellen Arbeit, in seinen individuellen Verhältnissen, Gattungswesen geworden ist, erst wenn der Mensch seine ‚forces propres' als gesellschaftliche Kräfte erkannt und organisiert hat und daher die gesellschaftliche Kraft nicht mehr in Gestalt der politischen Kraft von sich trennt, erst dann ist die menschliche Emanzipation vollbracht."[217] Von der Struktur dieses frühen Marxschen Programms, das in dem bekannten Brief an Ruge mit dem Wort von der „Vollziehung der Gedanken der Vergangenheit"[218] ausgedrückt ist, lässt sich Engels noch im „Anti-Dühring" leiten: „Die Proletarier nehmen die Bourgeoisie beim Wort: die Gleichheit soll nicht bloß scheinbar, nicht bloß auf dem Gebiet des Staates, sie soll auch wirklich, auch auf dem gesellschaftlichen, ökonomischen Gebiet durchgeführt werden [...] Der wirkliche Inhalt der proletarischen Gleichheitsforderung [ist] die Forderung nach Abschaffung der Klassen."[219]

Die Position, den Intentionsgehalt der bürgerlichen Menschenrechte sozialistisch beim Wort zu nehmen, ist dem Vorwurf ausgesetzt, einen utopischen Sozialismus zu vertreten. Der Einwand, der von DDR-Autoren gegen Bloch erhoben wird,[220] aber auch in der westdeutschen Literatur anzutreffen ist,[221] zielt darauf, dass ein sozialistisches Festhalten am Citoyen-Ideal den qualitativen Bruch zwischen der radikal-demokratischen und idealistischen Position des frühen Marx und der materialistischen Position des reifen Marx systematisch

215 Bloch, Naturrecht und menschliche Würde (Fn. 194), S. 201.

216 Marx, Zur Judenfrage (Fn. 201), S. 366.

217 Ebd., S. 370.

218 K. Marx, Briefe aus den Deutsch-Französischen Jahrbüchern (1843), (Fn. 201), S. 346.

219 F. Engels, Anti-Dühring, (1878), Berlin 1973, S. 99.

220 Autorenkollektiv, Französische Aufklärung (Fn. 186), S. 715 ff.; vgl. auch die offizielle DDR-Kritik an Bloch in: G. Klaus/M. Buhr, Marxistisch-Leninistisches Wörterbuch der Philosophie, Lizenzausgabe Reinbek 1972, Bd. 3, S. 1113.

221 Marxistische Aufbauorganisation, Die Krise der kommunistischen Parteien, Erlangen/München 1973, S. 114 ff.; H. Reichelt, Zur Staatstheorie im Frühwerk von Marx und Engels, in: E. Hennig/J. Hirsch/H. Reichelt/G. Schäfer (Hrsg.), K. Marx/F. Engels, Staatstheorie, Materialien zur Rekonstruktion der marxistischen Staatstheorie, Berlin 1974, S. XI ff.

einebnet: Der frühe Marx geht von dem Widerspruch zwischen der ideellen Bestimmung des politischen Staates und seinen „realen Voraussetzungen“[222] aus. In seiner ideellen Bestimmung enthält er, „auch wo er von den sozialistischen Forderungen noch nicht bewußter Weise erfüllt ist, in allen seinen modernen Formen die Forderung der Vernunft“,[223] die jedoch im Gegensatz zur sozialen Wirklichkeit der Herrschaft des Privateigentums stehen. Dieser Widerspruch wird zum treibenden Moment des geschichtlichen Prozesses. Sein Ziel ist die endliche Identifikation von Bestimmung und Existenz. Demgegenüber, so lautet die Argumentation weiter,[224] wird mit der Entfaltung der Kritik der politischen Ökonomie die noch idealistische Ebene überwunden. Motor des geschichtlichen Prozesses ist der Widerspruch zwischen Produktivkräften und Produktionsverhältnissen; sein Substrat ist die durch Arbeit und nicht durch die Idee vermittelte Selbstkonstitution der Gattung. Das Citoyen-Ideal, gebunden an den „Kultus des abstrakten Menschen“,[225] wird eingezogen. Es erscheint lediglich als Verschleierungsinstrument der kapitalistischen Wirklichkeit. Gestützt wird diese Interpretation durch eine zentrale Passage aus den „Grundrissen“: „Es zeigt sich die Albernheit der Sozialisten (namentlich der französischen, die den Sozialismus als Realisation der von der Französischen Revolution ausgesprochenen Ideen nachweisen wollen), die demonstrieren, daß der Tauschwert etc. ursprünglich (in der Zeit) oder seinem Begriff nach (in seiner adäquaten Form) ein System der Freiheit und Gleichheit aller, aber verfälscht worden sei durch Geld, Kapital etc. [...] Das Tauschsystem und mehr das Geldsystem sind in der Tat das System der Freiheit und Gleichheit. Die Widersprüche aber, die bei tieferer Entwicklung erscheinen, sind immanente Widersprüche, Verwicklungen dieses Eigentums, Freiheit und Gleichheit selbst [...] Es ist ein ebenso alberner wie frommer Wunsch, daß der Tauschwert aus der Form von Ware und Geld sich nicht zu der Form des Kapitals entwickle oder die tauschwertproduzierende Arbeit sich nicht zur Lohnarbeit. Was diese Sozialisten von den bürgerlichen Apologeten unterscheidet, ist auf der einen Seite das Gefühl der Widersprüche des Systems, andererseits der Utopismus, den notwendigen Unterschied zwischen der realen und idealen Gestalt der bürgerlichen Gesellschaft nicht zu begreifen und daher das überflüssige Geschäft zu übernehmen, den idealen Ausdruck, das verklärte und

222 Marx, Briefe aus den Deutsch-Französischen Jahrbüchern (Fn. 201), S. 345.

223 Ebd.

224 Reichelt, Zur Staatstheorie (Fn. 221).

225 Auf diese Formulierung von Engels in: Ludwig Feuerbach und der Ausgang der klassischen deutschen Philosophie (1888), Berlin 1962, S. 290, beruft sich Reichelt (Fn. 221), insb. S. XXIII.

von der Wirklichkeit selbst als solches aus sich geworfene reflektierte Lichtbild, selbst wieder realisieren zu wollen."[226]

Um diese Bemerkungen, die auch dem Satz aus der Schrift über die Pariser Kommune zugrunde liegen – „Die Arbeiterklasse hat keine Ideale zu verwirklichen, sie hat nur Elemente der neuen Gesellschaft in Freiheit zu setzen" [227] – zu verstehen, ist es geboten, sich genauer auf die Struktur der Marxschen Argumentation einzulassen. Ihr Springpunkt besteht darin, den in der Zirkulationssphäre bestehenden Schein, dass die Beziehungen der Individuen sich auf das Fundament von Freiheit und Gleichheit gründen, als notwendigen Verhüllungsausdruck der kapitalistischen Gesellschaft zu begreifen. In der Zirkulationssphäre, die Marx im „Kapital" ironisch „ein wahres Eden der angeborenen Menschenrechte",[228] nennt, treten sich Kapitalisten und Arbeiter als formell Freie und Gleiche gegenüber. Ihr Verhältnis ist der Vertrag, jeweils zum wechselseitigen Vorteil: die Arbeiter verkaufen ihre Ware Arbeitskraft und erhalten in Gestalt des Lohns dafür ein Entgelt, die Kapitalisten kaufen die Ware Arbeitskraft und können sie im Produktionsprozess anwenden. Diese Form von Freiheit und Gleichheit verdeckt die wirkliche Beziehung der Individuen. Von der Herrschaft über die Produktion und der Verfügung über die Produktionsergebnisse ausgeschlossen, ist die Arbeiterklasse gezwungen, in ökonomischer Unfreiheit und Ungleichheit zu existieren. Indem die auf die Sphäre der Zirkulation bezogenen Kategorien von Freiheit und Gleichheit die im Produktionsprozess sich vollziehende Aneignung fremder Arbeit unsichtbar machen, folgen sie dem kapitalistischen Gesamtinteresse, das Lohnsystem zu sichern. Auf diesem Zusammenhang beruht der Unterschied zwischen der realen und idealen Gestalt der bürgerlichen Gesellschaft.

Marx' Einwand gegen die utopischen Sozialisten bezieht sich darauf, dass sie das Problem der Vermittlung von historischem Prozess und sozialistischer Theorie ausblenden. Sie richten ihr Augenmerk nicht auf die durch den Kapitalismus selbst produzierte objektive Möglichkeit, die gegebenen Produktionsverhältnisse aufzuheben, sondern konstruieren aus den abstrakt festgehaltenen Ideen der Französischen Revolution eine Ordnung gesellschaftlicher Freiheit und Gleichheit, ohne einen geschichtlichen Weg, auf dem sie realisiert werden kann, angeben zu können. Weil dieses Vermittlungsproblem den Utopisten entgeht, spricht Marx von dem „überflüssigen Geschäft", bürgerliche Ideale verwirklichen zu wollen. Marx kritisiert den idealistischen Standpunkt der Uto-

---

226 K. Marx, Grundrisse der Kritik der politischen Ökonomie (1857/58), Berlin 1953, S. 916; vgl. auch ebd., S. 160.

227 K. Marx, Der Bürgerkrieg in Frankreich (1891), Berlin 1971, S. 343.

228 K. Marx, Das Kapital Bd. I (1867), Berlin 1962, S. 189.

pisten, nicht aber – und hier setzt die folgenreiche Fehlinterpretation ein – die Zielsetzungen der Utopisten. Denn sie sind, cum grano salis, seine eigenen. So werden die im „Kommunistischen Manifest" aufgeführten Forderungen der Utopisten: „Aufhebung des Gegensatzes von Stadt und Land, der Familie, des Privaterwerbs, der Lohnarbeit, [der] Verkündigung der gesellschaftlichen Harmonie, der Verwandlung des Staates in eine bloße Verwaltung der Produktion"[229] nicht etwa verworfen. Ihnen wird vielmehr attestiert, dass sie „wertvolles Material für die Aufklärung der Arbeiter"[230] lieferten, weil sie die Grundlagen der bestehenden Gesellschaft angriffen. Vorgehalten wird den Utopisten allein, dass sie die existierenden Klassenauseinandersetzungen als die Vermittlungsschritte, die zur neuen Gesellschaft führen, abstrakt überschlagen. Bloch resümiert: „Marx hat zwar gesagt, die Revolution habe keine Ideale zu verwirklichen; dieser Satz aber wandte sich [...] ausschließlich gegen die subjektivistischen Verblasenheiten, gegen die irrealen Revoluzzer, welche ihre Einbildungen bereits für Wirklichkeit hielten[231] [...] Der Marxismus [...] entdeckte im sozialen Sein des Proletariats selber jenen Prozeß, dessen reale Dialektik nur bewußt gemacht werden muß, um zur Theorie der revolutionären Praxis, also zur Praxis des revolutionären Ideals zu gelangen. Das Ideal wird hier durch die Tendenz, nicht durch die Abstraktion einer Theorie gesetzt."[232] So zugespitzt sich die Formulierung von der Praxis des revolutionären Ideals ausnimmt: sie ist kritisch bezogen auf eine objektivistische Marx-Rezeption, in der die geschichtlichen Gesetze sich in der Weise verdinglichen, dass sie sich dem Eingriff der unterdrückten Klassen entziehen und damit den Zielinhalt des Sozialismus vom menschlichen Handeln trennen und so auflösen.

Insgesamt bleibt deutlich: Zwischen der Konzeption des frühen Marx und des späten Marx klafft kein Abgrund. Die an den Citoyen geknüpfte Vorstellung der vernünftigen Gestaltung des Gemeinwesens, die sich noch in der Forderung des „Kommunistischen Manifests" nach „Erkämpfung der Demokratie"[233] niederschlägt, wird nicht negiert, sondern aufgehoben, indem sie sich jetzt auf die materiellen Lebensverhältnisse richtet. Der Widerspruch von gesellschaftlichen Produktivkräften und privaten Aneignungsverhältnissen wird weder durch die abstrakte Idee noch durch einen ökonomischen Selbstlauf vorangetrieben, sondern wesentlich durch die Klasse des Proletariats: am stärksten gefesselt, ist sie gleichzeitig die größte Produktivkraft. Erfüllt ist das Lebensinteresse des Prole-

---

229 K. Marx/F. Engels, Manifest der kommunistischen Partei (1848), in: Die Frühschriften, hrsg. v. S. Landshut, Stuttgart 1953, S. 538.

230 Ebd.

231 E. Bloch, Wiederkehr der Ideale, in: Bloch, Politische Messungen (Fn. 188), S. 197.

232 Bloch, Naturrecht und menschliche Würde (Fn. 194), S. 225.

233 Marx/Engels, Manifest der kommunistischen Partei (Fn. 229), S. 547.

tariats erst, wenn es die genossenschaftliche Verwaltung des Produktionsprozesses erkämpft hat. Damit aber wäre das Citoyen-‚Ideal' der „freien Entwicklung eines jeden als Bedingung für die freie Entwicklung aller"[234] realisiert. Sozialistisches Erbe an bürgerlichen Menschenrechten bildet sich in der Verteidigung der Emanzipationsstufe der politischen Demokratie und in der Durchsetzung von gesellschaftlichen Selbstregierungsformen im Sozialismus.

V.

Als die Bourgeoisie des 19. Jahrhunderts ihre im klassischen Naturrecht formulierten revolutionären Positionen im Gefolge der Französischen Revolution von 1848 beim Staatsstreich Napoleons III. verließ und im politischen Kampf gegen das Proletariat die liberalen Freiheitsrechte preisgab, trat die Arbeiterbewegung das Erbe der Gedankenwelt des revolutionären Bürgertums an. Die Waffen, die das Bürgertum gegen den Feudalismus geschmiedet hatte, gingen in die Hände des Proletariats über. „Was sie früher als liberal gefeiert, [verketzerte die Bourgeoisie] jetzt als sozialistisch [...] Sie begriff, daß alle sogenannten bürgerlichen Freiheiten und Fortschrittsorgane ihre Klassenherrschaft zugleich an der gesellschaftlichen Grundlage und an der politischen Spitze angriffen, also ‚sozialistisch' geworden waren."[235] Denn für die Arbeiterbewegung sind die politischen Freiheitsrechte der Meinungs- und Pressefreiheit, der Versammlungs- und Vereinigungsfreiheit, des allgemeinen Wahlrechts Voraussetzungen für den Kampf um die Umgestaltung der kapitalistischen Gesellschaft.

Wenn die Arbeiterbewegung an den verfassungsrechtlichen Ausgangspositionen des Bürgertums festhält, gerät sie in eine paradoxe Situation. Engels beschreibt sie: „Wir, die ‚Revolutionäre', die Umstürzler, wir gedeihen weit besser bei den gesetzlichen Mitteln als bei den ungesetzlichen und dem Umsturz. Die Ordnungsparteien, wie sie sich nennen, gehen zugrunde an dem von ihnen selbst geschaffenen gesetzlichen Zustand. Sie rufen verzweifelt mit Odilon Barrot: la légalité nous tue, die Legalität ist unser Tod."[236] Sobald das Bürgertum seine soziale Machtstellung als bedroht ansieht, liegt es auf dem Sprung, das liberale Verfassungssystem, das den politischen Klassengegner schützt, zu zerstören und durch eine autoritäre Herrschaftsorganisation zu ersetzen. Dies geschieht in Italien 1922, in Deutschland 1933, in Österreich 1934, in Spanien 1939, in Chile

234 Ebd., S. 548.

235 K. Marx, Der achtzehnte Brumaire des Louis Bonaparte (1852), in: Politische Schriften Bd. 1, hrsg. v. H.J. Lieber, Stuttgart 1960, S. 320, 319.

236 F. Engels, Einleitung zu ‚Die Klassenkämpfe in Frankreich' (1895), in: Politische Schriften Bd. 2, hrsg. v. H.J. Lieber, Stuttgart 1960, S. 1090.

1973. Verbot des Klassenkampfes heißt Verschärfung des Klassenkampfes von oben gegen die Arbeiterbewegung. Als die Schriften von Marx am 11. Mai 1933 in Berlin in den Flammen aufgingen, lautete die Parole: „Gegen Klassenkampf und Materialismus, für Volksgemeinschaft und idealistische Lebenshaltung."[237] 1934 konnte die Sozialdemokratie die klassenpolitische Funktion des Anti-Marxismus genau analysieren: „Der Nationalsozialismus leugnet in seiner Theorie die Klassenkämpfe, seine Praxis verschäft sie auf das Grausamste. Seine Herrschaft bedeutet eine unerhörte Steigerung der sozialen Gegensätze [...] Die Unterdrückung aller Organisationen der Arbeiter und Angestellten, ihre völlige Entmachtung, überlieferte sie der Willkür des Großkapitals, in dessen Interessen die Diktatur die Staatsmacht gestellt hat. Diese einseitige Verschiebung der Machtverhältnisse bedroht die Arbeiterschaft mit fortschreitender Verschlechterung ihrer Lebenshaltung."[238]

VI.

Beim Aufbau einer sozialistischen Gesellschaft werden die Menschenrechte nicht funktionslos – im Gegenteil, sie werden „als unbürgerliche erst zustellbar."[239] An der Haltung zu den politischen Freiheitsrechten entscheidet sich die Frage, ob das für die Geschichte der Klassengesellschaften konstitutive Verhältnis von Herrschenden und Beherrschten nur das Etikett wechselt, hinter dem sich ein neuer Antagonismus zwischen „gemeinter Gesellschaft und traditionellem Staatsapparat"[240] herstellt, oder ob der Sozialismus eine Organisationsweise des gesellschaftlichen Prozesses entwickelt, in der die Regierung über Personen der Selbstregierung der Massen weicht. Schon 1917 gab Bloch dieser Frage die Wendung: „Jedes Volk hat nur denjenigen Sozialismus zu erwarten, den es aufgrund seiner errungenen bürgerlichen Freiheiten verdient. Sozialismus ohne weitgehende Kontrolle von unten, ohne durchgängige, zwar regulierte, doch nicht dominierte Demokratie ist lediglich ein Preußentum ohne Privateigentum, also Staatssozialismus (mit Akzent mehr auf den Staat)."[241] Weil der Sozialismus sich nicht auf die Auswechselung des Herrschaftspersonals der bürgerli-

237 Zit. nach Die Zerstörung der deutschen Politik, Dokumente 1871–1933, hrsg. von H. Pross, Frankfurt/M. 1959, S. 102.

238 Das Prager Manifest von 1934, in: W. Abendroth, Aufstieg und Krise der deutschen Sozialdemokratie, Frankfurt/M. 1964, S. 115.

239 Bloch, Naturrecht und menschliche Würde (Fn. 194), S. 16 f.

240 E. Bloch, Experimentum Mundi, in: Bloch, Politische Messungen (Fn. 188), S. 170.

241 E. Bloch, Das falsche Geleise Zimmerwalds (1917), in: Bloch, Politische Messungen (Fn. 188), S. 28.

chen Gesellschaft beschränkt, sondern in der Teilnahme der ehedem unterdrückten Klassen an der Verwaltung des ökonomischen und politischen Geschehens erst Wirklichkeit wird, besteht Rosa Luxemburg darauf, die bürgerliche Demokratie nicht blind zu verwerfen, sie vielmehr gesellschaftlich zu verankern: „Wir unterscheiden stets den sozialen Kern von der politischen Form der bürgerlichen Demokratie, wir enthüllen stets den herben Kern der sozialen Ungleichheit und Unfreiheit unter der süßen Schale der formalen Freiheit und Gleichheit – nicht um diese zu verwerfen, sondern um die Arbeiterklasse anzustacheln, sich nicht mit der Schale zu begnügen, vielmehr die politische Macht zu erobern und sie mit neuem Inhalt zu füllen. Es ist die historische Aufgabe des Proletariats, wenn es zur Macht gelangt, an Stelle der bürgerlichen Demokratie sozialistische Demokratie zu schaffen, nicht jegliche Demokratie abzuschaffen."[242]

Sozialistische Demokratie kann weder den staatsbürokratischen noch den privatkapitalistischen Produktionsverhältnissen im Wege einer äußerlichen ‚Demokratisierung' nur übergestülpt werden. Sie muss im Gegenteil vom Zentrum der sozialistischen Produktionsweise durchdrungen werden und in sie eindringen: „Im revolutionär werdenden Proletariat [lebt ...] das Ideal nicht nur der Selbstbestimmung, sondern auch – um Täter seiner Taten sein zu können – der Geschichtsbestimmung. Dergestalt erweitert sich das Freiheitsideal dahin, daß das Reich der undurchschauten Abhängigkeiten überhaupt verlassen wird; daß die Selbstentfremdungen der Warengesellschaft ursächlich verschwinden. Denn die Freilegung der Produktivkräfte am Ende der kapitalistischen Gesellschaft bedeutet nicht mehr, bei Marx und Engels, daß nunmehr eine andere Klasse zur Aneignung dieser Produktivkräfte schreitet und folglich eine neue Entfremdungs-, neue Herrschaftsweise entsteht. Sondern die Reife der Produktivkräfte selber tendiert zur genossenschaftlichen Produktionsform [...] Das heißt am Ende ‚Sprung aus der Notwendigkeit in die Freiheit', in jene nämlich, welche aus der beherrschten, wo nicht gesprengten Notwendigkeit der Verhältnisse besteht. Aus der gesprengten, das meint: aus einer so überbietend starken Einsetzung des subjektiven Bewegungs- und Arbeitsfaktors, daß in Geschichte und Gesellschaft kein objektives Verhältnis mehr den Menschen über den Kopf wächst und die Macht des sogenannten Schicksals aufhört."[243]

---

242 R. Luxemburg, Die russische Revolution, Frankfurt/M. 1963, S. 78.

243 Bloch, Naturrecht und menschliche Würde (Fn. 194), S. 179 f.

6.
Volkssouveränität als Instrument der Perestroika? Über Schwierigkeiten der Umgestaltung der Sowjetunion

Der Versuch des Umbaus der sowjetischen Gesellschaft ist für Theoretiker des westlichen Marxismus von welthistorischer Bedeutung, weil in ihm die bisher praktisch nicht gelöste Frage, ob Sozialismus und rechtsstaatliche Demokratie miteinander verbunden werden können, nicht bloß gedanklich erörtert, sondern als reales geschichtliches Experiment auf der Tagesordnung steht. Die Konzeption der Umgestaltung, wie sie von Gorbatschow und seinen intellektuellen Protagonisten formuliert wird, zielt darauf, die hierarchisch-administrative Verstaatlichung aller gesellschaftlichen Lebensbereiche von der Ökonomie bis zur Kultur, die für die Stalin-Ära und, modifiziert, für die Breschnew-Periode charakteristisch war, von Grund auf zu verändern.[244] An die Stelle der staatsparteilichen Vormundschaftsgewalt soll ein in vielfältigen Formen sich vollziehendes Mündigwerden der Gesamtgesellschaft treten, das durch die Begrenzung der Interventionskompetenz der öffentlichen Gewalt und Ansätze zu ihrer demokratischen Konstitution institutionell gesichert werden soll. So aufschlussreich eine Erörterung dieser Konzeption wäre, im Folgenden stehen weniger das Programm der Perestroika als deren gesellschaftliche Realisierungsbedingungen im Zentrum.

Es hat den Anschein, dass mittels des neu geschaffenen Systems von Öffentlichkeit gesellschaftliche Konflikte und Interessen relativ unbehindert zum Ausdruck kommen können, ohne dass damit die vom alten Machtapparat geformten autoritären Entscheidungsstrukturen bereits abgelöst worden wären. Die Programmatik der Perestroika ist bisher kaum in den materiellen Lebensverhältnissen verankert.[245] Ein sowjetischer Theoretiker, J. Burtin, formulierte das Problem so: „Als Durchführer der Perestroika fungieren dieselben sozialen Institutionen (andere gibt es noch nicht), nämlich der Apparat der Partei-, Staats- und Wirtschaftsführung ..., die Werkzeuge der Stabilisierung des sich heute umgestaltenden Systems waren ... Sie haben diesem System die Formen ihrer Tätigkeit und ihre Organisationsstruktur angepasst ... Man muß damit rechnen, daß

244 Vgl. J. Perels, Demokratie und soziale Emanzipation, Hamburg 1988, S. 210 ff., 228 ff.
245 Vgl. A. Bowin, Mehr Konsequenz!, in: Moskau News, Nr. 2/1989, S. 3.

sie... gleichsam gegen ihre eigene funktionale Natur wirken müssen."[246] Dem korrespondiert die Diagnose von G. Popow: „Die Aktivierung der Massen gab es nicht. Ihr wohlwollendes, doch passives Verhalten zur Perestroika nahm die Gestalt realen Handelns nicht an. Es gab keine politischen Mechanismen, die es erlaubten, die ... Aktivität der Massen durch demokratische Garantien zu gewährleisten."[247] Von der Lösung des Problems, die Enthierarchisierung der sowjetischen Gesellschaft auf die Selbsttätigkeit der Massen zu gründen, hängt das Schicksal der Perestroika weitgehend ab. Es kann nicht durch moralische Appelle der reformorientierten politischen Führung aus der Welt geschafft werden.

I.

Das innere Spannungsverhältnis zwischen der Konzeption der Umgestaltung und ihrer tatsächlichen Durchsetzung kann exemplarisch an den Realisierungsschwierigkeiten zentraler Reformvorhaben abgelesen werden: ökonomische und politische Reformgesetze folgen programmatisch dem neuen Prinzip demokratischer Souveränität, der Unterwerfung des Staatsapparats unter den gesellschaftlichen Lebensprozess. In ihrer konkreten Ausgestaltung und Anwendung werden die Gesetze, auf Grund der ungebrochenen Normierungs- und Interpretationsmacht des alten Exekutivapparats, jedoch von den überkommenen hierarchischen Lenkungsprinzipien bestimmt.

Dieser grundlegende Widerspruch durchzieht, um drei Beispiele zu nennen, das Gesetz über den Betrieb, das Gesetz über die Nachprüfung der Rechtmäßigkeit des Verwaltungshandelns und – auf administrativer Ebene – die Tätigkeit wichtiger Ministerien.

Das *Gesetz über den Betrieb* zielt darauf, die autoritäre Planungshoheit des Staates im Wege vollständiger Rechnungsführung und Eigenfinanzierung durch die Selbstverwaltung des Arbeitskollektivs als realem Eigentümer zu ersetzen. Dieser Grundsatz wird jedoch systematisch durch die fortexistierende Allkompetenz der zentralen Planungsgewalt des Staates durchbrochen. Gorbatschow selber hat diesen Widerspruch auf der 19. Parteikonferenz der KPdSU im Juni 1988 herausgearbeitet. Er spricht von der „Zählebigkeit der alten Stereotypen des Wirtschaftens", dem „Bestreben nach Beibehaltung der ursprünglichen direkt administrativen Wirtschaftsführungsmethoden": „In mehreren Fällen han-

---

246 Barrikaden der Perestroika (Diskussion sowjetischer Sozialwissenschaftler), links Nr. 220 (Juli/August) 1988 (Nachdruck aus der sowjetischen Zeitschrift: Das 20. Jahrhundert und der Frieden, Nr. 2/1988), S. 31.

247 G. Popow, Zeit, entschieden zu handeln, in: Neue Zeit (Moskau), Nr. 41/1988, S. 6.

delt es sich um direkte Versuche, das Wesen der Reform zu entstellen und die neuen Formen der Verwaltung mit alten Inhalten zu füllen. Ständig werden von den Ministerien und Ämtern Abweichungen von Inhalt und Geist des Gesetzes über die Unternehmen zugelassen ... Davon zeugt auch die Erfahrung, die bei der Ausarbeitung der Pläne der Betriebe für das laufende Jahr gemacht wurde, als unter dem Deckmantel der Staatsaufträge praktisch das alte System der Verpflichtungen bezüglich des Produktionsumfangs beibehalten wurde. Das ist nichts anderes als eine Folge des Mutwillens der Ministerien und manchmal auch der Fahrlässigkeit der Planungskomitees und der ständigen Organe des Ministerrats der UdSSR bei gleichzeitigem Fehlen der notwendigen Kontrolle."[248]

Gorbatschow übersieht jedoch in seiner Kritik an der Anwendung des Gesetzes über den Betrieb, dass in ihm selber die Instrumente dafür bereitgestellt werden, die ökonomische Selbstbestimmung der Betriebe leerlaufen zu lassen. So ist in dem Gesetz die von Gorbatschow gerügte Lenkung des Umfangs der Produktion ebenso vorgesehen wie die weitgehende Abschöpfung des Gewinns durch den zentralen Planungsapparat.[249] Dass die Möglichkeit, die betriebliche Disposition stark einzuschränken bzw. aufzuheben vom Gesetz über den Betrieb ausdrücklich eröffnet wird, haben kritische Ökonomen und Sozialwissenschaftlicher nach dessen Verabschiedung sogleich festgestellt.[250] Diese substantielle öffentliche Kritik, Indiz für die weitreichenden Möglichkeiten von Glasnost, muss angesichts der Definitionsmacht der Wirtschaftsbürokratie über die ökonomischen Beziehungen wirkungslos bleiben, solange auf Dauer gestellte politische Institutionen fehlen, die in der Lage wären, öffentliche Diskussions- und Erkenntnisprozesse zu bündeln und in verbindliche, sanktionsfähige Beschlüsse zu transformieren.

Die gleiche widersprüchliche Gestalt wie das Gesetz über den Betrieb hat das *Gesetz zur Nachprüfung der Rechtmäßigkeit von Verwaltungshandeln*.[251] Obgleich das Gesetz darauf zielt, ein Kernprinzip des Rechtsstaats zu verwirklichen, die Sicherung der Gesetzmäßigkeit der Verwaltung, ist es entscheidend

---

248 M. Gorbatschow, Die Verwirklichung der Beschlüsse des 27. Parteitages der KPdSU und die Intensivierung der Perestroika, in: Sowjetunion Sommer 1988. Sämtliche Beiträge und Reden der 19. Gesamtsowjetischen Konferenz in Moskau, Nördlingen 1988, S. 20.

249 Art. 21 und 2. Gesetz über den staatlichen Betrieb, abgedruckt in: Glasnost/Perestroika. Die Wirtschaftsreform in der Sowjetunion, Bd. 3, hrsg. v. J. Huffschmid, Köln 1987, S. 80 ff., 82.

250 Frankfurter Allgemeine Zeitung vom 4.1.1988, S. 3; W. Seljunin, Eine Revanche der Bürokratie, in: Es gibt keine Alternative zur Perestroika: Glasnost, Demokratie, Sozialismus, hrsg. v. J. Afanasjew, Nördlingen 1988, S. 248 ff., 260 ff.

251 WGO-Monatshefte für Osteuropäisches Recht 1987, S. 237 ff.; vgl. auch Frankfurter Allgemeine Zeitung vom 3.7.1987, S. 6.

beschränkt: Indem es lediglich das Handeln einzelner Amtspersonen der gerichtlichen Kontrolle zugänglich macht, bleiben die überwiegend kollektiv ergehenden Entscheidungen der Behörden der rechtlichen Überprüfung weiterhin verschlossen. Das Gleiche gilt für die gesamte Tätigkeit des Geheimdienstes KGB. Sowjetische Kritiker haben daher dieses Reformgesetz nicht nur als unzureichend, sondern als „von Geburt an tot“[252] bezeichnet. Jedenfalls ist es, entgegen seiner Aufgabe, die Verwaltung zu kontrollieren, ein Beleg dafür, dass die gesetzesfreie Dispositionsmacht der Behörden gegenüber den Bestimmungsmöglichkeiten der Gesellschaft nach wie vor dominiert.

Für die Rolle der Verwaltung, Rückgrat und Nervenzentrum des überkommenen Systems gesellschaftlicher Machtverteilung, gibt T. Saslawskaja, führende Reformsoziologin der UdSSR, ein drastisches Beispiel: „Das sowjetische Ministerium für Wasserhaushalt, dessen Tätigkeit hauptsächlich im Bau kostspieliger und umweltfeindlicher Kanäle besteht, wurde in den letzten Jahren von der Presse unerbittlich ins Kreuzfeuer der Kritik genommen. In den Zeitungen werden pausenlos Vorwürfe gegen das Ministerium erhoben; seine Tätigkeit ruft den Unmut der Bevölkerung hervor; die öffentliche Meinung fordert seine Auflösung und die Umleitung seiner enormen Kapazitäten in den Straßenbau oder andere nützliche Projekte. Das Ministerium jedoch, mit den zwanzig Millionen ihm untergebenen Mitarbeitern, ‚begräbt‘ weiterhin zig Millionen öffentlicher Gelder in der Erde mit der einzigen Begründung, daß dies ihm selbst nützlich sei. Und die Öffentlichkeit kann nichts dagegen tun.“[253]

II.

Die Stellung des alten Staatsapparats, die es unmöglich machte, das drängendste aktuelle Problem, die Überwindung der katastrophalen Versorgungslage, durch eine am Eigeninteresse der Bauern ausgerichtete Landwirtschaftspolitik innovativ zu überwinden, beruht nicht nur auf einer faktischen Situation, sie resultiert vielmehr aus der Herrschaftslogik des überkommenen Systems: der privilegierten Stellung des Parteiapparats im Gesellschafts- und Verfassungsgefüge der Sowjetunion, auf den sich die autoritären Dispositionsmaximen der Bürokratie stützen können. Durch die Festschreibung der führenden Rolle der Partei er-

252 A. Jakowlew, in: Deutsche Volkszeitung vom 24.6.1988 (Übersetzung aus der Literaturnaja Gazeta), S. 3; s. auch die Kritik von V. Sawizki, Staat. Recht. Persönlichkeit., in: Neue Zeit (Moskau), Nr. 18/1988, S. 20.

253 T. Saslawskaja, Die Gorbatschow-Strategie. Wirtschafts- und Sozialpolitik in der UdSSR, Wien 1989, S. 18; s. dazu auch S. Salygin, Offensive oder Defensive?, in: Keine Alternative zur Perestroika (Fn. 250), S. 294 ff.

scheint die Frage der demokratischen Legitimation ihrer Machtstellung nicht als Problem, sondern durch das System der faktischen Ernennung der Leitungsgruppen der Gesellschaft (Kader-Nomenklatur)[254] als gewissermaßen präexistent gelöst. Dann besteht auch nicht die Notwendigkeit, demokratische Vermittlungsinstanzen zwischen Gesellschaft und Staat zu schaffen, sie sind in der führenden Rolle der Partei vorgeblich verbürgt.

Die lange verdrängte Frage der demokratischen Legitimation und der Kontrolle der – bisher aus der Vorzugsstellung der Partei gerechtfertigten – Rolle des Staates beherrscht inzwischen auch die sowjetische Diskussion. In einem Beitrag von I. Jonin, der das Problem der Durchsetzung rechtsstaatlicher Kontrollen unter den Bedingungen des Einparteiensystems behandelt, heißt es beispielsweise: „In dieser Situation (eines Einparteiensystems) dürften konsequente verfassungsmäßige Kontrolle und Kritik an der Parteipolitik recht schwierig sein. Stellen wir uns vor, daß das oberste Kontrollorgan (Komitee für verfassungsmäßige Aufsicht), bestehend aus Parteimitgliedern, die die Parteidisziplin zu wahren haben, über die Rechtmäßigkeit von Gesetzen entscheiden muß, die von den obersten Parteiorganen empfohlen und von einer ebenfalls aus Mitgliedern dieser Partei zusammengesetzten gesetzgebenden Versammlung verabschiedet wurden. Eine paradoxe Situation. Die linke Hand muß darüber urteilen, ob die rechte richtig handelt, und das bei einem Kopf. Ähnlich steht es um Kritik. Der Rahmen einer innerparteilichen Diskussion erwies sich ... am häufigsten doch als zu eng. Es gab keine Möglichkeit, den gewählten Kurs ‚von außen' zu bewerten ..."[255]

In einer Diskussion sowjetischer Juristen und Journalisten wird schließlich die alle Detailprobleme der Veränderungen der Partei zusammenfassende Kernfrage im Hinblick auf die Bedingungen eines erst zu schaffenden demokratischen und sozialistischen Rechtsstaates gestellt: „Wie ist es mit dem Gesetz bei uns? Steht es auch über der Partei oder steht die Partei trotz allem über dem Gesetz?"[256] Wird diese Frage verfassungstheoretisch zu Ende gedacht, so bedeutet die Herrschaft des Gesetzes nichts anderes als die uneingeschränkte Suprematie der demokratischen Vertretungskörperschaften, gegenüber denen Parteiführung und Parteiapparat keine originäre Entscheidungsgewalt mehr besitzen. Entsprechend tritt Boris Jelzin, als Volkstribun ein genauer Kenner der überkommenen

254 Vgl. Perels, Demokratie und soziale Emanzipation (Fn. 244), S. 149; s. auch Saslawskaja, Die Gorbatschow-Strategie (Fn. 253), S. 20 f.

255 L. Jonin, Das sanfte Joch des Gesetzes, in: Neue Zeit (Moskau), Nr. 31/1988, S. 28.

256 A. Borin, in: Deutsche Volkszeitung (Fn. 252); M. Wyschinskij beantwortet diese Frage folgendermaßen: „Es ist ... nötig, zu präzisieren, daß die führende, richtungsweisende Kraft (die Partei, J.P.) im Rahmen des Gesetzes mit politischen Methoden handelt und nicht Subjekt der staatlichen Macht ist." Ebd.

vordemokratischen Prinzipien der Machtausübung, dafür ein, auch dem obersten Leitungsgremium, dem Politbüro, das Entscheidungsmonopol zu entziehen: Dem neuen Parlament sollten auch die Mitglieder des Politbüros bis hin zum Generalsekretär rechenschaftspflichtig sein.[257]

Die reale Institutionalisierung der Souveränität des Volkes auf allen politischen Entscheidungsebenen würde die Machtpositionen derjenigen Kräfte innerhalb des Staats- und Parteiapparats, die an ihren alten Verfügungsprivilegien festhalten, untergraben und schließlich überwinden. „In sozialer Hinsicht bedeutet dies," schreibt T. Saslawskaja, „die Übergabe politischer Macht aus den Händen einer relativ kleinen, privilegierten und bürokratisierten Schicht von Nomenklatura-Funktionären in die Hände des Volkes, das seine Abgeordneten demokratisch wählt und deren Tätigkeit kontrolliert."[258]

III.

Dass die Stagnation der Perestroika nur von außen: durch neue demokratische Strukturen, d.h. Vermittlungsinstitutionen zwischen Gesellschaft und Staat überwunden werden kann, die die Einwirkungsmöglichkeiten der bisher von politischer Mitwirkung ausgeschlossenen Massen zum ständigen Kontrollfaktor gegen die Tendenz zur Selbstherrschaft der überkommenen Bürokratie werden lassen, ist nicht mehr allein eine theoretische Erkenntnis. Inzwischen nimmt sie praktische Wirksamkeit an. In einer bemerkenswerten Rede, die Gorbatschow Ende April 1989 vor dem ZK hält, spricht er davon, dass gerade die höchsten Parteiorgane, das Zentralkomitee und das Politbüro, „in Stil, Methode und Bewertung" mit „der gegenwärtigen Entwicklung nicht immer Schritt halten"[259] und damit, so muss man schlussfolgern, zu Bremsfaktoren der Umgestaltung werden. Indem Gorbatschow die beiden wichtigsten Machtzentren der UdSSR angreift, die sich nicht aus dem allgemeinen Willen des Volkes, sondern aus der Sonderstellung der Partei legitimieren, tritt die Umgestaltung des politischen Systems in eine neue Phase: Gegenüber der Parteiautorität wird die Souveränität des Volkes ins Spiel gebracht. Die Zwangspensionierung eines großen Teils des ZK wird nicht mit parteiinternen Prozeduren, sondern mit dem Prinzip der Souveränität des Volkes, wie sie in den Wahlen zum Kongress der Volksdeputierten vom 26.3.1989 zum Ausdruck kam, begründet.[260]

257 Süddeutsche Zeitung vom 18./19.3.1989, S. 7.

258 Saslawskaja, Die Gorbatschow-Strategie (Fn. 258), S. 18.

259 Frankfurter Rundschau vom 28.4.1989, S. 1.

260 Frankfurter Allgemeine Zeitung vom 27.4.1989, S. 1; vgl. auch J.G. Reißmüller, Nationale Unruhe und Legitimitätswechsel, ebd.

In der Tat bilden die Wahlen zum Kongress der Volksdeputierten im Frühjahr 1989, die auf der Parteikonferenz vom Juni 1988 beschlossen wurden, den entscheidenden Legitimitätseinschnitt, durch den – mit welchen Begrenzungen auch immer – versucht wird, die Machtquelle der sowjetischen Ordnung vom Selbstrekrutierungsmechanismus des Parteiapparats zur Souveränität des Volkes zu verschieben. Allerdings wird das Prinzip des gleichen Wahlrechts dadurch eingeschränkt, dass 750 der 2.250 Delegierten durch gesellschaftliche Organisationen benannt werden, deren Mitglieder dann als Wahlbürger eine zweite Stimme haben. Indem das Wahlverfahren die Aufstellung mehrerer Kandidaten zur Pflicht macht, können die Wahlen zu einer politischen Richtungsentscheidung werden. In gewissem Maße liegt das weitere Schicksal der Perestroika in den Händen des neuen gesellschaftlichen Souveräns.

Nach Untersuchungen sowjetischer Wissenschaftler verfügt die Perestroika bisher über keine breite Massenunterstützung. Eine Umfrage der Akademie der Wissenschaften von Anfang 1988 hat ergeben, dass nur jeder vierte bis fünfte Arbeiter die ökonomische Reform bedingungslos unterstützt und von ihr positive Ergebnisse in den nächsten zwei, drei Jahren erwartet. Alle anderen zweifelten an ihrem Erfolg.[261] Die Gründe für eine verbreitete Skepsis der Massen gegenüber der Perestroika hat der Osteuropa-Experte der „Zeit“, Christian Schmidt-Häuer, eine gute Woche vor den Wahlen zum Kongress der Volksdeputierten noch folgendermaßen bestimmt: „Die Mehrzahl der russischen Bürger und die zentrale Bürokratie verbindet der Wunsch, die Verhältnisse nicht zu ändern. Das Ziel der Perestroika, das Kommandosystem durch ein kommerzielles System abzulösen, findet zumindest bei der Mehrheit der russischen Bevölkerung wenig Gegenliebe ... Selbstverständlich möchten die Sowjetbürger besser leben – aber viele nur unter der Voraussetzung, daß sich nichts ändert. Die Arbeiter argwöhnen, daß ‚freier Wettbewerb‘ und Lohndifferenzierung für sie nur Mehrarbeit für das gleiche (relativ wertlose) Geld bringen wird. Frauen und Rentner, deren Familien nicht ohne ihre zusätzliche Arbeit auskommen, sorgen sich, dass die geplanten Umstrukturierungen von Millionen Arbeitsplätzen vor allem auf ihre Kosten erfolgt. Alle fürchten die (unvermeidliche) Streichung der Subventionen für Mieten und Grundnahrungsmittel ... So verbünden sich vorbürgerliches Bewußtsein und bürokratisches Kommandosystem ...“[262]

Diese Einschätzung ist durch das Ergebnis der Wahlen zum Kongress der Volksdeputierten – überraschend auch für genaue Kenner der sowjetischen Ge-

261 Vgl. T. Saslawskaja, Zur Strategie der sozialen Steuerung der Perestroika, in: Keine Alternative zur Perestroika (Fn. 250), S. 21 ff.; Saslawskaja, Die Gorbatschow-Strategie (Fn. 253), S. 238 ff.

262 Die ZEIT vom 17.3.1989, S. 32.

sellschaft vor Ort[263] – wenn nicht widerlegt, so doch stärker relativiert worden. Erhebliche Teile der Bevölkerung entscheiden sich nicht für vorsichtige Vertreter des Parteiapparats; konservative Spitzenfunktionäre, unter ihnen allein 50 erste Sekretäre,[264] die der Umgestaltung (zum vermeintlichen Nutzen der großen Massen) distanziert gegenüberstehen, werden ostentativ nicht gewählt, während entschiedene Anhänger der Umgestaltung wie B. Jelzin oder J. Afanasjew als Deputierte in die – so könnte man sie auch nennen – neue Nationalversammlung entsandt werden. Die entschiedenen Reformer besitzen, wie man aus den Abstimmungen auf dem Kongress der Volksdeputierten entnehmen kann, etwa ein Drittel der Mandate. Dies ist auch bedingt durch gewisse weiterexistierende Besetzungsprärogativen des alten Machtapparats, der bei den 750 Mandaten der gesellschaftlichen Organisationen seinen Einfluss geltend machte und dafür sorgte, dass in 400 Wahlkreisen doch nur ein Kandidat aufgestellt wurde.[265]

Solange die entschiedenen Reformer keine Mehrheit im Kongress der Volksdeputierten und damit auch im obersten Sowjet besitzen, können die neuen parlamentarischen Institutionen noch nicht als volles Gegengewicht gegen die Bürokratie fungieren, auch wenn Minderheitspositionen bei einem starken Rückhalt in der politischen Öffentlichkeit Einflussmöglichkeiten besitzen. Gleichwohl besteht weiter die Möglichkeit, dass die parlamentarischen Institutionen bei den gegenwärtigen Mehrheitsverhältnissen als Appendix der Linie der Exekutivapparate fungieren.

IV.

Indem aber überhaupt demokratische Vertretungskörperschaften ansatzweise zur neuen Legitimations- und Machtquelle für staatliches Handeln werden, haben sich die objektiven Voraussetzungen dafür verbessert, dass die Selbstherrschaft der Parteibürokratie nicht unangetastet bleibt, sondern in einem längeren und widersprüchlichen Prozess eingeschränkt und am Ende sogar gebrochen wird. Wenn ein wirkliches Parlament in Gestalt des neuen Obersten Sowjet geschaffen wird, der die Gesetzgebungskompetenz innehat und gegenüber dem die Regierung verantwortlich ist, besitzt – endgültig erst bei einer Mehrheit der entschiedenen Reformer – die bisher zur Subordination unter den Staatsapparat verurteil-

---

263 T. Saslawskaja, Leiterin des neuen Gesamtsowjetischen Instituts für Meinungsforschung, gab bei einem Vortrag in der Ost-Akademie in Lüneburg (am 2.5.1989) unumwunden zu, dass auch sie eine derartig eindeutige Option der Wähler für die entschiedenen Anhänger der Umgestaltung nicht erwartet hatte.

264 T. Saslawskaja in dem oben genannten Vortrag (Fn. 263).

265 I. Andrjutschenko, Diktatur der Demokratie, in: Neue Zeit (Moskau) Nr. 16/1989, S. 30.

te Gesellschaft ein eigenes Organ, durch das sie Einfluss auf den ökonomischen und politischen Prozess nehmen kann. Da der neue Oberste Sowjet öffentlich und bis zu acht Monaten tagen soll, unterscheidet er sich nicht nur von dem weniger häufig und grundsätzlich hinter verschlossenen Türen zusammentretenden Zentralkomitee: er ist an die Diskussionsprozesse und Massenaktivitäten – gerade auch in der Hauptstadt Moskau mit seiner überwiegend reformorientierten und politisch mehr und mehr aktiven Bevölkerung – in bestimmtem Maße zurückgebunden. Damit ergibt sich möglicherweise die Chance, dass die verselbständigte Handlungssphäre der Bürokratie nicht mehr nur folgenlos kritisiert, sondern durch Initiativen der Legislative, die von der reformorientierten politischen Spitze unter Gorbatschow gestützt werden, an strategisch wichtigen Punkten neutralisiert werden kann. Inhaltlich hieße das dann, dass die zentralen Fragen der politischen Bestimmung über die Verwendung des gesellschaftlichen Mehrprodukts, des Verhältnisses von Akkumulation und Konsumtion, von Rüstungsinvestitionen und von Investitionen in die soziale Infrastruktur, von quantitativem Wirtschaftswachstum und des Schutzes der ökologischen Grundlagen in die Entscheidungskompetenz eines – wie auch immer unvollkommenen – Organs der Gesamtgesellschaft zurückverlagert würde.

Eine Kompetenzverlagerung zu Lasten der Parteibürokratie, die, falls sie gelingt, T. Saslawaskaja zu Recht als ein revolutionäres, die bisherigen Machtbeziehungen radikal umgestaltendes Geschehen begreift,[266] bedeutet, dass nicht etwa der Sozialismus im Niedergang begriffen ist. Vielmehr kommen seine in der Sowjetunion lange verschütteten demokratischen Traditionen wieder ans Licht. So knüpft – trotz mancher Einschränkungen – die Wahl zum Kongress der Volksdeputierten an jene halbvergesssene, uneingelöste sozialistische Tradition an, der schon Rosa Luxemburg 1918 in ihrer hellsichtigen Kritik an der Diktatur der Bolschewiki verpflichtet war. Rosa Luxemburg hatte die gewaltsame Auflösung der konstituierenden Nationalversammlung durch die Bolschewiki im November 1917 kritisiert und an der Forderung festgehalten, dass die Regierung der sozialistischen Revolution, in der Form von Neuwahlen für die Konstituante, sich aus allgemeinen, freien und gleichen Volkswahlen legitimieren muss.[267] Aus dieser der Selbstbestimmung der Volksmassen verpflichteten ursprünglich sozialistischen Position heraus verwirft R. Luxemburg die These Trotzkis, dass demokratische Institutionen zu schwerfällig seien und daher aus politischem Machtkalkül beiseite geschoben werden können. In den Wahlen zum Kongress der Volksdeputierten wird dieses über 70 Jahre geltende autoritä-

266 Saslawskaja, Die Gorbatschow-Strategie (Fn. 253), S. 22.

267 R. Luxemburg, Zur russischen Revolution (1918), in: dies., Gesammelte Werke, Bd. 4, Berlin (Ost) 1974, S. 353 ff.

re Kernstück der Legitimationsideologie der Bolschewiki weitgehend aufgehoben. Damit aber kann, nach Jahrzehnten etatistischer Blockierung, auch in der UdSSR der Blick wieder frei werden für den ursprünglich demokratischen Marxschen Begriff der Vergesellschaftung des Produktionsprozesses. Peter von Oertzen hat diesen Begriff so bestimmt: „Es leuchtet unmittelbar ein, daß die Funktionsweise einer vergesellschafteten Produktion identisch sein muß mit der Funktionsweise einer demokratisch verfaßten politischen Organisation oder eines demokratisch verfaßten Staates. Wenn die private Aneignung der gesellschaftlichen Produktion durch eine kleine Minderheit durch die Vergesellschaftung aufgehoben werden soll, dann müssen an der vergesellschafteten Produktion alle Gesellschaftsmitglieder in gleicher Weise teilhaben ... Sozialismus im marxistischen Sinne ist vollendete Demokratie, Sozialisierung ist mit Demokratisierung identisch."[268]

268 P. v. Oertzen, Karl Marx. Recht und die freie Assoziation der Individuen, in: Streitbare Juristen. Eine andere Tradition, hrsg. v. der Redaktion der Kritische Justiz, Baden-Baden 1988, S. 61.

II. Theoretiker

1.
Utopie als Gesellschaftskritik – Ernst Bloch

I.

Von Ernst Bloch stammt der Satz, dass es in der von Friedrich Engels apostrophierten Entwicklung des Sozialismus von der Utopie zur Wissenschaft auch einen allzu großen Fortschritt gebe.[269] Dieser zentrale Gedanke findet sich schon im „Geist der Utopie“[270] von 1918, welcher dem entwicklungsgeschichtlichen Determinismus, zu dem der Marxismus der Zweiten Internationale geworden war, die Weite und Tiefe emanzipatorischer Zielgehalte zurückzugewinnen suchte. Bis heute ist das Problem der Beziehung von Wissenschaft und Utopie nicht erledigt. Die Stärke der kritischen Kräfte in den Gewerkschaften und der Publizistik in der Auseinandersetzung mit den privatkapitalistischen Herrschaftsverhältnissen geht einher mit dem Unvermögen, die werbende Kraft der Befreiungsdimension einer humaneren Gesellschaft für die alltägliche Arbeit fruchtbar zu machen. Gesellschaftskritik droht zu einer kontemplativen Angelegenheit zu werden, welche jede gesellschaftliche und politische Erscheinungsform in grauer Perfektion aus den Konstitutionsprinzipien des Kapitalverhältnisses ableiten kann, ohne auch nur Vermittlungsschritte auf dem Weg zu einer grundlegenden Infragestellung der „Herr- und Knecht-Zeit“ (Bloch) bezeichnen zu können.

Dieser Befund verweist auf ein Grundproblem der Marxschen Theorie. In ihr ist das Verhältnis von geschichtlicher Notwendigkeit, wie sie in Hegels System formuliert wird, und zielbestimmenden Eingriffen in den Geschichtsprozess ein durchaus offenes Problem. Das sei an zwei Punkten des Marxschen Werkes exemplifiziert. Auf die Frage, wie die kapitalistische Klassengesellschaft aufgehoben werden kann, antwortet Marx im „Kapital“ auf charakteristisch andere Weise als in seiner Schrift über den „Bürgerkrieg in Frankreich“. Im „Kapital“ spricht er in der Tradition des Hegelianismus davon, dass die bürgerliche Gesellschaft aufgrund der inneren Zersetzung der kapitalistischen Produktionsweise „mit der Notwendigkeit eines Naturprozesses“[271] gesprengt werde. Im Gegensatz dazu heißt es bei Marx wenige Sätze zuvor, dass der Kapitalismus nur überwunden werden kann, wenn sich auch die Empörung über das

---

269 E. Bloch, Das Prinzip Hoffnung, 3 Bde., Frankfurt/M. 1959, S. 726; siehe auch ders., Geist der Utopie (zweite Fassung 1923), Frankfurt/M. 1964, S. 303 ff.

270 E. Bloch, Geist der Utopie (erste Fassung 1918), Frankfurt/M. 1971.

271 K. Marx, Das Kapital (1867), Berlin 1962, S. 791.

Elend herausbildet, also ein subjektives Handlungsmoment zur objektiven Entwicklung hinzu kommt.[272] Im „Bürgerkrieg in Frankreich“ vertraut Marx nicht einfach der geschichtlichen Selbstbewegungsform als eines agens, das gesellschaftsverändernde Ziele hervortreibt. Marx siedelt nämlich ein demokratisches Rätesystem, Grundlage einer Gesellschaft ökonomischer Selbstbestimmung, gerade in jener Sollenssphäre an, welche sein Lehrer Hegel zum puren Wahnsinn des Eigendünkels herabgesetzt hatte. Im zweiten Entwurf zur Kommune-Schrift entwickelt Marx die politischen Organisationsformen für die Befreiung der Arbeiterklasse nicht unmittelbar aus der Realität, er entfaltet sie als Sollenskategorie. Klaus Meschkat hat darauf hingewiesen,[273] dass es in dem zweiten Entwurf zur Analyse des „Bürgerkriegs in Frankreich“ noch heißt: „Die Kommune sollte nicht eine parlamentarische, sondern eine arbeitende Körperschaft sein. Die Polizeibeamten sollten, statt Werkzeuge einer Zentralregierung, Diener der Kommune sein, die wie die Beamten aller anderen Verwaltungszweige von der Kommune ernannt werden und jederzeit absetzbar sein mußten; alle Beamten sollten ebenso wie die Mitglieder der Kommune ihre Arbeit für Arbeiterlohn verrichten. Die Richter sollten ebenfalls gewählt, absetzbar und verantwortlich sein.“[274] In der Endfassung erscheinen dann diese Postulate, die von der Kommune nur zum Teil verwirklicht werden konnten, bereits als Realität der Kommune. Indem Marx das Sollen bereits für ein Sein nimmt, drückt er sehr klar das offene Problem der Beziehung von Utopie und Wissenschaft aus.

II.

Bloch begreift sich, wie er in einem Brief an Klaus Mann schreibt, als „eine Art Kirchenvater kommender Probleme und noch verdeckter Lösungsinhalte“.[275] Dies zeigt sich besonders im Blick auf die emanzipatorische Bedeutung des Rechts und des angemessenen Umgangs mit der Natur.

In seinem in der DDR entstandenen Buch „Naturrecht und menschliche Würde“[276] entfaltet Bloch den systematischen Gedanken eines sozialistischen Erbes am bürgerlichen Vernunftrecht, ohne den der Sozialismus sich in sein Gegenteil, in die Herrschaft über die Produzenten, verkehren muss. Die Bedeutung des bürgerlich-revolutionären Naturrechts für die Konstruktion einer freieren Gesellschaft, in der nicht nur die soziale Not, sondern auch die politische

272 Ebd., S. 790 f.

273 K. Meschkat, Die Pariser Kommune von 1871 (Nachdruck), Köln 1971, S. 26.

274 K. Marx, Zweiter Entwurf zum Bürgerkrieg in Frankreich (1871), Berlin 1971, S. 596.

275 Ernst Bloch: Briefe 1903-1975, 2. Bd., hrsg. v. K. Bloch u.a., Frankfurt/M., S. 646.

276 E. Bloch, Naturrecht und menschliche Würde, Frankfurt/M. 1961.

Fremdbestimmung der abhängig Beschäftigten aufgehoben ist, fasst Bloch so: „Naturrechtler wurden selten zu den Vorläufern des Sozialismus gezählt. Trotz bedeutsamer Marx- und Engelsstellen über individuelles Kolorit, über sozialistische Freisetzung aller Individuen, das Ende der Regierung über Personen, das Absterben des Staates insgesamt. Ein Nachlassen, zuweilen auch Ausfallen der Belichtung liegt trotzdem vor, hat auch zweifellos im Stalinismus den zentralistischen Effekt verstärkt, der aus dem russischen Manko an bürgerlich errungenen Freiheiten kam. Die behauptete Herkunft der Unterdrückung und Selbstentfremdung einzig aus dem Privatbesitz der Produktionsmittel, diese rein ökonomische Beschränkung gibt für die Unterdrückung nur den halben Grund an. Wie neu entfremdet macht gerade der Funktionärsstaat und das eben kraft des Ausfalls naturrechtlicher Praxis sozusagen, soll heißen, der so wenig strapazierten Postulate des aufrechten Ganges und zu seinen Individuen hin.“[277]

Bloch knüpft am Vernunftrecht der Aufklärung, das sich gegen die Herrschermacht des Feudalabsolutismus richtete, deshalb an, weil dessen Fragestellung auch für eine sozialistische Gesellschaft nicht überholt ist. Rousseau formuliert sie, und Bloch bezieht sich ausdrücklich darauf: „Wie findet man eine Gesellschaftsform, die mit der ganzen gemeinsamen Kraft die Person und das Vermögen jedes einzelnen Gesellschaftsmitglieds verteidigt und schützt und kraft dessen jeder Einzelne, obgleich er sich mit allen vereint, gleichwohl nur sich selbst gehorcht und so frei bleibt wie vorher?“[278] Diese Fragestellung findet ihre versuchte Antwort in dem Gedanken, dass nur die Beteiligung aller an der Hervorbringung des allgemeinen Willens – die demokratische Konstitution des Gemeinwesens also – die Unterwerfung der Individuen unter fremden Zwang ausschließen kann. In der Konsequenz dieser Antwort liegt es, dass der Staat, soweit er eine von den Individuen abgehobene und sie dirigierende Einrichtung ist, dazu bestimmt ist abzusterben, wie dies Fichte, aber auch der frühe Hegel ins Auge gefasst hatten[279] – lange vor Marx und Engels.

Die sozialistische Vergegenwärtigung des bürgerlich-revolutionären Vernunftrechts bringt Bloch in einen Gegensatz zum kapitalistischen wie zum staatssozialistischen System. Hierfür prägt er die Formel: „Keine wirkliche

277 E. Bloch, Marx, aufrechter Gang, konkrete Utopie (1968), in: Ernst Bloch, Politische Messungen, Pestzeit, Vormärz, Frankfurt/M. 1970, S. 454.

278 Jean J. Rousseau, Der Gesellschaftsvertrag (1762), hrsg. v. Heinrich Weinstock, Stuttgart 1966, S. 43.

279 J.G. Fichte, Beitrag zur Berichtigung der Urteile des Publikums über die Französische Revolution (1793), in: J.G. Fichte, Schriften zur Revolution, hrsg. v. B. Willms, Frankfurt/M. 1973, S. 136; Georg Friedrich Wilhelm Hegel, Das älteste Systemprogramm des deutschen Idealismus (1796/97), in: G.F.W. Hegel, Werke, Bd. 1, hrsg. v. E. Moldenhauer/K.M. Michel, Frankfurt/M. 1971, S. 234 f.

Installierung der Menschenrechte ohne Ende der Ausbeutung, kein wirkliches Ende der Ausbeutung ohne Installierung der Menschenrechte.“[280] Das heißt: Die von der Sanktionierung des Bourgeois abtrennbaren Normen politischer Selbstbestimmung weisen über die kapitalistische Gesellschaft, deren Realisierung in den materiellen Lebensverhältnissen durch die private ökonomische Herrschaft blockiert ist, ebenso hinaus wie über die staatssozialistische Ordnung politischer Unfreiheit, die eine tatsächliche gesellschaftliche Aneignung des Produktionsprozesses unmöglich macht.

In der Rechtstheorie des so genannten realen Sozialismus, die im Stalinismus ausgeformt und modifiziert bis zum Beginn der Ära Gorbatschow fortwirkte,[281] bleibt von der vernunftrechtlichen Gedankenwelt, die allgemeinen Angelegenheiten durch den freien und gleichen Willen aller zu regeln, nichts übrig als deren Gegenteil: nämlich verselbständigtes staatliches Zwangsrecht. Bloch exemplifiziert dies an den Positionen Andrei Wyschinskis, des führenden Theoretikers der Stalin-Ära, der zugleich Ankläger in den Moskauer Prozessen war. Bei Wyschinski, „Formulator der unter Stalin seit 1936 mehr und mehr personifizierten Allmacht“,[282] bleibt nur Staatsrecht übrig, „so formidabel wie eh und je und formidabler. (...) Sichtbar steht hier Lenins vorher von Engels formulierte Prognose eines allmählichen Absterbens des Staates überhaupt nicht zu aktueller Diskussion.“[283]

Nur dann also, wenn das bürgerlich-revolutionäre Ideal des Citoyen der selbstbestimmten Individuen in einer nicht mehr durch das private Großeigentum definierten Gesellschaft praktisch aufgehoben wird, kann Sozialismus als ein Prozess der Befreiung aus gesellschaftlicher Unmündigkeit zu entstehen beginnen. Die politischen Staatsbürgerrechte, die Vereinigungsfreiheit, die Versammlungsfreiheit, die Meinungsfreiheit bilden so die Voraussetzung dafür, dass die gesellschaftliche Aneignung des Produktionsprozesses sich in demokratischen, also kontroversen Formen der Diskussion und der Entscheidungsbildung vollzieht. Die Freiheitsrechte, die „das Inventar des bisherigen Naturrechts“ bilden, sind dann „nützliche Instrumente gegen alle Verdinglichung von Machtmitteln, Kontrollosigkeit der Macht“: „Subjektiv-öffentliche Rechte in wirklicher Konsequenz und Fülle enthalten derart die Aufhebung der gesamten Ausbeutung (...).“[284]

---

280 Bloch, Naturrecht und menschliche Würde (Fn. 276), S. 13.

281 J. Perels, Der staatlich verordnete Sozialismus, in: ders., Demokratie und soziale Emanzipation, Hamburg 1988, S. 143 ff.

282 Bloch, Naturrecht und menschliche Würde (Fn. 276), S. 255 f.

283 Ebd., S. 256.

284 Ebd., S. 252.

Die theoretische Kernthese Blochs wurde von einer großen Reformbewegung im Staatssozialismus gewissermaßen beglaubigt: vom Prager Frühling von 1968. In dieser Reformbewegung ging es darum, die verselbständigte Staatsmaschine – nicht unähnlich der absolutistischen, gegen die das Vernunftrecht angetreten war – zunächst der Bestimmungsgewalt der Gesellschaft zu öffnen, um sie schließlich grundlegend zu verändern.[285] Im Prager Frühling, dem Bloch sich mit „brüderlichen Kampfesgrüßen“[286] ausdrücklich verbunden erklärte, geschah dies hauptsächlich durch die Aufhebung der Zensur und die Garantie der Meinungsfreiheit, durch welche die Formulierung des allgemeinen Willens nicht mehr unverrückbar in den Händen des abgehobenen Partei- und Staatsapparates lag. Die tschechoslowakische Reformbewegung scheiterte nicht an ihren inneren Widersprüchen, die gerade durch den demokratischen Prozess einer friedlichen Lösung zugeführt werden konnten. Sie scheiterte aus machtpolitischen Gründen: durch die militärische Intervention der Truppen des Warschauer Paktes, die von der Sowjetunion am 21. August 1968 angeführt wurden.

Die wie immer kurze Existenz eines Sozialismus politischer Freiheit zeigt, dass eine andere Gesellschaft geschichtlich möglich ist, wie sie auch das Grundgesetz mit dem Rechtsgrundsatz des sozialen Rechtsstaats vorsieht, der die Verbindung von Gemeineigentum und Demokratie ermöglicht.

III.

Wenn politische und ökonomische Fremdbestimmung nicht mehr systembildend sind, kann sich auch das Verhältnis zur Natur verändern. Dies hat Bloch ebenfalls eingehend gezeigt. Solange der Umgang mit der Natur kapitalistisch unter die Zwänge des Profitprinzips gestellt ist oder staatssozialistisch den durch totale Bürokratisierung erzwungenen Gesetzen „organisierter Verantwortungslosigkeit“ (Hegedüs) folgt, lässt sich das Verhältnis zur Natur schwerlich ins Reine bringen. Bloch gehört, lange bevor das Bewusstsein einer ökologischen Krise entstand, zu den ganz wenigen Vertretern des marxistischen Denkens, die das für die Fortexistenz der menschlichen Gattung folgenreiche Problem der Beziehung zur Natur nicht unter dem eindimensionalen Aspekt der Naturbeherrschung fassen. Bloch entfaltet systematisch die frühe, fast in Vergessenheit geratene oder als schlecht metaphysisch verworfene Marxsche Formel von der

285 J. Perels, Meinungsfreiheit als Element des Sozialismus, in: ders., Recht und Autoritarismus, Baden-Baden 2009, S. 190 ff.

286 Bloch, Marx, aufrechter Gang, konkrete Utopie (Fn. 277), S. 418.

„Resurrektion der Natur".[287] In einem Brief an Adolf Lowe von 1944 bezeichnet Bloch die besondere Fragerichtung seiner Philosophie der Natur: „Gibt es, wie eine mögliche Vermittlung mit dem Subjekt der Geschichte, so auch eine mit dem – wie immer hypothetischen – Subjekt der Natur? (...) Liegt in dieser Linie Marxismus der Technik? Engels hat dergleichen noch nicht, denn er parallelisiert die sozialistische Gesellschaft mit der ‚gebändigten Elektrizität des Telegraphen und des Lichtbogens'. Was ältere Sozialdemokraten wie Dietzgen etwa über ‚Naturbeherrschung' schreiben, klingt, als wäre das Credo des Freiherrn von Stumm auf die Natur abgebildet. Es ist von einem konkreten Verhältnis zur Natur und ihrem – wie immer hypothetischen – Kräften (...) weit entfernt (...). Ist es nicht ein Grenzideal für den (unvorhandenen) Marxismus konkreter Technik, in Natur, sage man, wie in den Busen eines Genossen zu schauen?"[288]

Der bisherige, durch die moderne Naturwissenschaft und die ihr entsprechende Technik bestimmte Umgang mit der Natur geschieht in einer instrumentellen Form, die die qualitativen Eigenheiten der Natur, ihren Geschmack, ihre Farbe, ihr inneres lebendiges Gleichgewicht in der Quantifizierung von Gesetzmäßigkeiten verschwinden lässt. War beim vornaturwissenschaftlichen Weltbild jener qualitative Blick noch vorhanden, so verschwindet er mit dem Siegeszug der Naturwissenschaften. Nur untergründig bleibt bei Goethe (in seiner Farbenlehre) oder beim frühen Marx (im Postulat eines „Humanismus der Natur"[289]) ein Stück des alten Naturverständnisses erhalten. Der technische Umgang mit der Natur aber hat fatale Konsequenzen: „Unsere bisherige Technik steht in der Natur wie eine Besatzungsarmee im Feindesland, und vom Landesinnern weiß sie nichts, die Materie der Sache ist ihr transzendent."[290]

Eine bloß ausbeutende Beziehung zur Natur lässt das Zusammenleben der Menschen nicht unberührt: „Fortschritten in der ‚Naturbeherrschung' [können] sehr große Rückschritte der Gesellschaft entsprechen."[291] Die Logik technischer Verfügung macht es möglich, dass aus der Natur gewaltige Destruktionskräfte entbunden werden, die von ökologischen Katastrophen – die Verseuchung von Grundwasser, von Flüssen, das Sterben von Wäldern sind nur das augenfälligste Indiz – bis zur objektiv möglichen atomaren Selbstvernichtung der Gattung reichen. Entsprechend heißt es bei Brecht: „Ihr mögt mit der Zeit alles entdecken,

---

287 K. Marx, Ökonomisch-philosophische Manuskripte (1844), in: K. Marx, Frühe Schriften, 1. Bd., hrsg. v. H.-J. Lieber/P. Furth, Stuttgart 1962, S. 596.

288 Bloch, Briefe 1903-1975, 2. Bd., in: K. Bloch u.a. (Fn. 275), S. 741.

289 Marx, Ökonomisch-philosophische Manuskripte, in: Marx, Frühe Schriften (Fn. 287), S. 596.

290 Bloch, Das Prinzip Hoffnung (Fn. 269), S. 814.

291 Ebd.

was es zu entdecken gibt, und Euer Fortschritt wird doch nur ein Fortschreiten von der Menschheit weg sein.“[292]

Blochs Perspektive für eine grundlegende Veränderung der Beziehung zwischen Mensch und Natur kristallisiert sich in den spekulativen Begriffen eines „hypothetischen Natursubjekts“ und einer ihr korrespondierenden „Allianztechnik“.[293] Gemeint ist damit, die Eigenart der Natur, zumal ihre ökologischen Gesetzmäßigkeiten, zu respektieren, eine Technik zu entwickeln, die diese Eigenarten erhält und fördert, nicht aber zerstört. Damit negiert Bloch nicht etwa in einer einfachen Antithese die bisherigen naturwissenschaftlichen Erkenntnisformen, denn gewiß entspricht ihr – etwa in Gestalt des Gesetzes vom freien Fall – ein zentraler Ausschnitt des Naturganzen. Bloch geht es allein darum, die in der herrschenden Form der Naturbeziehung ausgeblendeten, qualitativen Momente in die Begriffsbildung zurückzuholen: „Marxismus der Technik, wenn er einmal durchdacht sein wird, ist keine Philanthropie für mißhandelte Metalle, wohl aber das Ende der naiven Übertragung des Ausbeuter- und Tierbändigerstandpunktes auf die Natur.“[294]

Bloch begreift das Verhältnis zur Natur nicht als isoliertes, gleichsam bloß technisch zu lösendes Problem, sondern als ein Element der gesellschaftlichen Gesamtverfassung, das heißt: Erst eine Gesellschaft, in der die Menschen nicht mehr von verselbständigten, durch entfremdete Herrschaft vermittelten Zwangsgesetzen bestimmt werden, kann der Natur ein anderes Gesicht zuwenden. Wird das bürgerlich-revolutionäre Vernunftrecht abgelöst von seiner Fixierung des großen Sondereigentums zum Konstruktionsgerüst der politischen Freiheit aller Individuen, verändert sich auch das Verhältnis zur Natur. Dann nämlich hängt die Gestalt der Natur wirklich vom bewussten Handeln der Menschen ab: „Und erst, wenn das Subjekt der Geschichte: der arbeitende Mensch, sich als Hersteller der Geschichte erfaßt, folglich das Schicksal in der Geschichte aufgehoben hat, könnte er auch dem Produktionsherd in der Naturwelt nähertreten.“[295]

An einem bemerkenswerten Exempel lässt sich zeigen, wie die demokratisierende Umformung einer staatswirtschaftlichen Diktatur die Grundlagen dafür legte, dass in einem zentralen Bereich der Prozess des Raubbaus an der Natur gestoppt werden konnte. Die Sowjetunion wurde jahrzehntelang durch einen galoppierenden Prozess der vielfachen Zerstörung ihrer Naturbasis beherrscht. In sowjetischen Expertisen über die ökologische Situation hieß es beispielsweise: „1987 war die Luft über 104 großen Städten der Sowjetunion (...) durch

292 B. Brecht, Leben des Galilei, in: Stücke VIII, Frankfurt/M. 1962, S. 186.
293 Bloch, Das Prinzip Hoffnung (Fn. 269), S. 802 ff.
294 Ebd., S. 813.
295 Ebd.

Schadstoffe in einer Konzentration verseucht, die den höchstzulässigen Grenzwert für Kohlenoxyd, Stickstoff- und Schwefeldioxyd, Fluor- und Kohlenwasserstoff, Phenole, Ammoniak, Schwefelwasserstoff usw. um mehr als das Zehnfache überstieg. (...) Infolge der unsachgemäßen Führung der Landwirtschaft (...) sind viele Millionen Hektar Land für die landwirtschaftliche Nutzung verloren gegangen, und das tatsächliche Ausmaß dieses Prozesses wird erst heute dank der Satellitenbeobachtungen offenbar. Einigen Berechnungen zufolge geht heutzutage der Landwirtschaft mehr Boden verloren, als die Melioration erschließt."[296] Kurz: Die Organe, „denen der Naturschutz obliegt, sind ja die Hauptzerstörer der Natur. (...) Wie kann man sich beim Naturschutz von den ‚Kontrollziffern' des Staatlichen Agrar-Industrie-Komitees leiten lassen, wenn diese Behörde, statt Erholung, Konservierung und Sanierung der durch Erosion zerstörten Böden eine andauernde Erweiterung der Ackerbauflächen projektiert (...)?"[297]

Die Ausbildung einer das System der Zensur weitgehend aufhebenden politischen Öffentlichkeit in der Ära der Perestroika führte seit 1985 auch zu einer Thematisierung ökologischer Fragen in zentralen Bereichen.[298] Durch eine Entscheidung der für demokratische Prozesse offenen Parteiführung unter Gorbatschow, die sich die von Journalisten, Schriftstellern und Wissenschaftlern formulierten Einwände gegen naturzerstörende Projekte[299] zu Eigen machte, wurden ökologische Prinzipien zum Inhalt der praktischen Politik. Das wichtigste Beispiel ist die Entscheidung, die Projekte der Umleitung der nördlichen Flüsse der Sowjetunion, die vom Ministerium für Wasserwirtschaft und im Institut für Wasserprobleme der Akademie für Wissenschaften mit technokratischer Konsequenz betrieben wurden, definitiv einzustellen. Am 16. März 1986 fasste das Politbüro der KPdSU folgenden Beschluss: „Nach der Prüfung von Fragen der Realisierung der Projektierung und sonstigen Arbeiten, die mit der Umleitung eines Teils des Wassers nördlicher sibirischer Flüsse in südliche Landesgebiete zusammen hängen, sowie im Hinblick auf die Notwendigkeit ökologischer und ökonomischer Aspekte dieses Problems (...) zu studieren, wofür auch breite Kreise der Öffentlichkeit plädieren, hält es das Politbüro für zweckmäßig, die

296 A. Jablokow, Ökologische Ignoranz und ökologisches Abenteurertum, in: Es gibt keine Alternative zur Perestroika, hrsg. v. J. Afanassjew, Nördlingen 1988, S. 308 f.

297 M. Lameschew, Wirtschaftsinteressen und Naturnutzung, in: Keine Alternative zur Perestroika (Fn. 296), S. 340.

298 J. Perels, Von der Verstaatlichung zur Vergesellschaftung. Rechtliche Veränderungen in der Sowjetunion, in: ders., Recht und Autoritarismus (Fn. 285), S. 200 ff.

299 O. Sulejmenenow, Es gibt keine fremden Regionen auf Erden. Notizen aus Anlaß des 27. Parteitags der KPdSU, in: Zeitzeichen aus der Ferne, hrsg. v. Friedrich Hitzer, Hamburg 1987, S. 137 ff.; V. Rasputin, Partnerschaft für Mensch und Natur, ebd., S. 151 ff.

erwähnten Arbeiten einzustellen [und sich auf die] wirtschaftlich wirksamere Nutzung der vorhandenen Wasservorräte [zu] konzentrieren."[300]

IV.

Bloch bleibt bei der Entfaltung konkret-utopischer Perspektiven des Rechts und einer „Humanisierung" der Natur nicht stehen, er rückt die Kräfte der Gegenutopien illusionslos in den Blick.

Mit einem biblischen Wort nennt er die Gegenutopien das Widersacherische. Er situiert es, anders als im traditionellen Marxismus, nicht allein in den gegebenen Machtverhältnissen. Bloch setzt anders an. Er misst der „mörderische[n] Kategorie des Bösen (eine) relative Eigenständigkeit zu über das Herr-Knecht-Verhältnis hinaus."[301] Die Aufklärung sah die Existenz des sogenannten Bösen, die für Bloch eine „riesige Gebietskategorie" ist, verkürzt als bloßen Reflex des Priesterbetrugs an, forderte das „Widersacherische im Diesseits nicht vor die Klinge des Begriffs". „Das Widersacherische darf aber nicht ausgegrenzt werden; (...). Man sieht das Stockende, Hemmende, noch Mächtig-Nichtige in tausend Erscheinungen scheußlich ausgedrückt. Das Gift der Krankheiten, die immer neu maskierte und ideologisierte Ausbeutung",[302] „das zertretene Saatkorn, aus dem durchaus keine Frucht kommt".[303] In Auschwitz ist diese widersacherische Tendenz für Bloch in entsetzlichster Weise sichtbar.

Bloch bezieht den Begriff des Widersacherischen nicht nur auf die bisherige Geschichte, sondern auch auf die inneren Schranken einer zukünftigen freien Gesellschaft. In den Denkgeschichten, den „Spuren", die zum ersten Mal 1930 erschienen, wird die Grenze gesellschaftlicher Emanzipation so bestimmt: „Auch ohne Not wird man sich noch genug unähnlich oder falsch bedingt sein, es gibt noch Zufall, Sorgen, Geschick genug und kein Kraut gegen den Tod."[304] Die stärkste Gegenutopie, den Tod, charakterisiert Bloch mit den Worten: „Nichts steht so finalistisch wie er am Ende, und nichts zerschmettert zugleich den Subjekten der historischen Zwecksetzung ihre Arbeit so antifinalistisch zum Fragment. Die Kiefer des Todes zermalmen alles, und der Schlund der Verwesung frißt jede Teleologie, der Tod ist der große Spediteur der organischen Welt, aber zu ihrer Katastrophe."[305]

300 S. Salygin, Die Umkehr. Lehren aus einer Diskussion, in: Perestroika in der Diskussion, hrsg. v. W. Kabanow, München 1989, S. 204.

301 E. Bloch, Experimentum Mundi, Frankfurt/M. 1975, S. 235.

302 Ebd., S. 237.

303 E. Bloch, Atheismus im Christentum, Frankfurt/M. 1968, S. 322.

304 E. Bloch, Spuren (1930), Frankfurt/M. 1969, S. 32.

305 Bloch, Das Prinzip Hoffnung (Fn. 269), S. 1301.

In einem Gespräch mit Ernst Bloch von 1964 bezieht Adorno hierzu eine Art Gegenposition. Er sagt: „Utopisches Bewußtsein meint ein Bewußtsein, für das also die Möglichkeit, daß die Menschen nicht mehr sterben müssen, nicht etwas Schreckliches hat, sondern im Gegenteil das ist, was man eigentlich will. (...) Ich glaube allerdings, daß ohne die Vorstellung eines, ja, fessellosen, vom Tode befreiten Lebens der Gedanke an die Utopie, der Gedanke der Utopie überhaupt nicht gedacht werden kann."[306] Der Aufhebung der – theologisch gesprochen – eschatologischen Differenz, des Unterschieds zwischen dem Himmelreich und einer humanisierten Erde, setzt Bloch die nüchternen Worte entgegen: „Es gibt ein Bild von Voltaire über die Trostlosigkeit: die vollendete Trostlosigkeit eines Schiffbrüchigen, der in den Wellen schwimmt und um sein Leben kämpft und ringt, wenn ihm die Mitteilung gemacht wird, daß dieser Ozean, in dem er sich befindet, keine Ufer hat, sondern daß der Tod vollkommen im Jetzt steckt, in dem der Schiffbrüchige ist, daher das Streben des Schwimmers zu nichts führt, denn es kommt ja nirgends an. Es bleibt immer dasselbe."[307] Bloch sucht nicht, im Blick auf eine andere Gesellschaft, das Grundphänomen der Endlichkeit, die im Tod ihren definitiven Ausdruck findet, zu überschreiten. Zum Tod konstatiert er: „Diese stärkste Gegenutopie besteht allerdings, das muß zur Erschwerung doch gesagt werden. Denn sonst gäbe es nämlich dieses Heideggersche ‚Wesen' gar nicht, wenn nicht hier in der Realität etwas wäre, das unausweichlich ist und keine Geschichte bisher hat und keine Veränderung im realen Vorgang, wenn also diese Realität sich selbst nicht so außerordentlich sperrte gegen die Probe aufs Exempel."[308]

Der Verwandlung der Utopie in eine außergeschichtliche Möglichkeit entspricht auf dem entgegengesetzten Pol der Argumentation die Denunziation der Utopie insgesamt. In seiner Schrift von 1991, die unter dem Titel „Der zerstörte Traum. Vom Ende des utopischen Zeitalters"[309] erschienen ist und den Zusammenbruch des Ostblocks geschichtspolitisch zu deuten sucht, erklärt Joachim Fest die Blochsche Position für erledigt. Ungetrübt von einer Kenntnis seines Werks wird Bloch mit dem Etikett eines totalitären Denkers versehen. Bei Fest liest sich dies so: „Humanität ist eine der immer wiederkehrenden Vokabeln Ernst Blochs (...). In der Konsequenz übertragen auf die politische Wirklichkeit bleibt kaum ein Rest davon. Zuviel (...) von dem, was die Aufklärung der nachfolgenden Zeit als politisches Erbe vermacht hat: Die Idee der Menschenrechte

306 T.W. Adorno, Etwas fehlt ... Über die Widersprüche der utopischen Sehnsucht (1964), in: Gespräche mit Ernst Bloch, hrsg. v. R. Traub/H. Wieser, Frankfurt/M. 1975, S. 66, 68.

307 Gespräche mit Ernst Bloch (Fn. 306), S. 67.

308 Ebd.

309 J. Fest, Der zerstörte Traum. Vom Ende des utopischen Zeitalters, Berlin 1991.

und ihrer verfassungsmäßigen Sicherung (...) vergeht vor dem manichäischen Furor des ‚Alles oder Nichts'. Das Totale und Totalitäre [habe durch Bloch] eine Art zweiter Unschuld zurückgewonnen."[310]

Bloch aber hat – trotz seiner einstigen, das Vernunftrecht der Aufklärung negierenden Rechtfertigung der Moskauer Prozesse der stalinistischen Sowjetunion[311] – im Gegensatz zur herrschaftssichernden Rechtslehre der politbürokratischen Diktaturen[312] die emanzipatorische Aufgabe eines spezifischen „Erbes an (...) liberalen Menschenrechten"[313] als historische Aufgabe begriffen: „Die Etablierung des aufrechten Ganges, auch gegen gepolsterte, auch gegen umgetaufte, ja retrograde Abhängigkeiten (...) ist ein Postulat aus dem Naturrecht und nirgends (...) woanders auch nur findbar."[314]

Am Ende schlägt der Kampf von Fest gegen die demokratische Utopie Blochs in die Hinnahme einer negativen Utopie um. Der Schrecken der Geschichte, der im nationalsozialistischen Verwaltungsmassenmord an den Juden seinen grauenvollsten Ausdruck fand, wird von Fest in einem Beitrag zum Historikerstreit für unvermeidlich erklärt. In seinem im August 1986 in der FAZ zuerst erschienenen Beitrag favorisiert Fest eine „pessimistische Sicht auf die Dinge, die in der Geschichte nicht viel anderes wahrzunehmen vermag, als den mörderischen Prozeß, der immer [!] war (...). Unter diesem Blick schrumpft [!] Auschwitz dann in der Tat auf den Rang einer ‚technischen Innovation'".[315] In der kontemplativen, oppositionelles Handeln ausschließenden Kälte des Anti-Utopisten kommt in großer Klarheit zum Ausdruck, welchen Irrweg ein ideologisches Denken beschreitet, das den Impuls, ein System von Unrecht, Gewalt und Terror im Kampf für eine humanere Welt zu überwinden, diskreditiert: durch die Vorstellung einer ewigen Wiederkehr des Gleichen, die die Möglichkeit humaner geschichtlicher Veränderungen ausschließt.

V.

Bloch ist kein Hoffnungsphilosoph. Ihm geht es um die geschichtlich mögliche Konstellation von Hoffnung und den jeweiligen Gestalten des Widersacheri-

310 Ebd., S. 96.

311 Vgl. Perels, Von der Verstaatlichung zur Vergesellschaftung (Fn. 285), S. 200 ff.

312 E. Bloch, Feuchtwangers ‚Moskau 1937', in: ders., Vom Hazard zur Katastrophe. Politische Aufsätze aus den Jahren 1934-1939, mit einem Nachwort von O. Negt, Frankfurt/M. 1975, S. 230 ff.; ders., Bucharins Schlußwort, in: ebd., S. 351 ff.

313 Ders., Naturrecht und menschliche Würde (Fn. 8), S. 12.

314 Ebd.

315 J. Fest, Die geschuldete Erinnerung, in: Historikerstreit, München 1987, S. 111.

schen. Bei ihm regiert weder verdinglichte Verzweiflung noch verdinglichte Zuversicht. Denn beide Haltungen schließen das Handeln aus. Bloch setzt auf die Wirksamkeit des Handelns der vereinigten Individuen: „Es kommt darauf an, das Hoffen zu lernen. Seine Arbeit entsagt nicht, sie ist ins Gelingen verliebt statt ins Scheitern. (...). Der Affekt des Hoffens geht aus sich heraus, macht die Menschen weit, statt sie zu verengen, kann gar nicht genug von dem wissen, was sie inwendig gezielt macht, was ihnen auswendig verbündet sein mag. (...) Die Arbeit gegen die Lebensangst und die Umtriebe der Furcht ist die gegen ihre Urheber, ihre großenteils sehr aufzeigbaren, und sie sucht in der Welt selber, was der Welt hilft; es ist findbar.“[316]

316 Bloch, Das Prinzip Hoffnung (Fn. 269), S. 1.

2.
Der plebejische Blick – Bertolt Brecht[317]

Welches Buch er am liebsten lese, wurde Brecht einmal gefragt. Er antwortete: „Sie werden lachen, die Bibel." Die großartige Schlichtheit seiner Sprache, dem gemeinen Mann verständlich, ist durch die der Bibel geprägt. Als „schimpfend mit biblischer (bzw. lutherscher) kraft und plastik" (317)[318] schildert Brecht Fritz Kortner; „alles kommt biblisch einfach und komplex" (164), rühmt er seine finnische Kollegin Hella Wuolijokis. Brecht arbeitet mit dem Meißel des Lakonikers, schlägt den Wortplunder ab, der ein „studierendes lesen" (524) hindert. Über die Kunst des Weglassens, Inbegriff einer zum Aufmerken anhaltenden Mitteilungsweise, notiert er: „Wenn ich auf einer Seite genügend viel auslasse, erhalte ich für das einzige Wort nacht, etwa in dem satz ‚als die nacht kam', den vollen gegenwert an Vorstellung beim leser. die Inflation ist der tod jeder Ökonomie" (144).

Brechts Sprache, der „jedes ungewöhnliche Wort widerstrebt" (714), kann nicht abgelöst werden von der Sache, auf die sie sich bezieht und die sie betreiben will: die Sache der Unteren, ihre Befreiung aus dem System der Ausbeutung. Hebel hierzu ist die Dialektik, welche die Gegenwart nicht zu einem undurchdringlichen Block erstarren lässt, sondern sie in ihrer Widersprüchlichkeit und Prozesshaftigkeit (216) fasst, nach Bruchstellen und Umschlagspunkten späht. Gegen den Vulgärmaterialismus, dem sich der Geschichtsprozess zu einem mechanischen Selbstlauf verselbständigt, hält Brecht die objektive Möglichkeit eines Besseren fest. „Das gesellschaftliche system kann", konstatiert er während der Arbeit an seinem Cäsar-Roman, „nicht dargestellt werden, ohne daß man ein anderes sieht ... ich muß sogar für die damalige Zeit den anderen weg als einen möglichen sehen" (15).

Das „Arbeitsjournal", in dem Brecht von 1938 bis 1955 seine Stellung zu politischen und ästhetischen Fragen tagebuchartig festgehalten hat, befasst sich im Wesentlichen mit vier Komplexen: mit dem amerikanischen way of capitalism, mit der Praxis und Theorie revolutionärer Kunst, mit dem deutschen Faschismus und dem Staatssozialismus der UdSSR und später der DDR. So verschieden die Gegenstände sind, ihre Behandlung ist durch einen grundlegenden, plebejischen Impuls verbunden. Er liefert die Meßlatte, an der abgelesen werden

317 B. Brecht, Arbeitsjournal 1938-1955, Frankfurt/M. 1973.

318 Die Ziffern beziehen sich auf die Nummer der Eintragung im Arbeitsjournal, Bd. 1 1938-1942, Bd. 2 1942-1955, Frankfurt/M. 1973.

kann, was Kunst, ökonomische und politische Herrschaftsverhältnisse für die Lage der Unteren bedeuten.

In den USA begegnet Brecht dem Kapitalismus in seiner reinsten, ja nackten Gestalt. Nichts ragt aus vorangegangenen Gesellschaftsformationen herüber. Am Anfang der amerikanischen Geschichte steht die bürgerliche Gesellschaft. „Eine besondere chance, die der marxismus in europa hatte, fällt hier weg, die sensationelle enthüllung der geschäfte des bürgerlichen staats gab dem marxismus diesen aufklärungseffekt, der hier nicht möglich ist. hier hat man einen direkt vom bürgertum eingerichteten staat vor sich, der sich natürlich keinen augenblick schämt, bürgerlich zu sein, das parlament ist mehr oder weniger eine agentur und handelt und spricht als eine solche, da ist kaum korruption, da kaum eine illusion besteht, die volksvertreter haben hier nicht einmal symbolisch gewänder ohne Taschen, wie im alten rom“ (373).

Alle gesellschaftlichen Bereiche werden bis in die letzten Verästelungen vom Gesetz des Tauschwerts regiert: jede Person, jeder Gegenstand, jede Eigenschaft wird allein unter dem Aspekt der Verkäuflichkeit qualifiziert. „Ich suche unwillkürlich an jeder hügelkette oder an jedem zitronenbaum ein kleines preisschildchen, diese preisschildchen sucht man auch an menschen“ (362) und findet sie: „Wie entwürdigt wirkt eine große anzahl amerikanischer frauen, die, in den sechzigern, mit kleidung und schminke wie flappers herumflanieren, gezwungen von den schminkfirmen und movies, den sexuellen Konkurrenzkampf weiterzuführen bis zur bahre“ (372). In der Kunst ist es nicht anders. Der Akteur hat, wie Kortner zu Brecht sagte, den „wochenscheck im maul“ (313) und das Publikum ist so vorgeformt, dass es die Filmlimonade schlürft. Es herrscht ein „inzest des beklatschten und bezahlten“ (323). Angesichts eines Zustands, in dem die Kunst zur Ware und die Ware zur Kunst wird, ruft Brecht, Feind apolitischer Kunst, verzweifelt nach „l'art pour l'art“ (439).

So wenig Brecht prinzipiell die Kunst als eine von der Gesellschaft abgetrennte Sphäre „interesselosen Wohlgefallens“ (Kant) begreift, legt er auf die Selbständigkeit der Kunst, die sich in ihrer spezifischen Form zeigt, Gewicht. „Die kunst ist ein autonomer bezirk, wenn auch unter keinen umständen ein autarker“ (157). Die Verteidigung der Autonomie der Kunst hat einen höchst materialistischen Sinn; denn der Formenreichtum der Kunst ermöglicht überhaupt erst die Wirklichkeit in ihrer Plastizität und Gebrochenheit sinnlich erfahrbar zu machen. „Bekämpfer des formalismus wettern oft gegen neue und reizvolle formen wie gewisse reizlose hausfrauen, die schönheit und bemühen um schönheit ohne weiteres als hurenhaftigkeit (und kennzeichen der syphillis) denunzieren“ (911). Nur wenn die Kunst nicht zum Abziehbild politischer Kommentare wird, kann sie ihrer wirklichen politischen Funktion entsprechen: die Erlebnis- und Ausdrucksmöglichkeiten der Unterdrückten zu bereichern (156). Die Erfahrungsfähigkeit erweitert sich, indem die gesellschaftlichen Vorgänge ihrer Selbstverständlichkeit, ihrer ‚Natürlichkeit' entkleidet werden. Zu diesem Zweck setzt Brecht den Verfremdungseffekt ein. Er ist die Methode von Marx, die die bürgerliche Gesellschaft ihrer Vergänglichkeit überführt, aufs Theater gebracht. „Um gesetzlichkeiten festzustellen, muß man die natürlichen vorgänge sozusagen verwundert aufnehmen, d.h., man muß ihre ‚selbstverständlichkeit' auflösen, um zu ihrem Verständnis zu gelangen" (141). Dies geschieht, wenn „die Vorgänge historisiert und sozial milieurisiert werden" (140).

Der Verfremdungseffekt dient nicht dazu, die Marxsche Theorie zu illustrieren. Das wäre eine platte Version von Realismus. Der Verfremdungseffekt verwendet Elemente der Kunst, wie Heiterkeit, Leichtigkeit, Grazie, Humor. Diese Elemente, die dazu helfen, Erkennen und Amüsement zu verbinden, sind für Brecht so wichtig, weil sie das Denken, das zum Eingreifen in die schlechten Zustände der Welt anleitet, aus dem tierischen Ernst herausführen und lustbetonte Züge in die Bewegung zur Veränderung der Gesellschaft bringen, die dazu beitragen können, dass das sozialistische Ziel im Prozess des Kampfes nicht erstirbt. So gilt: „Die kunst sollte ein mittel der erziehung sein, aber ihr zweck ist das vergnügen" (1003).

Dem politischen Emigranten brennt der Nationalsozialismus jeden Tag auf den Nägeln; er hat sein Schicksal verursacht. Was den Niedergang des Nationalsozialismus herbeiführt, wird seismographisch registriert; beim Aufstehen und beim Schlafengehen hört Brecht im Radio die Nachrichten. So unabdingbar der Kampf gegen den Nationalsozialismus ist, „wir, die mit Hitler nicht gesiegt hätten, sind mit ihm geschlagen" (749). Denn die Niederwerfung des kapitalistischen Deutschland – „das herz bleibt einem stehen, wenn man von den luftbombardements berlins liest" (612) – geschieht von außen und nicht von innen. Die Frage, die daher alle Notizen zum Dritten Reich durchzieht, lautet: Warum ist der Nationalsozialismus nicht durch die Arbeiterklasse gesprengt worden? Brechts Antworten auf diese Frage, geboren aus exakter Phantasie, sind manchen dickleibigen Untersuchungen, die vor Fußnoten nicht laufen können, in dem Blick auf dessen Herrschaftsverhältnis weit überlegen. „Faschismus ist eine regierungsform, durch welche ein volk so unterjocht werden kann, daß es dazu zu mißbrauchen ist, andere völker zu unterjochen" (475).

Die Stabilität der nationalsozialistischen Gewaltordnung ist Resultat zweier Momente: der Entmündigung und Atomisierung der Arbeiterklasse, deren Organisationen, Parteien, Gewerkschaften zerschlagen sind, und der Umfunktionierung sozialistischer Elemente, „die der national ‚sozialismus' pervertiert, zum operieren brachte, nicht anders ist sein erfolg bei den massen zu erklären" (777). Acht Monate vor Kriegsende schreibt Brecht: „Da sind immerzu die fragen, warum die deutschen noch kämpfen, nun, die bevölkerung hat die ss auf dem genick, außerdem hat sie keine politische Willensrichtung, der paar parlamentarischen Institutionen zweifelhafter art beraubt und ökonomisch unter dem Stiefel der besitzenden, wie immer ... mit einem satz: die deutschen kämpfen noch, weil die herrschende klasse noch herrscht“ (675). Sehr klarsichtig werden die fast unüberwindbaren Hindernisse für einen erfolgreichen Widerstandskampf der Arbeiter, denen der Zugang zu den Schaltstellen der Macht in der Partei, der Bürokratie, der Wirtschaft und der Armee versperrt war, benannt: „Wenn die organisationen und mittel der unterdrückten klassen zerstört sind ..., dann bleibt dem vereinzelten nur übrig, nach zeichen auszuspähen, daß die organisationen der diktierenden klasse zerbrechen“ (604).

Als nach 1945 die Aufarbeitung des Nationalsozialismus unter dem Vorzeichen der Entnazifizierung vonstatten geht, verweist Brecht auf den Zusammenhang von Kapitalismus und NS-System; dieser war für jenen das Rettungsmittel in der ökonomischen Krise. „Das deutsche bürgertum ‚entnazen’ heißt, es entbürgern“ (805).

Brechts Haltung zum sogenannten realen Sozialismus ist besonders bemerkenswert. Die Option für den Sozialismus verwandelt sich nicht in einen Kniefall vor dem Stalinismus. Brecht überlässt sich der Erfahrungsweise materialistischer Dialektik, die ihren Gegenstand nicht harmonistisch glättet, sondern seine zerreißende Widersprüchlichkeit festhält. So entgeht er einem wahrnehmungsgestörten Dogmatismus. Über die zeitgenössische Sowjetunion schreibt er: „In wirklichkeit gibt es dort sehr beträchtliche sozialistische elemente materieller art und die betreffenden überbauten, gewisse erleichterungen für die menschen sind wohl eingetreten, andere, die man sich von der befreiung der Produktivkräfte erwarten kann, sind noch ausgeblieben ... die einen ziehen aus jeder handlung der ussr den schluß, daß sie eben nicht sozialistisch gesinnt ist, die anderen betrachten jede handlung der ussr als die einzig mögliche eines sozialistischen staates“ (82). Der autoritäre Charakter der Sowjetunion der 30er Jahre lässt sich an ihrer inneren Struktur und ihrer Außenpolitik ablesen. „Literatur und kunst scheinen beschissen, die politische theorie auf dem hund, es gibt so etwas wie einen beamtenmäßig propagierten dünnen blutlosen proletarischen humanismus ... über die politische ‚demokratie’ erfährt man nichts als phrasen, und nichts erfährt man über die soziale organisationsform der produktion, für die marxisten außerhalb ergibt sich ungefähr die Stellung wie die marxens zur deutschen sozialdemokratie, positiv kritisch ... immer noch entscheidet nicht das volk, die masse, das proletariat, sondern die regierung entscheidet für das volk, die masse, das proletariat“ (36, 67).

In der Außenpolitik jener Jahre zeigen sich ähnliche Züge. Sie dient primär der Bestandssicherung des sowjetischen Gesellschaftssystems und verwendet – bedingt durch die historische Konstellation im Jahre 1939, in der die Westmächte Hitler gegen die Sowjetunion zu lenken suchten – die klassischen Einflussstrategien. „In einer eigentümlich napoleonischen form ging der sowjetrussische einmarsch in polen (im Gefolge des Hitler-Stalin-Paktes, d. Verf.) vor sich, da gab es keinerlei kriegspropaganda voraus, keine vorbereitung der ‚Öffentlichkeit', keine räte, die etwas beschlossen oder genehmigten, die regierung verfügte, meetings im ganzen land begrüßten die verfügung, die kommuniqués sind auf nationale töne abgestimmt, im schatten großer kämpfe werden zwei provinzen besetzt, die zum russischen reich gehörten ... und doch wird ihm (Hitler, d. Verf.) sein kriegsziel entrissen, die rote armee marschiert in europa ein" (66).

Die kritische Distanz, die in diesen Sätzen spürbar ist, führt nicht dazu, dass Brecht die Fronten wechselt. Er hält sich an die Formel „ein befohlener Sozialismus ist besser als gar keiner" (864), die allerdings dem Marxschen Ziel einer Selbstbestimmung der Produzenten widerspricht. Gleichwohl läuft er nicht zur schlechten Wirklichkeit über und überhöht doch, anders als Rosa Luxemburg, die Stellung der Partei. Zum 17. Juni 1953 bemerkt er: „In all ihrer richtungslosigkeit und jämmerlichkeit zeigen die demonstrationen der arbeiterschaft immer noch, daß hier die aufsteigende klasse ist. nicht die kleinbürger handeln, sondern die arbeiter. ihre losungen sind verworren und kraftlos, eingeschleust durch den klassenfeind, und es zeigt sich keinerlei kraft der organisation, es entstehen keine räte ... die partei hatte zu erschrecken, aber sie brauchte nicht zu verzweifeln, nach der ganzen geschichtlichen entwicklung konnte sie sowieso nicht auf die spontane Zustimmung der arbeiterklasse hoffen, es gab aufgaben, die sie unter umständen, unter den gegebenen umständen gegen den widerstand der arbeiter durchführen mußte, aber nun, als große ungelegenheit, kam die große gelegenheit, die arbeiter zu gewinnen, deshalb empfand ich den schrecklichen 17. Juni nicht einfach als negativ" (1009).

Dass Brecht den 17. Juni anders bewertet als die SED, die den Aufstand zum faschistischen Putsch machte, wertet, hängt mit seiner plebejischen Grundhaltung zusammen. Sein Begriff des Sozialismus zielt unverkürzt auf die geladene Fülle dessen, was Marx und Engels mit dem – oft zur billigen Wortmünze entwerteten – Begriff vom „Reich der Freiheit" bezeichneten. Brecht begreift es elementar, sinnlich, materiell, als Gemeinwesen, in dem die Fähigkeiten, Bedürfnisse und Genüsse der Menschen sich, endlich, entfalten können. Er korrigiert seine Definition von Sozialismus als „großer Ordnung"; denn in ihr ist das Reich stärker betont als die Freiheit. Sozialismus „ist hingegen viel praktischer als große produktion zu definieren. produktion muß natürlich im weitesten sinn genommen werden, und der kampf gilt der befreiung aller menschen von allen fesseln, die produkte können sein brot, lampen, hüte, musikstücke, schachzüge, wässerung, teint, Charakter, spiele usw. usw." (247). Sozialismus erscheint nicht als Aufgehen des Individuums im Kollektiv („Vom Ich zum Wir“); umgekehrt: die Abschaffung der kapitalistischen Produktionsweise, in der die Menschen dem Zwangsgesetz der Profitmaximierung unterworfen sind, hat die „volle und freie Entwicklung jedes Individuums“ (Marx) zum Ziel.

3.
Wider das monarchische Prinzip – Peter von Oertzen

I.

Als Peter v. Oertzen zu Beginn der fünfziger Jahre an seiner Dissertation zur „sozialen Funktion des staatsrechtlichen Positivismus“[319] arbeitet, sind – mit der Ausnahme Carl Schmitts – die Repräsentanten der konservativen Staatsrechtslehre, die wenige Jahre zuvor die Zerstörung der liberalen und demokratischen Rechtspositionen der Weimarer Verfassung durch die NS-Diktatur legitimiert hatten,[320] in ihre Ämter an den Universitäten zurückgekehrt. Sie stellten gleichermaßen die affirmative Rolle der beamteten Schichten im Hitler-Regime in Abrede[321] und kritisierten die uneingeschränkte Bindung des neuen demokratischen Staats an die Grundrechte als „staatsideologische Unterbilanz“ (Forsthoff). Dabei geriet die Interpretationsherrschaft über das Grundgesetz in steigendem Maße in die Hände derer, die dessen Festlegungen, wie sie in den Freiheitsrechten, den Grundsätzen der Demokratie und des sozialen Rechtsstaats zum Ausdruck kommen, politisch nicht teilten.[322] Demgegenüber zielt die Untersuchung v. Oertzens darauf, mittels eines historischen Rückgriffs die Gedankenwelt einer demokratischen Verfassungslehre lebendig werden zu lassen.

Dies war angesichts der staatsrechtlichen Position Rudolf Smends, durch dessen Seminar an der Universität Göttingen v. Oertzen zu Beginn der 50er Jahre geprägt wurde, um so eher möglich, als dort ein freies, nicht zuletzt durch Horst Ehmke und Wilhelm Hennis bestimmtes Diskussionsklima herrschte, in dem das wichtigste gesellschaftskritische Organ der Emigration, die „Zeitschrift für Sozialforschung,“ intensiv gelesen wurde. Smend wiederum, der in der Weimarer Republik mit seinem 1928 erschienenen Hauptwerk „Verfassung und Verfassungsrecht“ die normative Struktur von Weimar in Frage gestellt hatte,

---

319 P. v. Oertzen, Die soziale Funktion des staatsrechtlichen Positivismus (1953), hrsg. und mit einem Nachwort versehen von D. Sterzel, Frankfurt/M. 1974.

320 E. Fraenkel, Der Doppelstaat (1941), Frankfurt/M. 1974, S. 135 ff; J. Perels, Die juristische Lehre im Nationalsozialismus, in: ders., Entsorgung der NS-Herrschaft?, Hannover 2004, S. 39 ff.

321 E. Forsthoff, Das Bundesverfassungsgericht und das Berufsbeamtentum, in: Deutsches Verwaltungsblatt 1954, S. 69 ff.

322 E. Forsthoff, Zur Problematik der Verfassungsauslegung. Die staatsideologische Unterbilanz, in: ders., Rechtsstaat im Wandel, München 1976, S. 153; vgl. J. Perels, Das Grundgesetz zwischen historischen Erfahrungen und tradierter Interpretationsmacht, in: ders., Entsorgung der NS-Herrschaft? (Fn. 320), S. 119 ff.

aber kurz vor der Machtübernahme Hitlers zum grundrechtorientierten Verfassungsdenken übergegangen war,[323] gehörte zu den ganz wenigen, überdies der Bekennenden Kirche angehörenden Juristen, die im Dritten Reich weiter lehrten, ohne sich an der Legitimation der NS-Diktatur zu beteiligten. So war es konsequent, dass Smend gemeinsam mit Martin Niemöller und anderen führenden Protestanten im Oktober 1945 die Stuttgarter Schulderklärung des Rats der Evangelischen Kirche unterschrieb, in der es heißt, „daß durch uns unendliches Leid über viele Völker und Länder gebracht wurde."[324] Der intellektuelle Wandlungsprozess Smends, durch den er für v. Oertzen ein geistiger Bezugspunkt werden konnte, drückte sich in dessen Bemerkung aus, dass die Demokratie ein „Schmerzenskind der deutschen Staatstheorie"[325] sei.

Um diesem staatstheoretischen Defizit wenigstens exemplarisch abzuhelfen, durch das die herrschende Rechtswissenschaft jahrzehntelang die legitimatorische Speerspitze des autoritären Staates blieb, untersucht v. Oertzen die Verfassungslehre des Kaiserreichs. Aus der Kritik an den Ideologemen des Obrigkeitsstaats werden die Prinzipien einer, auch für die Gegenwart relevanten demokratischen Staatsrechtslehre entwickelt.

Die Instrumentarien seiner Analyse gewinnt v. Oertzen zu Beginn der 50er Jahre, im Unterschied zur allgemeinen Verfemung des mit dem Stalinismus identifizierten Marxschen Denkens, durch die systematische Anknüpfung an die theoretisch fortgeschrittenen marxistischen Arbeiten der 20er Jahre von Karl Korsch, Georg Lukács und Max Horkheimer,[326] die sich von dem kommunistischen und sozialdemokratischen Parteimarxismus, der die direkte ökonomische Determination des politischen Geschehens in den Mittelpunkt rückte, unterschied. Nicht ökonomische Generalursachen, sondern die widerspruchsreiche Entfaltung der geschichtlichen Totalität bilden das Erkenntnisprinzip des kritisch erneuerten Marxismus, in dem die Wahrheitsfrage – der Übereinstimmung von Begriff und Sache – wieder undogmatisch gestellt werden konnte. Entsprechend wurden auch Ideen nicht allein auf Klasseninteressen reduziert, sie

---

323 R. Smend, Verfassung und Verfassungsrecht, München 1928; ders., Bürger und Bourgeois, in: ders., Staatsrechtliche Abhandlungen, 2. Aufl. Berlin 1968, S. 309 ff.; zur Interpretation der Position von Smend vgl. J. Perels, Die Grenzmarken der Verfassung, Kritische Justiz H. 4/1977, S. 376 ff., 383 f.

324 Abgedruckt in: M. Niemöller, Reden 1945-1954, Darmstadt 1958, S. 322.

325 R. Smend, Deutsche Staatsrechtswissenschaft vor hundert Jahren – und heute, in: Festschrift für Adolf Arndt zum 65. Geburtstag, Frankfurt/M. 1969, S. 460.

326 K. Korsch, Marxismus und Philosophie (1923), in: K. Korsch, Marxismus und Philosophie, Gesamtausgabe Bd. 3, hrsg. v. M. Buckmiller, Amsterdam 1993, S. 301 ff.; G. Lukács, Geschichte und Klassenbewußtsein, Berlin 1923; M. Horkheimer, Ein neuer Ideologiebegriff? (1930), in: Ideologie, hrsg. v. K. Lenk, Neuwied 1964, S. 235 ff.

besitzen gegenständliche Wirklichkeit im gesellschaftlichen Ganzen. Damit reduziert sich auch die Kritik herrschender Bewusstseinsformen nicht darauf, die in ihnen wirksamen Klasseninteressen aufzudecken; auch im falschen ideologischen Bewusstsein, das der Herrschaftssicherung dient, steckt ein überschießendes Wahrheitsmoment, das die schlechte Wirklichkeit transzendiert.

II.

Ausgerüstet mit einem differenzierten Begriff materialistischer Ideologiekritik untersucht v. Oertzen zentrale Protagonisten der Staatsrechtslehre des Bismarck-Systems. Die klassische Staatsrechtslehre des sich nach der Revolution von 1848 reetablierenden Obrigkeitsstaats verlor zuvor ihr verfassungsrechtliches Fundament durch die Konstituierung der Volksvertretung und der Schaffung umfassender grundrechtlicher Garantien. Aber im System Friedrich Julius Stahls fand die alte Ordnung in dem der Rechtsetzungsbefugnis des Volkes entzogenen, auf das Gottesgnadentum gestützten monarchischen Staat mit umfassender rechtlicher Zuständigkeit bald wieder ihren bestimmenden Ausdruck. Die neuere, von Friedrich von Gerber bestimmte Lehre ist allerdings dadurch gekennzeichnet, dass sie die moderne Legitimationsgrundlage der Volkssouveränität nicht mehr einfach negiert. An dieser Stelle setzt die dialektisch einhakende Interpretation v. Oertzens an. Er zeigt, dass Gerber die Bestimmungsmacht des Volkes in ein am Ende doch obrigkeitsstaatliches System einbaut. Gerber führt in der in den 60er Jahren des 19. Jahrhunderts sich ausbildende Denkrichtung den Begriff des „organischen Volksstaats“[327] ein, in dem der Staat nicht mehr eine vom Volk von vornherein getrennte Größe ist. Peter v. Oertzen schreibt: „Es ist die Auffassung des Staates als des rechtlich-politisch organisierten Volks, die Vorstellung der Identität von Staat und Volk.“ So heißt es bei Gerber: „Im Staat erhält ein Volk die rechtliche Ordnung seines Gemeinlebens“, ja der Staat ist „das Volk selbst in seiner politischen Gestaltung.“[328] Dies führt bei Gerber zunächst zur uneingeschränkten Außerkraftsetzung des monarchischen Prinzips; v. Oertzen interpretiert die eine Seite von Gerbers Position: „Es ist nicht zulässig, den Staatswillen als Äußerung des Volksgeistes aufzufassen und auf die Realisierung dieses Willens demselben Volk nicht nur im Prinzip keinen Einfluss einzuräumen, sondern auch einem vom Volk völlig unabhängigem Einzelnen die praktische Ausübung der Staatsgewalt zu überlassen.“[329] Entspre-

327 v. Oertzen (Fn. 1), S. 172 m.w.N.
328 Ebd., S. 175 m.w.N.
329 Ebd., S. 187.

chend stellt Gerber, in expliziter Abgrenzung vom Absolutismus, eine durch die Individualrechte, vor allem die Meinungsfreiheit, geformte Ordnung ins Zentrum, die als zentrales Element des „Staatsbürgertums" begriffen wird.[330] Doch am Ende wird in vollem, von v. Oertzen eingehend herausgearbeiteten Widerspruch das Prinzip der absoluten Herrschaft des Monarchen zum Angelpunkt der Lehre Gerbers. Der Wille des Herrschers wird nun mit dem des Volkes umstandslos identifiziert: „Der Monarch ist das oberste Willensorgan des Staates. Sein Wille soll als allgemeiner Wille, als Wille des Volkes gelten."[331] Daher besitzen dann auch die Stände, als Repräsentanten des Volks, gegenüber der uneingeschränkten Staatsgewalt des Regenten kein Gesetzgebungsrecht. Gleichzeitig wird eine gerichtliche Kontrolle der Handlungen des gegenüber dem Volk separierten Staats als unvereinbar mit dessen Prinzipien ausgeschlossen: „Die Staatsgewalt, indem sie als höchste ordnende Macht die Aufgabe des Staates vollzieht, kann als solche niemals zur Stellung einer Prozesspartei herabgedrückt werden."[332]

Die Analyse der Staatsrechtslehre Gerbers ist für v. Oertzens ideologiekritische Vorgehensweise charakteristisch. An ihr wird deutlich, dass eine juristische Herrschaftslehre auf dem Weg der immanenten Kritik, in dem die demokratischen Ausgangspunkte der Lehre den Kontrast zu ihren eigenen machtbestimmten Resultaten bilden. Durch diese Form der wissenschaftlichen Argumentation, die der Rezeption des kritischen Marxismus der 20er und 30er Jahre geschuldet ist, bleibt v. Oertzen – und dies wirkt auch einer politischen Selbstisolierung entgegen – Teil des allgemeinen wissenschaftlichen Diskurses, von dem man sich durch eine einfache klassenpolitische Verwerfung bürgerliche Position verabschieden würde.

Peter v. Oertzen belässt es nicht bei der Herausarbeitung des falschen Bewussseins der Staatslehre des Obrigkeitsstaats. Er untersucht die gesellschaftlichen Grundlagen, aus denen die Staatslehre des Kaiserreichs hervorgeht, die von Gerber, vor allem aber von Laband bestimmt wird, die die Rechtsetzungskompetenz der nur konstitutionell partiell eingeschränkten, aber in ihrem Machtkern unveränderten Monarchie zum Zentrum des Normengefüges und der Interpretationsprinzipien machen. Auf deren durch die republikanische, von der Sozialdemokratie vertretene Gedankenwelt nicht hinterfragbare Geltung gründet das gesamte Rechtssystem: das ist die soziale Funktion des Positivismus, der Rechtsdoktrin der universellen und absoluten Verbindlichkeit der wesentlich von der autoritären Obrigkeit gesetzten Normen. Die Genesis des falschen Be-

330 Ebd., S. 212 m.w.N.
331 Ebd., S. 186 m.w.N.
332 Ebd., S. 188 m.w.N.

wusstseins einer die Machtverhältnisse verdoppelten Rechtsdoktrin des Obrigkeitsstaats liegt offen zu Tage: „Die von der streng wissenschaftlichen Methode des Staatsdenkens behauptete Unabhängigkeit von weltanschaulichen und politischen Werturteilen ist nur Schein. (...) Das deutsche Bürgertum hat nach der Reichsgründung auf die Verwirklichung seiner politischen Ideale verzichtet (...) und hat mit den im Staat herrschenden aristokratisch-konservativen Kräften einen Kompromiß geschlossen, der darin besteht, daß ihm durch die Erhaltung des formalen Rechtsstaats die ökonomisch soziale Bewegungsfreiheit gesichert wird, während die eigentümliche Staatsgewalt der Monarchie und dem von ihm gelenkten Verwaltungsapparat überlassen bleibt. Dieser allseitige Verzicht auf eine reale politische Entwicklung des Deutschen Reiches findet in dem Formalismus der herrschenden Staatslehre seinen angemessenen Ausdruck.“[333]

III.

Die kritische gesellschaftstheoretische Analyse der herrschaftssichernden Funktion der Rechtslehre im System der autoritär verselbständigten Staatsgewalt führt v. Oertzen dazu, in eigentümlicher Anlehnung an die konservativen Kritiker der republikanischen Staatsrechtslehrer von Weimar, deren Vertreter von ihm einer „liberalen Staatsfremdheit, die weder in theoretischer noch in praktischer Hinsicht ein echtes Verhältnis zur Wirklichkeit des Staates“[334] geziehen werden, den demokratischen staatsrechtlichen Positivismus zu kritisieren. Unter Berufung auf die Sichtweise von Rudolf Smend, Carl Schmitt und Heinrich Triepel, die die Prinzipien des Verfassungssystems der Weimarer Republik dadurch in Frage stellten, dass sie, um die Interessen des Industriebürgertums zu sichern, die gesellschaftsgestaltende Kompetenz des demokratischen Gesetzgebers delegitimierten,[335] verwirft v. Oertzen die Position Hans Kelsens, des wohl bedeutendsten demokratischen Verfassungsjuristen von Weimar. Dessen Anknüpfung an Labands positivistische juristische Methodik, die allerdings unter den Bedingungen der Weimarer Verfassung von der Funktion der Staats-

333 Ebd., S. 321 f.

334 Ebd., S. 16.

335 Ebd., S. 9 ff., 15; Smend (Fn. 323), S. 153, 221, 222; C. Schmitt, Unabhängigkeit der Richter, Gleichheit vor dem Gesetz und Gewährleistung des Privateigentums nach der Weimarer Verfassung, Berlin 1926; H. Triepel, Goldbilanzverordnung und Vorzugsaktien, Berlin 1924; vgl. hierzu J. Perels, Der Gleichheitssatz zwischen Hierarchie und Demokratie, in: Grundrechte als Fundament der Demokratie, hrsg. v. J. Perels, Frankfurt/M. 1979, S. 71 ff.; vgl. auch I. Maus, Bürgerliche Rechtstheorie und Faschismus. Zur speziellen Funktion und aktuellen Wirkung Carl Schmitts, München 1976.

lehre des Kaiserreichs, die Rechtsetzungsgewalt im monarchischen Souverän zu verankern, durch die normative Konstituierung der Souveränität des Volkes grundverschieden ist,[336] wird von v. Oertzen „als juristischer Formalismus, der (...) die Wirklichkeit des Staates in ein von allem Inhaltlichen entleertes Normsystem auflöst",[337] disqualifiziert. Schließlich wird Kelsens „Reine Rechtslehre", die wie kaum eine andere Theorie methodisch der Sicherung der Geltung des demokratischen Normensystems gegen dessen autoritäre Umdeutung dient, auch wenn Kelsens Ansatz durch die These der juristisch nicht kritisierbaren despotischen Rechtsetzungsgewalt gegen ein Umschlagen nicht gefeit ist,[338] emphatisch und generell aus dem wissenschaftlichen Diskurs expediert. Peter v. Oertzen schreibt: „Die reine Rechtslehre Kelsens endete in der Absurdität."[339]

Die Verkennung der Funktion des Antipositivismus in der Weimarer Staatsrechtslehre, dessen Vertreter das demokratische Verfassungsrecht autoritär umdeuteten, war folgenreich. Es war Carl Schmitt, einem (wenn auch z.T. kritisierten) Kronzeugen v. Oertzens, der die Konstruktion der vom positiven Verfassungsrecht gelösten Diktatur des Reichspräsidenten entwickelte, die sich in der Zerschlagung der sozialdemokratisch dominierten preußischen Regierung am 20. Juli 1932 durch die Verkehrung von Art. 48 WRV und in der Ernennung Hitlers zum Reichskanzler manifestierte, obgleich er entgegen Art. 54 WRV keine parlamentarische Mehrheit besaß.[340] Bei v. Oertzen wird jedoch die staatsrechtliche Linke der Weimarer Republik, zu der nicht nur Kelsen, ein Diskussionspartner Otto Bauers, des maßgebenden Theoretikers des Austromarxismus, gehörte, kaum rezipiert. Die zeitgenössischen Arbeiten sozialdemokratischer Juristen, von Franz L. Neumann, Otto Kirchheimer, Ernst Fraenkel, aber zu nicht geringem Teil auch die von Hermann Heller, werden für die Konzeption einer demokratischen Staatsrechtslehre nicht fruchtbar gemacht. Dabei stehen bei ihnen, die ihre zentralen Aufsätze in der theoretischen Zeitschrift der Sozialdemokratie, der „Gesellschaft" veröffentlichten, die rechtliche Verteidigung der

---

336 H. Kelsen, Der soziologische und juristische Staatsbegriff (1928), Aalen 1962, insb. S. 136 ff.; H. Kelsen, Vom Wesen und Wert der Demokratie (1929), Aalen 1963.

337 v. Oertzen (Fn. 319), S. 16.

338 H. Kelsen, Reine Rechtslehre (1934), Wien 1960; vgl. H. Rottleuthner, Hans Kelsen, Carl Schmitt und der Nationalsozialismus, in: Deutschland und Japan im rechtswissenschaftlichen Dialog, hrsg. v. P. Kunig/M. Nagata, Berlin 2007, S. 9 ff.

339 v. Oertzen (Fn. 319), S. 261.

340 Vgl. C. Schmitt, Der Hüter der Verfassung (1931), Berlin 1969, S. 132 ff.; ders., Deutsche Juristenzeitung 1932, Sp. 957 ff.; O. Kirchheimer, Die Verfassungslehre des Preußen-Konflikts (1932), in: ders., Funktionen des Staates und der Verfassung, Frankfurt/M. 1972, S. 422 ff., zuerst erschienen in: Die Gesellschaft 1932, S. 194 ff.; K.D. Bracher, Die Auflösung der Weimarer Republik, 3. Aufl. Villingen 1960, S. 559 ff.

politischen Freiheitsrechte, die von konservativen Staatsrechtlern wie Carl Schmitt z.B. im Blick auf die Meinungsfreiheit in Frage gestellt wurden, ins Zentrum. Das Gleiche gilt für die uneingeschränkte Geltung der Gestaltungskompetenz des demokratischen Gesetzgebers, die von führenden Staatsrechtlern wie Heinrich Triepel durch die Herabsetzung des souveränen Volks, dessen Launen das Parlament keinen Raum geben dürfe, zur Disposition gestellt wurde.[341]

Um so wichtiger waren die an der Verfassung orientierten juristischen Gegenpositionen, die die demokratischen Normen in ihrer Verbindlichkeit positivistisch ernst nahmen. Ernst Fraenkel hebt 1932 das Gewicht der gegen eine Deformierung der Grundrechte gerichteten Betrachtungsweise hervor: „Die Bedeutung der Freiheitsrechte besteht darin, dass sie generell gewährt werden. Die herrschende Klasse wird für ihre Angehörigen die Bewegungsfreiheit immer besitzen, deren sie bedarf. Dass auch die nichtherrschende Klasse Freiheitsrechte ihr Eigen nennt, weil die Grundrechte vom Gedanken der Gleichheit durchtränkt sind, ist das Besondere in der klassengespaltenen Gesellschaft. Wenn die liberalen Freiheitsrechte als Gerümpel des 19. Jahrhunderts verhöhnt werden, darf die sozialistische Bewegung sich nicht darüber täuschen, dass alle faschistischen Kräfte in Deutschland die liberalen Freiheitsrechte verhöhnen, um die Arbeiterschaft zu entwaffnen."[342] Otto Kirchheimer zeigt in einer in der „Jungsozialistischen Schriftenreihe" erschienenen Analyse der Weimarer Verfassung, dass der Gleichheitssatz, die Fundamentalnorm des demokratischen Rechtsstaats, auf der das allgemeine Wahlrecht beruht, die Gewährleistung des legalen, gegebenenfalls entschädigungslosen, durch ein Parlamentsgesetz vermittelten Übergangs zu einer sozialistischen Gesellschaft (Art. 156 WRV) einschließt. Entgegen dem normativen Gehalt der Garantie der Gleichheit vor dem Gesetz (Art. 109 WRV) wird sie in der Rechtsprechung und von starken Kräften der Rechtslehre in einen Schutzwall zur Stabilisierung der bürgerlichen Gesellschaft verkehrt: „Der Satz von der Gleichheit vor dem Gesetz wird (...) ein Instrument der Reaktion. (...) Heute dient der Satz zur Garantie des Bestehenden und erfreut sich bei allen kapitalistischen Interessengruppen wachsender Beliebtheit, er wird als Sperrmaßnahme gegen jede Veränderung des ökonomischen Status quo be-

341 C. Schmitt, Gesunde Wirtschaft im starken Staat (1932), abgedruckt in: Entwicklungen des Rechts im organisierten Kapitalismus, Bd. 2, hrsg. v. G. Brüggemeier, Frankfurt/M. 1979, S. 92 ff.; Triepel (Fn. 335).

342 E. Fraenkel, Abschied von Weimar? (1932), in: ders., Zur Soziologie der Klassenjustiz und Aufsätze zur Verfassungskrise 1931-32, Darmstadt 1968, S. 69 f.

nutzt, und unter dem Deckmantel des Gleichheitsschutzes wird mit seiner Hilfe die größte Ungleichheit, die gerade bestehende Güterverteilung, sanktioniert."[343]

Die auf die Durchsetzung der uneingeschränkten Geltung der Weimarer Verfassung bezogene Interpretationsarbeit der schmalen Schicht republikanischer Juristen suchten dem demokratischen Bauprinzip des neuen Staates uneingeschränkte Geltung zu verschaffen. Die der Weimarer Verfassung fremd oder ablehnend gegenüberstehenden Gewährsleute für Peter v. Oertzens abstrakt allgemeine Ablehnung des Rechtspositivismus müssten sich als Bezugspunkt für ein demokratisches Verfassungsdenken verbieten. Ein Fingerzeig ist eine Bemerkung eines perhorreszierten Positivisten zu Smend, der geschrieben hatte: „Zwei Augen, Friedrich des Adlers, schließen sich! Und sechs Millionen Menschen werden umgestaltet."[344] Dass die Integrationswirkung des preußischen Königs besonders „belebend war, dürften", schreibt Kelsen „gewiss diejenigen am meisten empfunden haben, die in den zahlreichen Kriegen Friedrich des Adlers zu Tode integriert wurden."[345]

343 O. Kirchheimer, Weimar – und was dann? (1930), in: ders., Politik und Verfassung, Frankfurt/M. 1964, S. 34 f.

344 Smend (Fn. 323), S. 146.

345 Kelsen, Der Staat als Integration. Eine prinzipielle Auseinandersetzung, Wien 1930, S. 51.

4.
Auf dem Kampfboden der Weimarer Demokratie – Theodor Lessing

I.

„Prof. Lessing ermordet. Revolveranschlag in Marienbad. Schuss durchs Fenster." Mit dieser Überschrift erschien am 31. August 1933 das „Prager Tageblatt". Der exponierte hannoversche Jude und bekannte sozialdemokratische Schriftsteller und Philosoph wurde eines der frühen Opfer jenes rechtszerstörerischen Prozesses, den die Regierung Hitler von der Machtübernahme an systematisch organisierte. Noch im Exil stellte Lessing für die Nazis eine Gefahr dar. Mit dem Gesicht nach Deutschland nahm er in vielen Artikeln die neue Schreckenszeit ins Visier.

Ein 1933 in Prag gedruckter Artikel liest sich wie ein Resümee seines Denkens. Fichte und Kant sind seine Gewährsleute, die, gegen eine autoritäre Ordnung gesellschaftlicher Unmündigkeit, den Gedanken der Menschenwürde aller begründen. Den von den Nazis propagierten Kampf der Völker ums Dasein nennt Lessing ein „Bullen-Ideal, wo Macht auch schon Recht [...] ist." Für ihn gilt, gegenwartsnah, ein Satz von Kant: „ Das Ziel der Geschichte ist die Verwirklichung des idealen Staats [...]. Dieser ist keineswegs das durch Sprache, Volkssitte und Überlieferung gekennzeichnete Konkretum. Es ist der Bereich der [...] Vernunft. Das will sagen: Die Ermöglichung des Neben-Einander auch ganz verschiedener Völker, Sprachen und Sitten."[346]

Theodor Lessing, geboren 1872, war ein Kulturphilosoph, der auf vielen gesellschaftlichen Feldern präsent war. Alles andere als ein spezialistischer Brotgelehrter, war er ein universeller, von Schopenhauer und Nietzsche, aber auch von der Arbeiterbewegung beeinflusster Geist, dessen auf die Verwirklichung einer Utopie zielende Kritik der bürgerlichen Gesellschaft die unterschiedlichsten Formen annahm. Im Zentrum seines Denkens stand eine „Philosophie der Not", geleitet von der Maxime: „Mindere die Not", denn „Macht, brutale Macht [...] ist die einzige Triebgewalt der Geschichte."[347]

---

346 Theodor Lessing, Wortmeldungen eines Unerschrockenen. Publizistik aus drei Jahrzehnten, hrsg. v. H. Stern, Leipzig 1987, S. 356.

347 T. Lessing, Einmal und nie wieder, Gütersloh o.J. (1969), S. 208, 252; s. hierzu Theodor Lessing, Ich warf eine Flaschenpost ins Eismeer der Geschichte. Essays und Feuilletons, hrsg. u. eingeleitet v. R. Marwedel, Darmstadt 1986, S. 20, 24.

Im Ersten Weltkrieg schreibt Lessing, nach einer kurzen Bejahung des militärischen Kampfes Deutschlands, ein geschichtsphilosophisches Buch mit dem Titel „Geschichte als Sinngebung des Sinnlosen (1919)“ – ein „Aufschrei wider Zeit, Vaterland und Weltkrieg.“ Der Legitimation des großen Mordens durch die wilhelminische Geschichtswissenschaft setzt Lessing die unverstellte Anschauung entgegen, die die Zerstörung jeglichen Sinns durch die wechselseitige Erzeugung unendlicher Not jedermann sichtbar macht.

II.

Auf die Überwindung des Obrigkeitsstaats, der die sozialen Antagonismen, nicht nur durch das Drei-Klassenwahlrecht in Preußen, für unveränderlich erklärte, reagiert Lessing, gemeinsam mit seiner Frau Ada Lessing, den Begründern der Volkshochschule Hannover, mit einem Programm, das den bildungsfern gehaltenen Schichten eine emanzipatorische Perspektive eröffnet. In der Tradition der Arbeiterbildung schreibt er: „Männer [...] und Frauen, verbraucht, müde, von mindestens achtstündiger schwerer Körperarbeit [sind] dennoch bemüht, sich fortzubilden, dennoch bewegter Seele und somit himmelweit überlegen der todgeweihten Gesellschaft der ‚Gebildeten'.“ Diese Überlegenheit gründet in dem Einsatz für eine Gesellschaft, in der das Wissen als „Vorrecht für Bevorzugte“ überwunden und die gesellschaftliche Anwendung des Wissens zu einer „Lebensökonomie“ aller geworden ist.[348]

In vergleichbarer Weise rückt Lessing auf einem anderen Feld die Differenz zwischen der rechtlichen Gleichheit und gegenläufigen Herrschaftsinteressen mit subtiler Schärfe in den Blick – nämlich in seinem Buch „Haarmann“ (1924), ein Klassiker kritischer Prozessanalyse, die auf einer eingehenden Beobachtung eines Gerichtsverfahrens beruht. Lessing legt nicht nur den Finger auf das Skandalon, dass ein Kumpan des Massenmörders Haarmann fälschlicherweise als Täter eingestuft und zum Tode verurteilt wurde, er zeigt auch, wie die Wechselbeziehungen zwischen Polizei und kriminellem Milieu die unparteiische, von der Strafprozessordnung gebotene Erhellung des Geschehens behindern.

Lessings Judentum schließlich, das in vielen seiner Schriften zum Ausdruck kommt, schärfte seinen Blick für die Zukurzgekommenen und Verfolgten. Er war in der zionistischen Bewegung engagiert und hielt sich doch von einer philosemitischen Überhöhung seines Volkes fern. Er schrieb: „Wir sollten uns abgewöhnen, als Juden verletzt zusammenzuzucken, wenn irgendwer ein hartes,

---

348 T. Lessing, Volkshochschule als Kulturwart (1923), in: ders., Wortmeldungen (Fn. 346), S. 227, 222.

verdammendes Urteil über Jüdisches fällt und in falschem Solidaritätsgefühl zu glauben, daß unsere Art verunglimpft werde, wenn irgendwo auf dem Erdenrund einem jüdischem Menschen Makel anhaftet." Lessing dachte, im Postulat einer Aufhebung des jüdischen Sonderstatus, den Gedanken der Gleichberechtigung der Juden zu Ende. Mit der rechtlich ermöglichten Überwindung ihrer gesellschaftlichen Ausgrenzung kann sich die Existenzform der Juden von Grund auf ändern: „Wären wir, was wir sein sollen: wahre, würdige Menschen, so gäbe es keine Judenfrage."[349]

III.

Neben seiner philosophischen Arbeit spielte Lessing in den politischen Auseinandersetzungen der Weimarer Republik eine herausragende Rolle. Er schrieb vor allem in Zeitungen und Zeitschriften – vom „Dortmunder Generalanzeiger" über das „Prager Tageblatt", der hannoverschen SPD-Zeitung „Volkswille", dem „Tagebuch" Leopold Schwarzschilds bis zur „Justiz" des Republikanischen Richterbunds.

Er war einer der meistgehassten Anwälte der demokratischen Republik. Seine Interventionen treffen die reaktionären Kräfte, die die neue politische Ordnung, mit Zustimmung des Reichsgerichts, als „Judenrepublik" diffamieren,[350] an ihren empfindlichsten Stellen.

Hans Mayer, wie Lessing Sozialist und jüdischer Emigrant aus Deutschland, der in der Schweiz überlebte und dort den Begriff des Mitleids für die Wahrnehmung der barbarischen Folgen des Hitler-Regimes ins Zentrum rückte, charakterisierte 1969 in einem Vortrag in der Volkshochschule Hannover – Mayer war an der dortigen Technischen Hochschule Professor für Literaturwissenschaft – Theodor Lessing mit den folgenden Worten: „Sonderbar ist, daß er, von heute aus gesehen, fast immer Recht hatte, [...] dafür von seinen Zeitgenossen stets herzlich kopfschüttelnd ausgelacht zu werden pflegte [...]. Dieser noble und sensible Mensch litt unter der Rüpelei des Alltagslebens." Mayer fährt fort: „Lessing [...] ist nicht daran zugrunde gegangen, daß er unzeitgemäß war, den Mächtigen missfiel. [...] Zugrunde gegangen ist er an einer Verschwörung" der zur Macht gelangten Nazis.[351]

---

349 T. Lessing, Die Unlösbarkeit der Judenfrage (1932), in: ders., Flaschenpost (Fn. 347), S. 420.

350 H. Hannover/E. Hannover, Politische Justiz 1918-1933, Frankfurt/M. 1966, S. 264.

351 Hans Mayer, Theodor Lessing. Bericht über ein politisches Trauma (1969), in: ders., Der Repräsentant und der Märtyrer. Konstellationen der Literatur, Frankfurt/M. 1971, S. 97 ff.

Bei aller Sympathie für Lessing sieht Mayer bei ihm einen Widerstreit zwischen philosophischem Pessimismus, der die Möglichkeit der Schaffung einer humanen Weltordnung ausschließt, und der Aufklärung, die ebendies für geschichtlich möglich hält. Tatsächlich neigte Lessing gelegentlich dazu, politische Begriffe, weil er offenbar ihre Deckung durch die Realität für ungewiss hielt, so aufzulösen, dass sie Formen der Beliebigkeit annahmen. So meint Lessing beispielsweise, dass Sozialismus auf der Basis einer autoritären Ordnung möglich sei. Er schreibt: „Es ließe sich [...] denken, dass eine monarchische, oligarchische Partei das gesamte Programm der Sozialdemokratie übernimmt".[352] Mit dieser Auffassung negierte der Sozialdemokrat Lessing das Heidelberger Programm der SPD von 1925, für das der Sozialismus identisch ist mit der demokratischen Verfügung über den gesellschaftlichen Produktionsprozess. Wenn die Fremdbestimmung der Arbeitenden durch oligarchische, gar monarchische Machtstrukturen zum möglichen Inhalt des Sozialismus erklärt wird, wird der Sozialismus mit dessen Gegenteil verwechselt.

Freilich ändern diese gelegentlichen theoretischen Randunschärfen Lessings nichts an seiner Bedeutung als Gegenfigur zu der breiten gegenrevolutionären Bewegung der Weimarer Republik, die mit steigendem Erfolg die Prinzipien der Demokratie und der rechtlichen Gleichheit bekämpfte. Angesichts seiner großen Bedeutung in der Weimarer Republik ist es umso fataler, dass Lessing nach dem Ende der Nazi-Diktatur lange Jahre ein weitgehend Unbekannter war. Ebendies hatten seine nationalsozialistischen Feinde intendiert, als sie seine Schriften verbrannten und sogar sein Grab auf dem jüdischen Friedhof in Marienbad beseitigten.

IV.

Die Tilgung der Erinnerung an Theodor Lessing ist ein Teil der großen Verdrängung der gesellschaftlichen Ursachen des Siegs des Nationalsozialismus, die für die frühe Bundesrepublik charakteristisch ist. Sie drückte sich in einem falschen Bild der NS-Diktatur aus. Das Regime galt als ein normaler Staat, dessen Funktionsträger in der Justiz, im Militär und in den Universitäten vom Terror des Regimes weitgehend unberührt geblieben seien.[353]

---

352 T. Lessing, Konservative Tendenzen in der Sozialdemokratie? (1930), in: ders., Flaschenpost (Fn. 347), S. 99.

353 Vgl. J. Perels, Handlungsvarianten der Justiz in der NS-Diktatur, in: ders., Entsorgung der NS-Herrschaft?, Hannover 2004, S. 60 ff.; M. Bertram, Das Bild der NS-Herrschaft in den Memoiren führender Generäle des Dritten Reiches, Stuttgart 2009; J. Perels, Die Bewahrung der bürgerlichen Gesellschaft in der Zeit ihres tiefsten Sturzes. Carl Schmitts

Wenn aber die Verfolgungspraxis der Diktatur lediglich ein Randphänomen war, geraten auch die Opfer an den Rand der Aufmerksamkeit. Im Jahr 1956, in dem der Bundesgerichtshof den SS-Richter, der Dietrich Bonhoeffer in den Tod schickte, freisprach,[354] wird in einem Beitrag in der Festschrift zur 125-Jahr-Feier der Technischen Hochschule Hannover die politisch motivierte Ausschaltung Lessings regelrecht verdrängt. Lessings „Lehrauftrag wurde", heißt es in dem Beitrag der Festschrift, „im Sommersemester 1933 gestrichen". Die politische Stoßrichtung der Entfernung Lessings von der Technischen Hochschule löste sich in ein Nichts auf. Das war kein Zufall. Der Verfasser des Artikels von 1956, Wilhelm Böhm, Privatdozent an der Hannoverschen Hochschule für Kulturphilosophie und deutsche Literatur, hatte sich 1933 dem örtlichen „Kampfausschuss" als Helfer bei der Vorbereitung der Bücherverbrennungen angeboten und dafür, wie er schrieb, schon „einen Arm voll Bücher herausgelegt".[355]

V.

Die Abwehr, der Hass und die tödliche Verfolgung, denen Lessing ausgesetzt war, hingen mit dessen republikanischer Gesinnung zusammen, die sich in seinen vielfältigen Publikationen mit starker öffentlicher Wirkung niederschlug.

Lessings bekannteste Kritik richtete sich in einem 1925 im „Prager Tageblatt" veröffentlichten Artikel gegen den Kandidaten des Obrigkeitsstaats für das Amt des Reichspräsidenten, Paul von Hindenburg, Ehrendoktor der Technischen Hochschule Hannover. Lessing lenkte den Blick auf die geistige Ausstattung des zukünftigen ersten Mannes der parlamentarischen Demokratie. Der Artikel endete mit den Sätzen: „Leider zeigt die Geschichte, dass hinter einer Zero [soll heißen einer intellektuell schwachen Figur J.P.] immer ein Nero verborgen steht."[356] Diese Bemerkung, die dazu führte, dass Lessing nach einer völkischen Großkampagne seine Lehrtätigkeit an der Technischen Hochschule noch im selben Jahr aufgeben musste, erwies sich in der Endphase der Weimarer Republik als geschichtlich überaus zutreffend. Ignorant in staatsrechtlichen Fragen, bereitete Hindenburg unter Missachtung der Weimarer Verfassung den Weg für die Herrschaft des Nero Hitler.

Positionen nach 1945, in: ders., Das juristische Erbe des „Dritten Reiches", Frankfurt/M. 1999, S. 103 ff.

354 J. Perels, Die schrittweise Rechtfertigung der NS-Justiz, in: ders., Juristisches Erbe (Fn. 353), S. 181 ff.

355 H. Stern, Einleitung zu Lessing, Wortmeldungen (Fn. 346), S. 8 f.

356 T. Lessing, Hindenburg (1925), in: ders., Wortmeldungen (Fn. 346), S. 313.

Um nur ein Beispiel seiner Durchbrechungen der Weimarer Verfassung zu nennen: Mit der am 20. Juli 1932 exekutierten Notverordnung ordnete Hindenburg die staatsstreichartige, durch die Verfassung (Art. 48) nicht zu rechtfertigende Absetzung der geschäftsführenden, von Vertretern der Sozialdemokratie, des Zentrums und der Deutschen Demokratischen Partei gebildeten preußischen Regierung an. Damit wurde die wichtigste Bastion der Weimarer Demokratie geschleift, deren Polizei in der vordersten Front der Auseinandersetzung mit der NSDAP stand und nun durch einen antirepublikanischen Reichskommissar ihr Gewicht verlor. Somit war Hindenburg in Verfassungsfragen tatsächlich ein Zero.[357]

Lessing stellte sich der einflussreichsten Ideologie der Feinde der demokratische Republik engagiert und ohne jede Furcht entgegen: dem Antisemitismus, der an den Universitäten, in der Justiz und den protestantischen Kirchen, vor allem aber in der Propaganda der NSDAP eine machtvolle Wirkung entfaltete.

Joseph Goebbels denunzierte Lessing 1930 in einer Rede in Leipzig. Er unterschob dem verhassten Juden Lessing, dem bekannten Autor von „Der jüdische Selbsthass" (1930), eine Äußerung, die dieser nie gemacht hat, die aber geeignet war, ihn aus der Gesellschaft hinauszudefinieren. Wahrheitswidrig behauptete Goebbels, Lessing habe den Reichpräsidenten mit dem Massenmörder Fritz Haarmann verglichen.[358]

Die eigenen Erfahrungen mit dem Antisemitismus, deren Kern darin besteht, den Juden das anzulasten, was man ihnen selbst antun will, fasste Lessing ein Jahr vor der Machtübernahme der Nazis in die Worte: „Sie möchten die Juden ausrotten wie Schlangen und Raubtiere, wozu sie aus ihnen natürlich Schlangen und Raubtiere machen müssen." Exakt antizipiert Lessing bereits 1932 die im Antisemitismus angelegte Möglichkeit der Vernichtung der Juden, wenn er weiter schreibt: „Am einfachsten [...] wäre es, die 12 oder 14 Millionen Juden totzuschlagen."[359]

Die nicht weniger einflussreiche Ideologie militärischer Machtstaatlichkeit, die die antirepublikanischen Organisationen und ihre intellektuellen Adepten massenwirksam propagierten, überführte Lessing ihrer grenzenlosen Verachtung des Lebens der vielen Einzelnen. Lessing bringt den Tötungszwang im Krieg auf einen konkreten Begriff: „Die große Masse des Volkes ist immer nur das Schlachtopfer, das einzusetzende ‚Menschenmaterial' [...]. Der unbekannte Sol-

357 O. Kirchheimer, Die Verfassungslehre des Preußen-Konflikts (1932), in: ders., Funktionen des Staates und der Verfassung. Zehn Analysen, Frankfurt/M. 1972, S. 42 ff.

358 T. Lessing, Über einen Ausspruch des Dr. Goebbels (1930), in: ders., Wortmeldungen (Fn. 346), S. 342 ff.; R. Marwedel, Theodor Lessing (1872-1933), Neuwied 1987, S. 341 ff.

359 Lessing, Die Unlösbarkeit der Judenfrage, in: ders., Flaschenpost (Fn. 347), S. 416.

dat stirbt. Den Ruhm erntet der Feldherr, jener der das Herz hat, Unbekannte zu opfern. Wer nennt die Namen der geopferten Proletarier. Sie sinken alle dahin und werden vergessen.“[360]

VI.

Mit Hindenburgs Machtübertragung an die Nationalsozialisten am 30. Januar 1933 werden jene politischen Tendenzen, die Lessing so entschieden bekämpft hatte, zur Staatsdoktrin: die Zerstörung der demokratischen Rechtsordnung, der Antisemitismus und die Verherrlichung militärischer Machtentfaltung.

Nun war das Lebens Theodor Lessings unmittelbar bedroht, mehr noch als in der Weimarer Republik. Der, wie Lessings Biograph Rainer Marwedel formuliert, „Parteihellseher“ der NSDAP, Erik Jan Hanussen, der große Massen hinter sich versammelte und in der Berliner Scala frenetisch beklatscht wurde, kündigte bereits Ende 1932 den Tod Lessings an.[361] Dies war nichts anderes als ein kaschierter Mordaufruf. Schon Anfang Januar 1933 attackierten drei SA-Männer Lessing in der Straßenbahn mit den Worten, dass Hitler alle Juden hängen werde; in Hannover gebe es einen gewissen Lessing, der Jude sei, man müsse ihn „unverzüglich entfernen.“[362]

Nach der Machtübernahme der Nazis veränderte sich Lessings Situation grundlegend. Am 28. Februar 1933 wurde die Reichstagsbrandverordnung in Kraft gesetzt. Sie beseitigte das System der politischen und persönlichen Freiheitsrechte und übertrug der Diktaturregierung schrankenlose Vollmachten. Neben der Suspendierung der Garantie der Meinungs-, Vereinigungs- und Versammlungsfreiheit, dem Schutz vor Hausdurchsuchungen und Beschlagnahmungen und der Garantie des Brief-, Post- und Fernsprechgeheimnisses wurde die „Beschränkung der persönlichen Freiheit [...] außerhalb der sonst hierfür geltenden Grenzen [für] zulässig“ erklärt. Dies war machttechnisch besonders gravierend, weil auf diese Ermächtigung die Aufhebung der persönlichen Freiheit durch die Einweisung in die Konzentrationslager gestützt wurde. Auch das an die persönliche Freiheit gebundene Recht auf Leben, das im Strafgesetzbuch mit den Bestimmungen über Totschlag und Mord seine konkrete Ausformung findet, war nun nicht mehr vor der Staatsgewalt geschützt.

Am 7. Mai 1933 verkündete der neue Reichskanzler Adolf Hitler mit unverblümter Deutlichkeit die Ziele der schrankenlosen, souveränen Diktatur, die die

---

360 T. Lessing, Nein!, in: ders., Wortmeldungen (Fn. 346), S. 351.

361 Marwedel, Theodor Lessing (Fn. 358), S. 344.

362 Ebd., S. 345.

nationalsozialistischen Parteitruppen, die SA und die SS, zu Hilfspolizisten mit staatlichen Befugnissen machte. Er forderte die SA auf, die „Novemberverbrecher [...] zu verfolgen bis in die letzten Schlupfwinkel hinein“ und „dieses Gift restlos aus unserem Volkskörper“ zu entfernen. Und der preußische Ministerpräsident Göring erklärte drei Tage nach Inkraftsetzung der Reichstagsbrandverordnung gegenüber der SA: „Hier habe ich keine Gerechtigkeit zu üben, hier habe ich nur zu vernichten und auszurotten, weiter nichts.“[363]

Opfer des mit der Brandverordnung freigesetzten, staatlich angeleiteten Terrors waren bis zum Oktober 1933 500 bis 600 Menschen, die alle zu Tode gebracht wurden. 100.000 freie Bürgerinnen und Bürger wurden vom NS-Staat in Konzentrationslager verbracht, vor allem Juden und Vertreter der Arbeiterbewegung. Kurt Schumacher, Vorsitzender der württembergischen SPD, antwortete auf die zynische Frage des KZ-Aufsehers, warum er sich im Konzentrationslager befinde, mit dem Satz: „Weil ich zur besiegten Partei gehöre.“[364]

Die Juden aber waren die ersten Mordopfer. Im Nazi-Liederbuch steht der Reim: „So stehen die Sturmkolonnen / Zum Rassenkampf bereit, / Erst wenn die Juden bluten, / Erst dann sind wir befreit.“[365] In ausländischen und deutschen Zeitungen wird kontinuierlich über die Angriffe der SA auf die Existenz und das Leben der Juden berichtet. In der „Deutschen Allgemeinen Zeitung“ vom 12. April 1933 – Theodor Lessing war knapp 14 Tage im Exil – heißt es: „Der jüdische Rechtsanwalt Dr. Weiner in Chemnitz wurde in der Nacht zum Dienstag von mehreren Männern, die SA-Binden und braune Mützen trugen, in seiner Wohnung aufgesucht und gewaltsam in einem Kraftwagen fortgeführt. Am Morgen fand man [...] bei Mittweida Dr. Weiner mit einem Kopfschuss tot auf.“[366]

Lessing war sich der Gefahr, der er in Marienbad ausgesetzt war, wohl bewusst. Er sagte: „Sollte ein Fanatiker mich niederschlagen, so bete ich nur, dass es schnell gehen möge.“ Dennoch nahm er die Möglichkeit nicht wahr, nach Palästina, China oder England zu gehen. Der Grund war, dass er der „Sprachmund“ derer sein wollte, die in Deutschland in Gefängnissen und Lagern eingesperrt waren.[367]

---

363 K.D. Bracher/W. Sauer/G. Schulz, Die nationalsozialistische Machtergreifung, Köln 1962, S. 871 f.

364 F. Bauer, Im Kampf um des Menschen Rechte (1955), in: ders., Die Humanität der Rechtsordnung, hrsg. v. J. Perels /I. Wojak, Frankfurt/M. 1998, S. 39; Bracher u.a. (Fn. 364), S. 871.

365 Die Lage der Juden in Deutschland 1933, hrsg. v. Comité des Delegations Juives (1934), Frankfurt/M. 1983, S. 494.

366 Ebd., S. 501.

367 Marwedel, Theodor Lessing (Fn. 358), S. 359, 351.

Die Ermordung Lessings – dem nur fünf Tage zuvor, am 25. August 1933, noch die deutsche Staatsbürgerschaft aberkannt worden war – setzte die Tötung politischer Gegner als Mittel der Herrschaftssicherung sogar im Ausland fort. Ausgeführt wurde der Mord in Marienbad durch zwei SA-Leute. Nach einem Bericht kam der Befehl, den „Volksschädling Lessing beiseite zu schaffen" von SA-Chef Ernst Röhm, der die gewaltförmige Durchsetzung der Diktatur zentral koordinierte.[368] Hatte der tschechoslowakische Staatspräsident, Thomas Masaryk, Lessing einen besonderen Schutz zukommen lassen, so negierten die Häscher des Naziregimes nicht nur die zivilisatorische Grundnorm des Rechts auf Leben, sondern auch die völkerrechtlich gesicherte territoriale Integrität der Tschechoslowakei. In dem Mord an Lessing wird bereits die später vor allem von Carl Schmitt entwickelte, imperialistische Großraumdoktrin des NS-Regimes praktiziert, derzufolge Deutschland über seine territorialen Grenzen hinaus die Bestimmungsmacht über den europäischen Großraum besitzt.[369] Damit wurde die Beseitigung der Rechtsordnung eines souveränen Staates durch das nationalsozialistische Deutschland von Anbeginn gerechtfertigt.

Ein utopiehaltiger Satz eines jüdischen Zeitgenossen lässt sich auf Theodor Lessing münzen. Ernst Bloch, der in derselben Zeitschrift wie Lessing, nämlich der „Neuen Weltbühne" in Prag publizierte, schrieb: „Die Toten kommen wieder, ihr Tun will mit uns nochmals werden."[370]

368 Ebd., S. 368.

369 C. Schmitt, Völkerrechtliche Großraumordnung mit Interventionsverbot für raumfremde Mächte (1941), Berlin 1991; M. Stolleis, Geschichte des Öffentlichen Rechts, Dritter Band 1914-1945, München 1999, S. 384 ff.

370 E. Bloch, Thomas Münzer als Theologe der Revolution (1921), Frankfurt/M. 1962, S. 9.

5.
Legalität und sozialistische Strategie – Wolfgang Abendroth

Wolfgang Abendroth, „Partisanenprofessor im Lande der Mitläufer" (Habermas), hat wie kein anderer sozialistischer Jurist die Entwicklung der Bundesrepublik seit Anbeginn analysiert. In der Verfassungsgeschichte erscheint seine Position unter zwei Gesichtspunkten besonders relevant. Zum einen enthalten seine stets aus aktuellen Auseinandersetzungen hervorgegangenen Arbeiten Elemente einer kritischen Verfassungsgeschichte der Bundesrepublik, insofern sie an den juristischen Erscheinungsformen und an den Knotenpunkten der Wiederherstellung des Kapitalismus festgemacht sind; zum anderen entwerfen sie Ansätze zu einer Verfassungstheorie, die sich als Moment sozialistischer Strategie begreift, sich also die Frage nach der Durchsetzbarkeit der juristischen Argumentation stellt.

I.

Die Verfassungsordnung der bürgerlichen Demokratien ist durch die ihr zugrunde liegende antagonistische Gesellschaftsstruktur von einem fundamentalen Widerspruch geprägt: sie ist „sowohl eines der gewichtigsten Mittel zur Stabilisierung der diese Gesellschaft bestimmenden Machtverhältnisse [...] als auch ein Instrument zu ihrer Transformation."[371] Dieser Widerspruch kann je nach dem politischen Kräfteverhältnis der sozialen Klassen grundsätzlich nach zwei Seiten aufgelöst werden. Entweder die politische Demokratie erweitert sich zur sozialistischen Demokratie, die das System der privaten Herrschaft über die gesellschaftliche Produktion in eine gesellschaftliche Aneignung durch die sich selbst regierenden Produzenten verwandelt, oder die politische Demokratie wird im Interesse der kapitalistischen Klassenherrschaft stufenweise zurückgedrängt und schließlich abgeschafft.[372]

Diese offene Alternative existierte allerdings bei der Normierung des Grundgesetzes nicht mehr. Die kapitalistische Produktionsweise hatte sich, vermittelt durch die Interventionen der USA, der Rekonsolidierung des deutschen

---

371 W. Abendroth, Die Justiz in der Bundesrepublik, Sozialistische Politik, Nr. 3/1959, S. 2; vgl. auch K. Marx, Die Klassenkämpfe in Frankreich (1848/50), Berlin 1971, S. 73.

372 H. Heller, Staatslehre (1934), 3. Aufl. Leiden 1963, S. 137 f.

Bürgertums und der Handlungsschwäche der Arbeiterbewegung,[373] bereits wieder etabliert. Das Grundgesetz fällt in der zentralen Frage der Eigentumsordnung hinter die Mehrzahl der westdeutschen Länderverfassungen, die eine sozialisierende Aufhebung des privatwirtschaftlichen Systems z.T. verpflichtend vorsahen, zurück; es lässt das kapitalistische Wirtschaftssystem bestehen und bietet allerdings die verfassungsrechtlich normierte Möglichkeit, zu gemeinwirtschaftlichen Produktionsformen überzugehen (Art. 15 GG).[374] Dennoch sichert das Grundgesetz – gleichsam auf der Basis eines pluralistischen Konfliktaustragungsmodells – der Arbeiterbewegung einen legalen Aktionsspielraum, vor allem durch die Garantie der Vereinigungsfreiheit, der Meinungsfreiheit und des allgemeinen Wahlrechts. Da sich mit diesen Freiheitsgarantien die Handlungsfähigkeit der Arbeiterklasse auch in Richtung auf eine Überwindung der kapitalistischen Produktionsweise ausbilden kann, verstärkte sich nach der Rekonstruktion der privaten Wirtschaftsordnung die Tendenz, die verfassungsrechtlichen Garantien, die eine sozialistische Umgestaltung der Gesellschaft ermöglichen, auszuhöhlen.

Gegen die Gefahr der Ausbildung eines „autoritären Besitzverteidigungsstaat(s)“[375] formiert Abendroth eine Gegenposition. Sie ist durch folgende Argumentationsstruktur gekennzeichnet: Die Verfassungsordnung ist weder mit dem gegebenen Gesellschaftssystem noch mit dem existierenden Staatsapparat identisch. Diese Differenz macht die Substanz einer funktionierenden politischen Demokratie aus. Entsprechend ist Abendroth an jeder Bruchstelle der verfassungsrechtlichen Entwicklung an dem strategischen Ziel orientiert, die rechtsstaatlich-demokratischen Rahmenbedingungen für die Austragung der Konflikte der gegensätzlichen sozialen und politischen Kräfte zu erhalten. „Die Lebensfähigkeit der formal-demokratischen Verfassungsnormen hängt [ab] vom Gleichgewicht der Klassenkräfte, das durch die demokratische Reaktionsfähigkeit und das demokratische Selbstbewußtsein der Arbeitnehmer gegenüber dem konzentrierten Kapital und dem Staatsapparat bestimmt wird.“[376] Abendroth

373 E. Huster u.a., Determinanten der westdeutschen Restauration, Frankfurt/M. 1972 m.w.N.

374 W. Abendroth, Das Grundgesetz, Pfullingen 1966, S. 26 ff., 62 ff.

375 K. Schumacher, Verhandlungen des Bundestages I. Wahlperiode, Bd. I, Bonn 1950, S. 32.

376 W. Abendroth, Nach dem Parteitag von Hannover, Sozialistische Politik, Nr. 11/12/1960, S. 1. Zur Grundposition von Abendroth vgl. ferner ders., Aufgaben und Ziele der deutschen Sozialdemokratie – Programmentwurf 1959, in: ders., Antagonistische Gesellschaft und politische Demokratie, 2. Aufl. Neuwied 1972, S. 414 f.; ders., Zum Begriff des demokratischen und sozialen Rechtsstaates im Grundgesetz der Bundesrepublik

argumentiert wesentlich defensiv. Die wichtigsten Stationen seien knapp resümiert. Als nach 1952 die übergroße Mehrheit der Landesarbeitsgerichte die politischen Demonstrationsstreiks, die in den Druckereibetrieben während der Auseinandersetzung um das Betriebsverfassungsgesetz stattfanden, im Gefolge des Arbeitgebergutachtens von Nipperdey als sozialinadäquaten Eingriff in den eingerichteten und ausgeübten Gewerbebetrieb illegalisierten, wurde die Aktionsfähigkeit der Gewerkschaften zugunsten der unkontrollierten Einflussnahme der ökonomischen Machtträger auf den Staatsapparat eingeschränkt.[377] Der gleichen Tendenz, die Kommunikationsrechte der Verfassung auszuhöhlen folgt, ungeachtet einer verfassungsrechtlich verbürgten Vertretbarkeit marxistischer Positionen, weitgehend das KPD-Verbotsurteil des Bundesverfassungsgerichts vom 17.8.1956.[378] Es imputiert dem Grundgesetz eine „Wertordnung", die die prinzipielle Unmöglichkeit der Übereinstimmung von sozialistischem „Ideal" und Wirklichkeit behauptet. Grundlegende Bestandteile der sozialistischen Theorie wie das Theorem vom Klassenkampf werden, unabhängig von der stalinistisch entstellten Form, die sie in der KPD angenommen hatten, verfassungsrechtlich in Frage gestellt.[379] Indem die Vorstellungswelt der bürgerlichen Klasse direkt zum Fundament der Verfassungsordnung gemacht wird, verschieben sich die Grenzlinien der verfassungsrechtlichen Konfliktaustragungsbedingungen. Der gleichen Linie folgt das Bundesarbeitsgericht. Das Urteil des Bundesarbeitsgerichts vom 31.10.1958,[380] das eine Urabstimmung der IG-Metall, die dem Schleswig-Holsteinschen Metallarbeiterstreik von 1957 vorausging, als Kampfmaßnahme wertete, resultiert aus „einer politischen Option für eine bestimmte Form sozialer Ordnungsvorstellungen",[381] die im Widerspruch zur Verfassung stehen und den Interessenkampf zugunsten der sogenannten Befriedung sozialer Gegensätze zu überwinden vorgeben. Diese aus dem Nationalsozialismus tra-

---

Deutschland, ebd., S. 77 ff.; ders., Zusätzliche Notstandsermächtigungen?, ebd., S. 175 ff.

377 W. Abendroth, Streik und Verfassungsrecht in der modernen Demokratie, in: H. Sultan/ W. Abendroth, Bürokratischer Verwaltungsstaat und soziale Demokratie, Hannover/ Frankfurt/M. 1955, S. 69 ff.; ders., Der politische Streik, ebd., S. 77 ff.; ders., Die Berechtigung gewerkschaftlicher Demonstrationen für die Mitbestimmung der Arbeitnehmer in der Wirtschaft, in: Abendroth, Antagonistische Gesellschaft (Fn. 376), S. 203 ff.

378 BVerfGE 5, 85 ff.

379 W. Abendroth, Das KPD-Verbotsurteil des Bundesverfassungsgerichts, in: ders., Antagonistische Gesellschaft (Fn. 376), S. 148 ff.; vgl. auch ders., Der Kampf um die Meinungsfreiheit – liberale Demokratie oder autoritärer Verwaltungsstaat, Sozialistische Politik Nr. 5/1957, S. 1.

380 BAGE 6, 321 ff.

381 W. Abendroth, Innergewerkschaftliche Willensbildung, Urabstimmung und „Kampfmaßnahme", in: ders., Antagonistische Gesellschaft (Fn. 376), S. 257.

dierte Ideologie diente dem Bundesarbeitsgericht dazu, die Gewerkschaften als „eine [...] Komponente im Kräfteparallelogramm der [...] Gesellschaft“[382] zu schwächen. Im Prinzip die gleiche Funktion haben wichtige exekutive und judikative Entscheidungen: die Berufsverbotspraxis[383] und das Hochschulurteil des Bundesverfassungsgerichts vom 29.5.1973.[384] Die Berufsverbotspraxis sichert die Massenloyalität im Sozialisationsbereich, in dem zu einem nicht geringen Teil das politische Bewusstsein der Menschen sich bildet. Das Hochschulurteil des Bundesverfassungsgerichts restituiert die Ordinarienuniversität, die vor allem im Bereich der Naturwissenschaften für die ungestörte Synchronisation von Wissenschaft und Kapitalismus sorgt.[385] Im Hochschulurteil des Bundesverfassungsgerichts wird die Volkssouveränität in Gestalt der Parlamentssouveränität durch ständestaatliche Ordnungsvorstellungen verdrängt.[386] Die Berufsverbotspraxis unterläuft mittels des obrigkeitsstaatlich instrumentierten Beamtenrechts das Parteienprivileg, überlässt der Exekutive judikative Funktionen der Feststellung der Verfassungswidrigkeit.[387]

II.

In der Linken ist die Position Abendroths, die hier nur skizziert wurde, auf Kritik gestoßen. Grob gesprochen lautet sie: Eine immanent juristische Argumentationsweise führe, indem sie das Kampffeld verrechtliche, zu einer entpolitisierenden Begrenzung sozialistischer Strategie. Diese generelle These fächert sich auf in verschiedene Gesichtspunkte.

1. Die Gegenposition, die Abendroth zur Verfassungsentwicklung bezogen habe, sei durch einen strukturellen Defekt bestimmt. Sie habe postulativen Charakter, sei idealistisch; denn der reale gesellschaftliche Prozess in der Bundesrepublik, der zur Wiederherstellung der kapitalistischen Herrschaftsstrukturen führte, stehe quer zur Abendrothschen Verfassungsinterpretation.[388] Drei Argu-

382 Ebd., S. 267.

383 Vgl. „Radikale“ im öffentlichen Dienst?, hrsg. v. H. Knirsch, Frankfurt/M. 1973.

384 BVerfGE 35, 79 ff.

385 Zu diesem Zusammenhang vgl. W. Lefevre, Reichtum und Knappheit, in: U. Bergmann u.a., Rebellion der Studenten, Reinbek 1968, S. 94 ff.

386 W. Abendroth, Das Bundesverfassungsgericht als Ersatzgesetzgeber, Blätter für deutsche und internationale Politik 7/1973, S. 705 ff.

387 W. Abendroth, Das Problem des Berufsverbots für Marxisten im Beamtenrecht, Stimme der Gemeinde 18/1973, S. 287 f.

388 X. Rajewsky, Arbeitskampfrecht in der Bundesrepublik, Frankfurt/M. 1970, S. 43 f.; R. Geulen, Kann man mit einer bürgerlichen Verfassung eine sozialistische Praxis legi-

mentationsebenen werden vermischt: die Kritik des falschen Bewusstseins, die Ableitung der Notwendigkeit des falschen Bewusstseins aus den gesellschaftlichen Verhältnissen und das Problem der Realisierbarkeit des „richtigen“ Bewusstseins. Der Fehler der Kritiker besteht darin, aus dem Nachweis des falschen juristischen Bewusstseins, den Abendroth liefert, herauszulesen, damit werde zugleich die Realisierbarkeit des „richtigen“ Bewusstseins unterstellt. Wenn auch von Abendroth die genannten drei Argumentationsebenen methodisch nicht explizit unterschieden werden – das hat seine Ursache z.T. darin, dass die Begrenzung auf die juristische Immanenz durch die Gutachtenform und den Charakter der veröffentlichenden Zeitschrift vorgegeben war –, so sind sie der Sache nach doch deutlich voneinander abgehoben. Die juristische Argumentation Abendroths beschränkt sich darauf, das herrschende juristische Bewusstsein, wie es in Lehre und Rechtsprechung, legislativer und exekutiver Praxis erscheint, am positiven demokratischen Verfassungsrecht zu messen. Dies Vorgehen folgt dem Verfahren der immanenten Kritik, das nach Hegel das einzig wissenschaftliche ist, weil es sich dem Gegener auf seinem eigenen Boden stellt. Aus der immanenten Kritik schließt Abendroth nicht unmittelbar auf die Durchsetzbarkeit seiner Verfassungsinterpretation. Er arbeitet gerade deren Schranken heraus, indem er die Vorherrschaft eines obrigkeitsstaatlichen, paternalistischen Verfassungsverständnisses aus dem gesamtgesellschaftlichen Restaurationsprozess in der Bundesrepublik ableitet.[389] In diesem Prozess kehrten die judikativen und administrativen Führungsschichten, die das auf der Zerschlagung der Arbeiterbewegung gegründete System des Nationalsozialismus mitgetragen hatten, in ihre Machtpositionen zurück und setzten ihre Interpretationsweise in mancher Beziehung fort.[390] Das herrschende juristische Bewusstsein ist richtiger Ausdruck dieses falschen Zustands.

---

timieren?, in: G. Stuby, Disziplinierung der Wissenschaft, Frankfurt/M. 1970, S. 192 ff., 203. Zur Kritik dieser Position vgl. A. v. Brünneck/St. Leibfried, Kann das Postulat des Klassenkampfes den Verzicht auf sozialistische Rechtstheorie legitimieren? Kritische Justiz 1/1971, S. 92 ff.

389 W. Abendroth, Zur Funktion der Gewerkschaften in der westdeutschen Demokratie, in: Bürokratischer Verwaltungsstaat (Fn. 377), S. 65; ders., Die verfassungspolitische Entwicklung des Bundes, in: ders., Antagonistische Gesellschaft (Fn. 6), S. 75 ff.

390 Vgl. W. Abendroth, Gefahr für das Streikrecht, Sozialistische Politik, Nr. 11/1957, S. 2; ders., Die Justiz in der Bundesrepublik (Fn. 371), S. 2; ders., Zum Eichmann-Prozess, Sozialistische Politik Nr. 5/1961, S. 7; ders., Die Notstandsgesellschaft, Stimme der Gemeinde 19/1967, Sp. 597 ff. Zur weitreichenden Identität des nationalsozialistischen und bundesdeutschen Justizapparats – mindestens für. die Periode der 50er Jahre – vgl. W. Koppel (Hrsg.), Ungesühnte Nazijustiz, Karlsruhe o. J.; ders., Justiz im Zwielicht, Karlsruhe o. J.; S. A. Glienke, Die Ausstellung „Ungesühnte Nazijustiz (1959-1962). Zur Geschichte der Aufarbeitung nationalsozialistischer Justizverbrechen, Baden-Baden

Die Durchsetzbarkeit einer an den Prinzipien der politischen Demokratie orientierten Verfassungsinterpretation entscheidet sich für Abendroth im juristisch vermittelten politischen Kampf. Diese Einsicht liegt jeder verfassungsrechtlichen Kontroverse, die von Abendroth geführt wurde, zugrunde: „Die Rechtsordnung ist niemals eine neutrale Größe, die nur aus sich selbst verstanden werden kann, sondern stets Produkt und Gegenstand der politischen und sozialen Kämpfe.“[391] Als 1958 der damalige Innenminister Schröder die Einführung einer Notstandsverfassung ankündigte, schrieb Abendroth: „Nur die Mobilisierung der demokratischen Öffentlichkeit, nur außerparlamentarische Kampagnen der Arbeiterorganisationen, der Sozialdemokratie und der Industriegewerkschaften, können die politischen Machtverhältnisse und das soziale Klima in der Bundesrepublik so stark verändern, dass die demokratischen Institutionen und Normen des Grundgesetzes gegen diesen Angriff gesichert bleiben.“[392]

2. Gegen die methodische Struktur der Abendrothschen Theorie wird weiter eingewandt, sie verfehle, indem sie formell verbürgte Rechtsgarantien gegen die ökonomische und politische Wirklichkeit halte, das Agens der geschichtlichen Entwicklung. Der „Motor des gesellschaftlichen Fortschritts“ sei „nicht der Widerspruch zwischen Ideologie und Wirklichkeit, sondern zwischen Produktivkräften und Produktionsverhältnissen“.[393]

Weiterführend erscheint an dieser Kritik, dass sie die vernachlässigte Dimension des Stellenwerts einer demokratischen Legalstrategie unter den genauer zu bestimmenden Funktionsgesetzen des Kapitalismus erschließt. Verengt würde aber die Perspektive, wenn diese gesellschaftlichen Voraussetzungen auf einen objektivistisch gefassten Widerspruch von Produktivkräften und Produktionsverhältnissen reduziert würden.[394] Der Widerspruch zwischen Produktivkräften und Produktionsverhältnissen wird erst dann zum „Motor des gesellschaftlichen Fortschritts“, wenn ihn die Arbeiterklasse, „die größte Produktiv-

---

2008; H. Rottleuthner, Karrieren und Kontinuitäten deutscher Justizjuristen vor und nach 1945, Berlin 2010.

391 Abendroth, Die Justiz in der Bundesrepublik (Fn. 371), S. 2.

392 W. Abendroth, Von der bürgerlichen Demokratie zur autoritären Diktatur, Sozialistische Politik, Nr. 12/1958, S. 2.

393 T. Blanke, Funktionswandel des Streikrechts im Spätkapitalismus, Frankfurt/M. 1972, S. 68. Blanke bezieht sich zwar an dieser Stelle auf die Auffassung von Stuby; sein Argument ist aber entsprechend auf die Abendrothsche Position zu übertragen.

394 Blanke korrigiert selber ein derartiges Missverständnis mit der Formulierung: „Die ‚Naturgeschichte‘ des Kapitals ist selbst noch durch Klassenkämpfe vermittelt“ in: ders., Funktionswandel (Fn. 393), S. 121; vgl. auch die differenzierte Bestimmung des Verhältnisses von Ökonomie und Klassenkampf in seinem Aufsatz Probleme einer Theorie des Arbeitsrechts, Kritische Justiz H. 4/1973, S. 354 f.

kraft",[395] vorantreibt. Die Aktionsfähigkeit der Arbeiterklasse kann auch durch den Widerspruch zwischen den proklamierten Rechtsnormen und der ihnen entgegengesetzten Wirklichkeit entfaltet werden, wenn sich in den Normen Bedürfnisse und Interessen der unmittelbaren Produzenten ausdrücken. Marx spricht davon, dass aus dem Konflikt zwischen dem politischen Staat, „der die Vernunft als realisiert unterstellt", und seinen realen Voraussetzungen sich „überall die soziale Wahrheit entwickeln"[396] lasse. Während der Auseinandersetzung um die Notstandsgesetze wurde der Gegensatz zwischen den rechtsstaatlichen Garantien, die die legale Handlungsfähigkeit der Arbeiterklasse verbürgen, und der legislativen Vorbereitung des Ausnahmezustands zum treibenden Moment der, zumal gewerkschaftlich gestützten Notstandsopposition.

3. Gegen die Abendrothsche Auffassung wird schließlich geltend gemacht: Die Berufung auf die Legalnormen der politischen Demokratie sei in zweifacher Hinsicht illusorisch; denn die Legalität sei nichts als die vergiftete Waffe der Herrschenden, die dem politischen Gegner in den Rücken gestoßen werde, während diejenigen Normen, die Freiheitsgarantien enthielten, notwendig verletzt würden. Da es diesen Normen an Substanz mangele, besäßen sie strategisch keine Bedeutung; sie könnten höchstens „taktisch" und „agitatorisch" im Gerichtssaal und zur Einwirkung auf die Liberalen genutzt werden. Kurz: Dem Kampf um Rechtspositionen müsse der Abschied gegeben werden; an seine Stelle habe die Organisierung des Klassenkampfes zu treten.[397] Die im kapitalistischen Gesellschaftssystem angelegte herrschaftskonforme Verbiegung rechtsstaatlicher Garantien hat gerade Abendroth systematisch analysiert. Unter Berufung auf Engels konstatiert er zusammenfassend: „Herrschende Klassen und Exekutive müssen dahin tendieren, ihre (einst von ihnen geschaffene) Legalität

395 K. Marx, Das Elend der Philosophie (1847), in: Die Frühschriften, hrsg. v. S. Landshut, Stuttgart 1953, S. 523.

396 K. Marx, Brief an Ruge, ebd., S. 169.

397 Zu dieser in der Studentenbewegung vertretenen Position vgl. die Nachweise und die Kritik von J. Seifert, Verrechtlichte Politik und die Dialektik der marxistischen Rechtstheorie, Kritische Justiz H. 2/1971, S. 196 f. In der Tradition der Studentenbewegung argumentiert auch G. Temming, Abschied von der Rechtsstaatsillusion, Kritische Justiz H. 4/1972, S. 395 ff.; s. dazu die Kritik von F. Hase, Herrn Gerd Temmings Abschied vom Rechtsstaat, Kritische Justiz H. 2/1973, S. 212 ff. Die Formel von der Legalität als der vergifteten Waffe findet sich bei Carl Schmitt, Das Problem der Legalität, in: ders., Verfassungsrechtliche Aufsätze aus den Jahren 1924-1954, Berlin 1958, S. 450: „Die Legalität wird zur vergifteten Waffe, die man dem politischen Gegner in den Rücken stößt." Von der RAF ist dies Ideologem beim Wort genommen worden. Zur Kritik daran vgl. D. Claussen, Revolutionäre Gewalt und RAF, Kritische Justiz H. 1/1972, S. 59 ff.

erst auszuhöhlen und dann zu sprengen."[398] Daraus folgt aber nicht, auf die immanent juristische Argumentation zu verzichten.

Ein derartiger Verzicht wäre allein dann gerechtfertigt, wenn sich das politische System in ein geschlossen autoritäres oder gar faschistisches verwandelt hätte, das den Ausnahmezustand in Permanenz verkörpert und praktiziert. Dann gilt, was Kirchheimer zu Beginn des Jahres 1933 formulierte: „Wenn [...] durch die Veränderung der gesamten sozialen und politischen Situation keine sichere Garantie mehr für ein allseitig legales Verhalten gegeben ist, muß sich die Stellung [...] zur konkreten Verfassungsordnung wandeln."[399] Schärfer drückt sich Abendroth aus: „Jeder Marxist weiß, daß ein faschistisches Regime nur durch Gewalt beseitigt werden kann und würde in einem solchen Regime dessen Beseitigung durch Gewalt anstreben"[400] – mit dem Ziel, die politische Demokratie wieder zu erkämpfen. Unausgesprochen liegt der These von der Legalität als der vergifteten Waffe der Herrschenden die Identifikation der politischen Ordnung der Bundesrepublik mit einer faschistoiden zugrunde. In dieser Sicht, in der der bundesrepublikanische Staat als omnipotenter Gewalthaber erscheint, der seine Untertanen ohne jede Chance legaler Gegenwehr beliebig terrorisieren kann, werden wesentliche Elemente der politischen Realität ausgeblendet.[401] Festzuhalten ist: Die Organisations- und Artikulationsmöglichkeit der gesellschaftskritischen Kräfte in der Bundesrepublik besteht, trotz staatlicher Disziplinierungsversuche, fort. Die Gewerkschaftsbewegung ist nicht einfach ein Ordnungs-

398 W. Abendroth, Die Stellung der Sozialisten zur bürgerlichen Demokratie, autoritärem Staat und Faschismus, Marxistische Blätter 1/1970, S. 28; vgl. auch ders., Aufgaben und Ziele der deutschen Sozialdemokratie, in: ders., Antagonistische Gesellschaft (Fn. 376), S. 413: „Die herrschenden Klassen können nur dann hoffen, ihre Macht dauernd zu bewahren, wenn sie die Gesellschaft im Zustand eines latenten Belagerungszustands erhalten können, der jederzeit nach ihren Bedürfnissen und ihrem Belieben aktualisiert werden kann, und wenn sie die geistige Selbständigkeit in anderen Schichten des Volkes – sei es in Konjunkturperioden mit dem Mittel eines durch sozialen Druck erzeugten Konformismus in der öffentlichen Meinung, sei es in Krisenperioden mit dem Mittel des offenen und brutalen Terrors – ausschalten können."

399 O. Kirchheimer, Verfassungsreform und Sozialdemokratie (1933), in: ders., Funktionen des Staates und der Verfassung, Frankfurt/M. 1972, S. 81.

400 W. Abendroth, Marxisten an den Hochschulen einer bürgerlichen Demokratie?, Stimme der Gemeinde 9/1972, S. 150. Gegen jedes Missverständnis einer Gewaltapotheose fährt Abendroth an dieser Stelle fort: „Er [der Marxist] weiß auch um alle Not und um alle Widersprüche, die dabei als Nebenprodukt auch des Erfolges hervortreten müssen.", ebd., S. 151.

401 Zur Kritik an dieser Einschätzung des bürgerlichen Staates vgl. auch Rote Hilfe West-Berlin, Staatsgewalt, Reformismus und die Politik der Linken, Kursbuch 31/1973, S. 29 ff.

garant des gesellschaftlichen Status quo. Ansätze einer liberalen Öffentlichkeit, die für rechtsstaatliche Positionen mobilisiert werden kann, sind weiter sichtbar.[402] Die widersprüchlichen Tendenzen des politischen Systems sperren sich einer falschen Totalisierung. Es wäre unrichtig zu behaupten, dass sich die politische Demokratie in eine wesenlose Hülle verwandelt hätte. Der Kampf um Rechtspositionen ist nicht eine Schimäre. Die grundsätzliche Ablehnung einer Strategie, die im Weg geistiger Klassenauseinandersetzung[403] rechtsstaatlich-demokratische Positionen für die Arbeiterbewegung verteidigt und wiederherzustellen versucht, entspringt einer entpolitisierenden „Romantik der Illegalität“,[404] welche die dialektische Verschränkung von juristischem und politischem Kampf[405] auflöst.

402 Vgl. die in Demokratie und Recht 2/1972, S. 183 ff. abgedruckten Urteile. Selbst in der Adenauer Ära war das politische System nicht zu einem geschlossen autoritären erstarrt: 1957 wird Viktor Agartz vom politischen Strafsenat des BGH unter anderem mit der (vom KPD-Verbotsurteil abweichenden) Begründung freigesprochen, marxistische Theorie und Verfassungsordnung stünden nicht im Gegensatz zueinander; s. dazu Hochverrat und Staatsgefährdung, Urteile des BGH, Bd. II, hrsg. v. W. Wagner, Karlsruhe 1958, S. 204, 210 f. Die wichtigen Plädoyers von G. Heinemann und D. Posser im Agartz-Prozess sind abgedruckt bei H.-G. Hermann, Verraten und verkauft, Fulda 1959, S. 229 ff.; vgl. zum Agartz-Urteil auch W. Abendroth, Das Urteil im Agartz-Prozeß, Sozialistische Politik Nr. 1/1958, S. 2 f. In die gleiche Richtung des Schutzes der politischen Demokratie gingen 1961 das Fernsehurteil des Bundesverfassungsgerichts (BVerfGE 12, 85 ff.), das das Adenauersche Regierungsfernsehen illegalisierte, und das Urteil des Bundesverfassungsgerichts (BVerfGE 12, 196 ff.), das § 90a Abs. 3 StGB, eine gegen ehemalige Mitglieder der KPD angewandte Schlüsselnorm, wegen Verstoßes gegen das Parteienprivileg für nichtig erklärte. Zu diesen beiden Urteilen vgl. W. Abendroth, Die Entliberalisierung der Bundesrepublik und der politische Funktionswandel des Bundesverfassungsgerichts, Sozialistische Politik, Nr. 5/1961, S. 1 f.

403 Zu diesem Begriff vgl. K. Korsch, Marxismus und Philosophie, Frankfurt/M. 1966, S. 135.

404 G. Lukács, Legalität und Illegalität, in: ders., Geschichte und Klassenbewußtsein, Berlin 1923, S. 275.

405 Vgl. dazu J. Seifert (Fn. 397), S. 193 ff.; L. Basso, Die Rolle des Rechts in der Phase des Übergangs zum Sozialismus, Kritische Justiz H. 3/1973, S. 239 ff.

6.
Kampf um Verfassungspositionen und gesellschaftliche Emanzipation – Jürgen Seifert

Nach einem Vortrag an der Universität Münster Mitte der 50er Jahre berichtete Wolfgang Abendroth, Widerstandskämpfer im Dritten Reich, demokratischer Staatsrechtler der ersten Stunde, dass er ganz unerwartet einen jungen linken Juristen kennen gelernt habe: Jürgen Seifert. In Münster studierte Seifert Rechtswissenschaft und Philosophie.1954 in die IG Metall und 1957 in die SPD eingetreten, gehörte er dem Sozialistischen Deutschen Studentenbund (SDS) an. Seiferts lebensgeschichtliche Prägung bestand darin, dass er, der Mitglied der Hitlerjugend war, der „Goebbels Wochenzeitung ‚Das Reich' geradezu verschlungen" hat, wie er selber schreibt, nach 1945 den Bruch mit dem Nationalsozialismus in einem längeren Prozess vollzogen hat. Er wird zunächst Werkzeugmacher und erfährt die Welt der abhängigen Arbeit. In der Bücherei der IG Metall in Osnabrück findet er die Literatur, die sein politisches Denken zu formen beginnt.

Während die juristischen Legitimationshelfer der NS-Diktatur – von Theodor Maunz bis Ulrich Scheuner, die die Beseitigung des Parlamentarismus, die rechtliche Schrankenlosigkeit der Führerdespotie und die Entrechtung der Juden gerechtfertigt hatten – die meisten rechtswissenschaftlichen Lehrstühle der jungen Republik besetzen, wird Seifert durch das Rechtsdenken derjenigen, die von den Nazis besiegt, verfolgt, inhaftiert und ins Exil getrieben wurden, in wesentlichem Maße beeinflusst. Dies sind vor allem die Theoretiker der Weimarer Sozialdemokratie wie Franz L. Neumann, Otto Kirchheimer, Akardij Gurland und der oppositionelle Kommunist Karl Korsch. Wolfgang Abendroth, der auf besondere Weise, mit seiner Interpretation des Verfassungsbegriffs des demokratischen und sozialen Rechtsstaats, die Brücke zu der juristischen Linken der ersten Republik schlägt, wird für Seiferts Verständnis des Grundgesetzes besonders wichtig. Dies gilt vor allem für die Unterscheidung von Staatsapparat und Verfassung und für das Theorem, dass die demokratische Rechtsordnung als Rahmenregelung für die Austragung politischer und gesellschaftlicher Konflikte zu begreifen ist.

Die Aneignung des Denkens gesellschaftskritischer, der Gedankenwelt der Aufklärung verpflichteter Juristen verband sich bei Seifert mit der Rezeption des westlichen Marxismus, der im direkten Gegensatz zur Herrschaftsideologie des Ostblocks stand. Eingehend studierte er in einer fotokopierten Ausgabe Georg Lukács' Buch „Geschichte und Klassenbewußtsein" von 1923, das die ökonomistische Verkürzung des Marxismus durch die Entfaltung des Totalitätsbegriffs zu überwinden sucht.

Während seines Studiums und in der Zeit danach entwickelt Seifert für längeren Zeit eine persönliche, auch in einem Briefwechsel sich niederschlagende Beziehung zu Carl Schmitt, die bei allen Disputen von Achtung für Schmitt und von einer Genugtuung über die Anerkennung seiner Aphorismen durch sein Gegenüber gekennzeichnet ist. Als er aber auf Schmitts antisemitische Schmähschrift von 1936 stößt, die sich der Worte Hitlers zur Rechtfertigung der Erniedrigung der Juden bedient, vollzieht er einen Bruch, der sich am deutlichsten in seinem Nachruf auf den einflussreichsten Juristen des Dritten Reiches ausdrückt. Er zeigt, dass sich an Schmitts Begriffsbildung die Gefahren für eine rechtsstaatliche Demokratie besonders deutlich erkennen lassen, denn seine Positionen und Begriffe zielen auf eine, wie Seifert formuliert, „machtstaatliche Entrechtlichung“ jener Kräfte und Gruppen, die eine oppositionelle Haltung zur bürgerlichen Gesellschaft einnehmen.

Dass Seifert sich über viele Jahre mit Carl Schmitt beschäftigt, mag auch mit der weitgehend unbeantwortet gebliebenen Frage nach der Haltung seines Vaters im NS-System zusammenhängen. Dessen Rolle hatte Seifert so beschrieben: “Mein Vater … war mitverantwortlich für die auf eine Notverordnung Hindenburgs gestützte Telefon- und Fernmeldeüberwachung von NS-Gegnern …, die manchen Gegner des NS-Systems ins KZ oder in den Tod gebracht haben.“ Diese Tätigkeit für das Regime wurde weitgehend mit Schweigen überdeckt. Um so eher bot sich ein anderer, maßgebender Repräsentant des autoritären Systems als Gesprächspartner für die intellektuelle Selbstfindung an.

Die Aneignung der theoretischen Instrumentarien eines Rechtsdenkens „aus Freiheitssinn“(Radbruch), wie es im Grundgesetz, der Gegenverfassung zur NS-Herrschaft, seinen Niederschlag gefunden hat, befähigten Seifert, 1961 aus der SPD wegen seiner Mitgliedschaft im SDS ausgeschlossen, in besonderer Weise als juristischer Berater und politischer Stratege, vor allem der IG Metall, den wichtigsten verfassungspolitischen Kampf in der Bundesrepublik, der Auseinandersetzung um die Notstandsgesetze, die die 60er Jahre beherrschte, zu führen. In dieser Zeit schrieb Seifert sein in mehreren Auflagen verbreitetes Buch „Gefahr im Verzuge – zur Problematik der Notstandsgesetze“(1963). Zu dem Buch steuerte der sozialdemokratisch hessische Generalstaatsanwalt Fritz Bauer, auf Seiferts Bitte, eine Einleitung bei, die nicht nur die politischen und rechtlichen Gefahren einer fessellosen Exekutivgewalt in den Blick rückte, sondern auch den Gewerkschaften demonstrierte, dass ein gerade aus der SPD ausgeschlossener Jurist wissenschaftlich persona grata blieb.

In der Auseinandersetzung mit den geplanten Regelungen für den Ausnahmezustand bildete sich bei Seifert die auch für spätere Arbeiten charakteristische

Verbindung von wissenschaftlicher Argumentation, die den Anspruch auf rationale Stringenz stellt, und politischer Intervention heraus, die sich des Rückhalts bei gesellschaftlichen Kräften bzw. der öffentlichen Meinung zu versichern sucht. In Anlehnung an Karl Korsch nennt Seifert dies ein „juristische Aktion", die nicht abstrakte Forderungen stellt, sondern auf die jeweiligen Entscheidungssituationen zielt.

Seiferts Position in der Notstandsauseinandersetzung richtete sich – gemeinsam mit Wolfgang Abendroth, Helmut Ridder, Karl Dietrich Bracher und Jürgen Habermas – gegen die Etablierung eines Ausnahmezustands, der zur „Stunde der Exekutive" werden sollte, wie Innenminister Schröder 1960 forderte. Dann sind die Grundrechte, vor allem die Meinungsfreiheit und die Koalitionsfreiheit, ebenso zur Disposition gestellt wie die parlamentarischen Entscheidungs- und Kontrollkompetenzen. In einer Fülle von Expertisen, Reden und Aufsätzen, die auch in einen von ihm formulierten Alternativentwurf der SPD-Bundestagsabgeordneten Matthöfer, Gescheidle u.a. mündeten, besteht das Gewicht seiner Argumentation darin, dass er sie am juristischen Detail – und nicht allgemein polemisch – entwickelt und damit die Gegenseite in Begründungsschwierigkeiten bringt. Als 1965 im Deutschen Bundestag zwischen der CDU/CSU und der SPD ein sogenannter Notstandskompromiss geschlossen wird, legt Seifert in einem für den Vorsitzenden der IG Metall verfassten Briefentwurf exakt dar, dass in der geplanten Regelung die Koalitions- und die Berufsfreiheit nicht unzweideutig geschützt seien. Die gewählte Formulierung, dass „für Zwecke der Verteidigung Dienstverpflichtungen" verfügt werden können, erlaube es, „das demokratische Grundrecht des Art. 12 unter dem Vorwand eines Notstands einzuschränken". Otto Brenner nahm die Argumentation von Seifert auf. Es kam zu einer breiten, von Intellektuellen unterstützten Aktionsfront der Gewerkschaften, die dazu führte, dass die SPD von der Vereinbarung mit der CDU wieder abrückte.

Die Notstandsverfassung von 1968, Endpunkt des langjährigen Kampfes um die Eckpunkte des Grundgesetzes, interpretierte Seifert, anders als Köpfe der Studentenbewegung wie Hans Joachim Krahl, der von einem Ende der Demokratie sprach, als halbe Niederlage und als halben Sieg, weil auch rechtsstaatliche Sicherungen – durch die Erhaltung parlamentarischer Kompetenzen und der Nichteinschränkbarkeit zentraler Grundrechte – durchgesetzt wurden.

Seiferts Erfahrungen in der Notstandsauseinandersetzung bleiben für seine weitere wissenschaftliche und politische Rolle in der Bundesrepublik relevant. Nachdem er 1971 Professor für Politische Wissenschaft an der Universität Hannover geworden ist, wird er zeitlich fast parallel, Bundesvorsitzender der Humanistischen Union und Mitglied der Redaktion der „Kritischen Justiz". Wieder verbindet er verfassungsjuristische Analysen mit vielfachen Eingriffen in das politische Geschehen.

Er interveniert z.T. mit Erfolg gegen extra-legale, mit einem Rechtsschein versehene Operationen des Staatsapparats. Er kritisiert die Nichtachtung der Unverletzlichkeit der Wohnung des Atomwissenschaftlers Traube durch den Innenminister der Regierung Schmidt, analysiert die Auflösung grundrechtlicher Garantien für Bewerber für den öffentlichen Dienst, macht die Aushöhlung des Telefongeheimnisses durch die Nicht-Unterrichtung der von Abhörmaßnahmen Betroffenen öffentlich.

Seiferts Tätigkeit erschöpft sich nicht in rechtsstaatlich demokratisch angeleiteten Interventionen. Auf dem Feld der politischen und rechtlichen Theorie hat er eine Vielzahl von Arbeiten – über Hegel, Marx, Arendt, Abendroth und andere – vorgelegt, in denen die Fragen nach den unabdingbaren politischen und rechtlichen Formen eines bisher nur in Ansätzen verwirklichten Gemeinwesens umkreist werden, das den Krieg aus der Politik verbannt, die ökologischen Grundlagen der Menschheit sichert und die Selbstbestimmung der Individuen durch das rechtsstaatlich demokratische Regelwerk sichert.

Die angemessenen Formen politischen Konflikts, die in jeder Gesellschaft bestehen werden, sind Gegenstand einer programmatischen Abhandlung über die Strukturdifferenz von Feindschaft und Gegnerschaft. Dem Theorem Carl Schmitts, dass die in der physischen Vernichtung kulminierende Feindschaft den Begriff des Politischen ausmache, setzt er – auch in einem bemerkenswerten Exkurs über die biblische Geschichte von Kain und Abel – die in der Tradition der Aufklärung und der demokratischen Verfassungsurkunden sich ausdrückende Position entgegen, dass sich Kontroversität allein in den Formen politischer Gegnerschaft, die durch die Freiheitsrechte ermöglicht und begrenzt wird, zu bewegen hat: „Freiheit gibt es nur dort, wo es gelingt, Feindschaft durch Gegnerschaft zu ersetzen."

Der Redaktion der „Kritischen Justiz" gehörte Seifert 20 Jahre an. Schon am Gründungsprozess der Zeitschrift im Jahr 1968 beteiligt, publizierte er von Anbeginn kontinuierlich Aufsätze, Glossen, Rezensionen und Entgegnungen. Als Konflikte in der Redaktion über die kritische Ausrichtung des Blattes nicht auflösbar schienen und ein Auseinanderfallen der Redaktion drohte, trat Seifert im Jahr 1978 in die Redaktion ein. Damit konnten die Blockaden aufgelöst werden. Die Kompromissfähigkeit, die Seifert als Umgangsmaxime in die Redaktion einbrachte, hat dazu nicht wenig beigetragen.

Für die Entwicklung seiner Positionen brauchte Seifert das Gespräch mit anderen, mit denen er kontrovers diskutieren konnte. Fast jeden seiner Texte veröffentlichte er erst, wenn sie durch das Purgatorium kritischen Gegenlesens, durch das sie eine andere Gestalt annahmen, gegangen waren.

Im Umgang mit Kindern, die nicht durch das Realitätsprinzip bestimmt waren, hatte er spontane Freude. Für ihn war, auch bedingt durch den Gedanken, „alle Verhältnisse umzuwerfen, in denen der Mensch ein erniedrigtes ... Wesen ist“ (Marx), Hilfsbereitschaft etwas Selbstverständliches, die seinen Freunden, die unter seelischer Not litten, ebenso galt wie seiner Sekretärin, die Schwierigkeiten mit ihrem Vermieter hatte, oder Demonstranten, die einem rechtswidrigen Polizeieinsatz ausgesetzt waren.

Seine moralische Sensibilität konnte urplötzlich in eine emotionale Explosion umschlagen, die ihm da und dort auch zu schaffen machte. Er rief dann, noch während seiner Attacken, abmildernd, dass man ihn doch kenne. Kurzum: Jürgen Seifert besaß in reichlichem Maße jenes humane Mitgefühl, das in der juristischen Tätigkeit oftmals zum Verschwinden gebracht wird. Bei ihm wirkte Empathie, zumal für die Schwächeren, als Antriebskraft seines Kampfes um Verfassungspositionen.

Literatur:

J. Seifert, Der lange Weg, Hitler in mir zu überwinden, Vorgänge H.1/1984, S.34 ff

ders., Gefahr im Verzuge. Zur Problematik der Notstandsgesetzgebung, dritte neubearbeitete und erweiterte Auflage, Frankfurt/M. 1965

ders., Kampf um Verfassungspositionen, Köln 1974

ders., Politik zwischen Destruktion und Gestaltung, Hannover 1997

7.
Überschreitung des schlecht Bestehenden – Oskar Negt

I.

Oskar Negts Untersuchungen, die von der Arbeiterbildung über den Studentenprotest, die Gesellschaft des kommunistischen China bis zu Goethes Faust reichen, sind durch eine außergewöhnliche Vielfalt charakterisiert. Dies ist in der wissenschaftlichen Bildungsgeschichte Negts begründet. Seit 1955 studiert er, nach einem Semester Jura in Göttingen, an der Universität Frankfurt am Main bei Theodor W. Adorno und Max Horkheimer Soziologe und Philosophie. Adorno wird sein wichtigster wissenschaftlicher Lehrer, dem er bis heute verbunden ist. In einem aus Anlass des 100. Geburtstags seines Lehrers gehaltenen Vortrag vergegenwärtigt Negt den weiten Horizont der kritischen Gesellschaftsanalyse, in der sich die Kritik der Politischen Ökonomie mit der Musikphilosophie und der soziologischen Gegenwartsdiagnose verbinden.[406] Für Adorno, aber auch für Horkheimer war der Begriff der wissenschaftlichen Wahrheit – die Übereinstimmung von Begriff und Sache – darauf gerichtet, die Erkenntnis des historisch bestimmten gesellschaftlichen Ganzen zu befördern. Hegel, der in vielen Seminaren Horkheimers und Adornos im Zentrum der Interpretationsarbeit stand, hatte diese Erkenntnisform, die die Immanenz der Fachgrenzen überschreitet, in die Worte gefasst: „Das Ganze ist das Wahre.“[407] Horkheimer drückte die damit verbundene Verschränkung von gesamtgesellschaftlicher Analyse und Kritik so aus: Wahrheit bedeutet, „die Kenntnisse so auszudrücken, daß ihre Formulierung zum rechten Urteil über das schlecht Bestehende führt.“[408] Von der Fruchtbarkeit dieses geschichtlich fundierten Wahrheitsbegriffs zeugen Negts Arbeiten.

II.

Als Negt sein Studium in Frankfurt im Wintersemester 1955/56 beginnt, war er, seit 1954, Mitglied der SPD, jener Partei, der auch sein Vater, ein Kleinbauer in

406 O. Negt, Adorno als Marxist, in: Leiden beredt werden lassen. Beiträge über das Denken Theodor W. Adornos, hrsg. v. J. Perels, Hannover 2006, S. 9 ff.

407 G.W.F. Hegel, Phänomenologie des Geistes (1807), Hamburg 1952, Vorrede, S. 21.

408 M. Horkheimer, Gedenkworte, in: Theodor W. Adorno zum Gedächtnis, hrsg. v. H. Schweppenhäuser, Frankfurt/M. 1971, S. 45.

Ostpreußen, seit der Novemberrevolution von 1918 angehörte. In der Frühphase der Bundesrepublik war das Heidelberger Programm der SPD von 1925 noch in Geltung, ohne dass es die aktuelle Politik der Partei noch wesentlich prägte. Gleichwohl beschreibt dieses Programm, das von Rudolf Hilferding, dem Autor des noch für die Gegenwart erhellenden Buchs „Das Finanzkapital“[409] verfasst wurde, den in verschiedenen Gruppen der SPD noch verbreiteten Denkhorizont einer Kritik des Kapitalismus in der Perspektive einer Transformation in eine Gesellschaft, die den Produktionsprozess demokratisch konstituiert und bestimmt.

Während Marx an den Universitäten der Bundesrepublik kaum eine Rolle spielt und seine Theorie als eine schlecht-religiöse Erlösungslehre, als „Heilsgeschichte in der Sprache der Nationalökonomie“(Löwith) angesehen wurde und in der politischen Auseinandersetzung die den Marxismus mit dem Stalinismus gleichsetzende Wahlkampfformel der CDU von 1953 – “Alle Wege des Marxismus führen nach Moskau“ – galt, war in den Lehrveranstaltungen von Adorno und auch von Horkheimer, die im amerikanischen Exil gesellschaftskritisches Denken bewahrten, die Werke von Marx, die die Nazis in den Bücherverbrennungen vernichteten, wissenschaftlich präsent und Gegenstand der Diskussion.

Dieses intellektuelle Klima, das sich von der, wie Adorno sagte, allgemeinen Neurotisierung des Bewusstseins gegen Marx unterschied und den Horizont der Marxismus-Diskussion in der Weimarer Republik lebendig werden ließ, bildet den Wurzelgrund der geistigen Entwicklung von Negt. Schon in einer frühen Seminararbeit „Über das Verhältnis von Ökonomie und Gesellschaftstheorie bei Marx“ entwickelt Negt einen lesegesättigten Gesamtblick auf Marx. Das analytische Instrumentarium, das die Folgen der privaten Verfügung über die gesellschaftliche Produktion bloßlegt, nimmt in all seinen Facetten Gestalt an. Negt schreibt, „daß die Vergesellschaftung der Menschen nicht ihre eigene bewußte Tat, sondern Produkt blinder Natur- und Geschichtsmächte“ ist.[410]

Schon in diesem Text zeigt sich freilich, dass Negts Umgang mit Marx, bei aller Rezeption seiner Theorie, alles andere als dogmatisch ist. Offene Fragen, die in der Versteinerung des institutionellen Marxismus verschwinden, treten in den Blick. Negt zeigt, dass Marx, im Unterschied zu den einfachen Formeln für den Sozialismus, keinen einheitlichen Arbeitsbegriff für eine Gesellschaft jenseits des Kapitalismus entwickelt. Marx schwankt zwischen der Vorstellung erfüllter, befreiter Arbeit und der Vorstellung einer Fortexistenz von Formen der

---

409 R. Hilferding, Das Finanzkapital. Eine Studie über die jüngste Entwicklung des Kapitalismus, Wien 2010.

410 O. Negt, Über das Verhältnis von Ökonomie und Gesellschaftstheorie bei Karl Marx, Hamburg 1973, S. 26.

Unfreiheit im Produktionsprozess, der, auch in einer humaneren Ordnung, vom „Reich der Notwendigkeit" bestimmt werde.[411]

Die Wiedergewinnung authentischer Formen des historischen Materialismus schlägt sich in der von Adorno betreuten Dissertation Negts über Comte und Hegel, dem Lehrer von Marx, nieder, die das kritische Potential in Hegels Philosophie gegen einen das Bestehende rechtfertigenden Soziologen mobilisiert.[412] Die Aneignung von Marx selber ist unter den Bedingungen des Kalten Krieges nur möglich, wenn die grundlegende Differenz zum geschichtsmächtigen Sowjetmarxismus markiert wird. Dies geschieht in Negts großer Abhandlung über die Genesis der stalinistischen Philosophie in den 20er Jahren, in der der Marxismus in sein Gegenteil einer Legitimationswissenschaft für reetablierte Herrschaftsstrukturen verkehrt wurde. Methodisch bedient sich Negt der Instrumentarien der Ideologiekritik, die das grundlegende Erkenntnismittel für die Dechiffrierung autoritärer Machtstrukturen ist. Gezeigt wird, dass die Ideologeme der stalinistischen Philosophie, der Irrelevanz des sog. subjektiven Faktors und der These von der Unaufhebbarkeit der gesellschaftlichen Naturgesetze dem Marxschen Emanzipationsbegriff der Konstituierung der Verhältnisse durch das freie Handeln der ihre Entfremdung überwindenden Menschen vollständig entgegengesetzt sind. Die Ausbildung der Sowjetideologie, die die Zwangsherrschaft des Partei- und Staatsapparats über die unmittelbaren Produzenten aus vorgeblich objektiven ökonomischen Gesetzmäßigkeiten herleitet, ist im Sinn der Sicherung der Herrschaftsverhältnisse gesellschaftlich notwendig.[413]

In der Konsequenz der Analysen des Sowjetmarxismus richtet sich Negts Aufmerksamkeit auf die geschichtlichen Prozesse der Überwindung der ökonomischen Despotie, die von der Gestaltungskraft eines wirklich beginnenden Sozialismus zeugen. In einem politischen Kommentar zur militärischen Zerschlagung des Prager Reformprojekts von 1968 rückt die politische Aufhebung des staatlich vermittelten Entfremdungszusammenhangs ins Zentrum. Negt schreibt: „Wenn der Stalinismus ein gegenüber den Massen verselbständigtes Herrschaftssystem ist, dessen Ideologie die verabsolutierte Logik der Produktion zur Grundlage hat, so mußte der ernsthafte Versuch einer Entstalinisierung in den eigentlich politischen Bereichen ansetzen. Denn die in der stalinistischen Industrialisierungsphase stillgelegte Dialektik von Basis und Überbau läßt sich nur

411 K. Marx, Das Kapital. Kritik der politischen Ökonomie (1894), Bd. III, Berlin 1964, S. 828.

412 O. Negt, Die Konstituierung der Soziologie zur Ordnungswissenschaft. Strukturbeziehungen zwischen den Gesellschaftslehren Comtes und Hegels (1964), Frankfurt/M. 1974.

413 O. Negt, Marxismus als Legitimationswissenschaft. Zur Genese der stalinistischen Philosophie (1969), in: N. Bucharin/A.Deborin, Kontroversen über dialektischen und mechanistischen Materialismus, Frankfurt/M. 1974, S. 7 ff.

freisetzen, wenn die Massen durch Aufklärung und Information überhaupt erst die Möglichkeit erhalten, so etwas wie Interessenbewußtsein und politische Phantasie auszubilden."[414] Das mit dem Gedanken einer Gesellschaft der „freien Assoziation der Produzenten" (Marx) verbundene Ziel ist durch den Gewaltakt des 21. August 1968 nicht erledigt.

Kritische Gesellschaftstheorie kann ihre innere humane Substanz nicht nur durch die Abgrenzung von Systemen bewahren, die mit Marx so viel zu tun haben wie die Inquisition mit dem Urchristentum. Auch die ausgreifende, tötende Gewalt der Roten-Armee-Fraktion, die die Bundesrepublik und die oppositionellen Bewegungen in den 70er Jahren in Atem hielt, macht Negt zum Gegenstand der Analyse, um mit der Kritik an einer selbsternannten sog. Avantgarde die gewaltfreie, durch die Verfassung gesicherten politischen Aktionsformen zu bewahren. Die Akte der Baader-Meinhof-Gruppe – Gefangenenbefreiungen, Bankeinbrüche, Bombenlegen und Morde – errichten, sagt Negt in einer öffentlichen Rede in Frankfurt am Main, „eine undurchdringliche Mauer zwischen sich und der gesellschaftlichen Erfahrung", die darin besteht, daß das politische System mit einem „offenen Faschismus" gleichgesetzt wird. Die Auseinandersetzung mit dem bundesdeutschen Terrorismus, durch die Negt nicht wenig dazu beiträgt, die Rote-Armee-Fraktion intellektuell zu isolieren, ist wesentlich davon bestimmt, deren Ideologie, die sich auch auf Marx beruft, ihrer vollständigen Negation des Marxschen Denkens zu überführen. Negt schreibt: „Wenn Marx sagt, radikal sein bedeute, die Sache an der Wurzel packen, die Wurzel für den Menschen aber sei der Mensch, so kann sich keine sozialistische Politik von der Erfahrungsweise der Menschen, vor allem der arbeitenden Menschen, ungestraft ablösen. Eine Gruppe, die diesen Boden verlässt, hat kein objektives Korrektiv mehr ..."[415]

III.

Negt bleibt nicht bei der Rekonstruktion der Marxschen Gesellschaftstheorie unter den vielfachen Bedingungen ihrer Entstellung stehen. Für sein Denken macht er eine Fülle großer Arbeiten, vor allem von Theodor W. Adorno, Ernst Bloch, Herbert Marcuse, Jürgen Habermas, Sigmund Freud, Hans Jonas und Wolfgang Abendroth fruchtbar. Vor allem lenkt er, im Gegensatz zu einer dog-

---

414 O. Negt, Das Ende des Stalinismus. Zur Intervention der Staaten des Warschauer Pakts in der CSSR (1968), in: ders., Keine Demokratie ohne Sozialismus, Frankfurt/M. 1976, S. 424 f.

415 O. Negt, Sozialistische Politik und Terrorismus (1972), ebd., S. 439, 441.

matischen Kanonisierung von Marx, die Aufmerksamkeit auf – politisch folgenreiche – Leerstellen des historischen Materialismus. Programmatisch hebt Negt, meist gemeinsam mit Alexander Kluge, hervor, dass es erforderlich sei, die Kritik der Politischen Ökonomie nach unten, zu einer politischen Ökonomie der Arbeitskraft zu erweitern, in der es um die Frage der Entwicklung der emanzipatorischen Bedürfnisse der Menschen geht. Während für Marx das Bewusstsein der Arbeiter durch die Verwertungslogik des Kapitals nahezu vollständig determiniert wird, tritt in der Analyse von Negt der hiervon unterscheidbare Eigenwille der Arbeitskraft in den Blick, der auf die Aufhebung der Trennung von Können und Betätigungsfeld, von Arbeitsmitteln und Gegenstand in Form der Assoziation der Produzenten zielt.[416] Diese Perspektive wird aber nicht, wie bei den Frühsozialisten, als einfaches Postulat entwickelt, sondern mit den gesellschaftlichen Realisierungsbedingungen in Verbindung gebracht. So heißt es: „Die Bedürfnisse, die sich auf Selbstbestimmung richten, treffen auf keinen öffentlich produzierten Austausch. Man kann sie nicht kaufen oder verkaufen. Die Bedürfnisse (aber), die sich auf eine bloß bessere Einrichtung der Fremdbestimmung richten, die sogenannten konsumtiven Bedürfnisse, treffen auf öffentlich erkennbare Realisationsangebote.“[417]

Die praktischen Schwierigkeiten der Konstituierung einer politischen Ökonomie der Arbeit sind für Negt kein Hindernis, die Fragen der subjektiven Bedingungen für die Ausbildung eines gesellschaftskritischen Bewusstseins zu verfolgen, die im überkommenen Marxismus, der die Marxsche Theorie zu einer durch das Handeln der Menschen nicht vermittelten Entwicklungslogik verflacht hatte, vernachlässigt wurden.

Schon Mitte der 60er Jahre hatte Negt, der seinerzeit in der Bildungsarbeit der IG-Metall eine wichtige Rolle spielte, einen neue Konzeption der Arbeiterbildung entwickelt, die sich sowohl von der traditionellen, eher technischen Funktionärsschulung grundsätzlich unterschied, in der die von Kautsky und Lenin bestimmte Vorstellung dominierte, dass das Klassenbewusstsein von oben, von fortgeschrittenen Intellektuellen, in das Proletariat eingepflanzt werden müsse. Im Zentrum von Negts programmatischer Schrift „Soziologische Phantasie und exemplarisches Lernen“[418] steht der Gedanke, dass ein gesellschaftskritisches Bewusstsein der Arbeiter sich im Wesentlichen aus der Reflexion ihrer eigenen Erfahrungen, verbunden mit der selbständigen Durchdringung gesellschaftlicher Funktionsbereiche entwickeln kann. Das heißt: „Erst

416 O. Negt/A. Kluge, Geschichte und Eigensinn, Frankfurt/M. 1981, S. 95 f.

417 Ebd., S. 132.

418 O. Negt, Soziologische Phantasie und exemplarisches Lernen. Zur Theorie der Arbeiterbildung, Frankfurt/M. 1968.

wenn der Sinn der Arbeiterbildung in der doppelten Aufgabe gesehen wird, durch Erziehung zu soziologischem Denken den Arbeitern das Bewußtsein ihrer eigenen Konflikte ...“ zu vermitteln und zugleich „aus den eigenen Formen der existierenden Wirklichkeit die wahre Wirklichkeit als ihr Sollen und ... zu entwickeln“ (Marx), besteht die Möglichkeit, „dem Einzelnen durch Antizipation eines freien und gerechten Gesellschaftszustands“ eine nicht mehr nur private Handlungsperspektive zu eröffnen.[419] Auch an dieser Stelle ist der Bezug zu Marx wichtig. In einem Brief von Marx an seinen Mitstreiter Ruge, wird die Kritik an der Gesellschaft nicht von außen, nach der Art des Nürnberger Trichters, den Menschen imputiert. Sie wird vielmehr aus den realen Widersprüchen entwickelt. Diesen Gedanken macht Negt für die Arbeiterbildung fruchtbar. Bei Marx heißt es in dem erwähnten Brief: „Wir treten der Welt nicht doktrinär mit einem neuen Prinzip entgegen: hier ist die Wahrheit, hier knie nieder. Wir entwickeln der Welt aus den Prinzipien der Welt neue Prinzipien.“[420] So wird der Anknüpfungspunkt in der Wirklichkeit, etwa der Widerspruch zwischen der Verfassung und den realen gesellschaftlichen Verhältnissen, ins Zentrum gerückt.

Die von Negt systematisch entfaltete Frage der Ausbildung der subjektiven Voraussetzungen kritischen Denkens wird in der von ihm initiierten hannoverschen Glockseeschule auf einen neue theoretische und vor allem praktische Grundlage gestellt. Die pädagogische Qualität dieses 1972 unter Kultusminister Peter v. Oertzen ins Leben gerufenen Reformschulmodells, das von den späteren Kultusministern, unabhängig von ihrer politischen Couleur, weiter unterstützt wird, beruht in weitem Maße auf dem Konzept der Selbstregulierung, das dem von Negt kontinuierlich verfolgten theoretischen und praktischen Gedanken der Veränderung subjektiver Bewusstseinsformen, der Schaffung von gesellschaftlicher Autonomiefähigkeit, entspringt. Das Prinzip der Selbstregulierung der Schüler wird von Negt allerdings nicht vereinseitigt. Ausdrücklich wendet er sich gegen ein „sentimentales oder symbiotisches Verhältnis zu den Bedürfnissen und Interessen der Kinder“, durch das der „Schein eines unmittelbaren Einverständnisses“ mit den Schülern erzeugt wird. Eine Verabsolutierung der Schülerperspektive löst das notwendige Spannungsverhältnis zwischen den Standards der Lehrer und dem der Schüler auf, die beide „ein Stück Selbständigkeit und eigene Artikulationsfähigkeit haben.“[421] In dieser Erziehungskonzeption, die über viele Jahre reiche praktische, auch widersprüchliche Erfahrungen emanzi-

419 Ebd., S. 67.

420 Marx an Ruge (1843), in: K. Marx, Frühe Schriften I, hrsg. v. H-J. Lieber/P. Furth, Stuttgart 1962, S. 447.

421 O. Negt, Kindheit und Schule in einer Welt der Umbrüche, Göttingen 1997, S. 198.

patorischen Lernens hervorgebracht hat, die sich etwa in Schwierigkeiten ausdrückten, innerschulische Konflikte in Rechtsformen auszutragen, spielt ein früher Gedanke von Marx eine zentrale Rolle. In den Thesen über Feuerbach findet sich eine Stelle zur Rolle der Erzieher, denen – entsprechend dem weltgeschichtlichen Ziel einer „vergesellschafteten Menschheit" – keine autoritäre Bestimmungsgewalt zukommt. Im Zuge der Veränderung der Umstände muss, schreibt Marx, „der Erzieher selbst erzogen werden."[422]

IV.

Die Forschungen zum Stellenwert des sog. subjektiven Faktors in einem Prozess der Humanisierung der Gesellschaft sind – damit das Handeln Bodenhaftung behält – bei Negt mit der kritischen Reflexion der objektiven ökonomischen Funktionsgesetze der bürgerlichen Gesellschaft verbunden. Der Kerneinwand, den er gegenüber dem kapitalistischen System formuliert, lautet, dass in ihm die einzelbetriebliche Erfolgslogik die Frage nach einer Ökonomie des ganzen Hauses nicht aufkommen lässt, die schon im Grundgesetz mit der auf die Wirtschaft zielenden Gemeinwohlbindung und der Bestimmungsgewalt des demokratischen Gesetzgebers über die private Eigentumsordnung gegeben ist. Die inneren Schranken der kapitalistisch organisierten Wirtschaft bestimmt Negt so: „Die Kapital- und Marktlogik, Zentrum (der) Ökonomie, ist allen menschlichen Eingriffen entzogen; sie ist härtere Materie als Beton, der irgendwann doch der Erosion zum Opfer fällt."[423] Dieser analytische Blick bekommt in der gegenwärtigen Finanz- und Wirtschaftskrise im Blick auf die Bestimmung ihrer Ursachen zusätzliches Gewicht.

Negts Denken erfährt seine grundlegende Prägung durch die Verbindung von Gesellschaftsanalyse und der Antizipation einer grundlegend veränderten sozialen Ordnung. Diese Verbindung widerspricht dem gegenwärtig dominierenden Wissenschaftsverständnis, das das gesellschaftliche Ganze nicht überschreitet. Dies aber ist das Geheimnis der Fruchtbarkeit der theoretischen Arbeit von Negt, die Kernprobleme einer den Menschen adäquaten Einrichtung der Gesellschaft auf so vielen Feldern behandelt. Die erkenntnisfördernde Kraft konkreter Antizipation steht im Zentrum von Ernst Blochs weitgreifendem Werk, dem Negt mehrere rezeptionsreiche Beiträge gewidmet hat. Das „Prinzip Hoffnung", das die „noch unabgeschlossene Daseinsbestimmtheit" als Agens des

---

422 K. Marx, Thesen über Feuerbach (1845/46), in: F. Engels und der Ausgang der klassischen deutschen Philosophie, Berlin 1960, These 9: S. 62.

423 O. Negt, Arbeit und menschliche Würde, Göttingen 2001, S. 308.

Denkens begreift, enthält am Ende einen Satz, der sich auch als Selbstbeschreibung der Blickrichtung Negts lesen lässt: „Der Mensch lebt noch überall in der Vorgeschichte, ja alles und jedes steht noch vor der Erschaffung der Welt, als einer rechten."[424]

424 O. Negt, Ernst Bloch – der deutsche Philosoph der Oktoberrevolution (1972); ders., Erbschaft an Ungleichzeitigkeit und das Problem der Propaganda (1975), in: Negt (Fn. 414), S. 228 ff., 244 ff., E. Bloch, Das Prinzip Hoffnung, Frankfurt/M. 1959, S.4, S.1628.

8.
Ein vergessener Begriff von Politik – Siegfried Landshut

Das Werk des Gelehrten Siegfried Landshut (1897-1969)[425] wird bis heute weitgehend ausgegrenzt. Die Mechanismen reichen von der frühen disziplinarrechtlichen Verfolgung wegen des Zusammenlebens mit seiner späteren Frau durch die Universität Freiburg über das Scheitern der ersten Habilitation, die wesentlich von dem nationalsozialistisch orientierten Hochschullehrer Andreas Walther 1928 zu Fall gebracht wurde, bis zur Entlassung aus der Assistentenstelle der Universität Hamburg am 31. August 1933, nachdem seine zweite Habilitationsschrift noch am 22. Januar 1933 angenommen worden war. Selbst im Exil, in dem er, seine Frau und seine Kinder große Not litten, war Landshut Invektiven des einflussreichen, mittlerweile in England lehrenden Soziologen Karl Mannheim ausgesetzt, der ihm attestierte, dass er zu jenen „Außenseitern" gehöre, „die sich in Einseitigkeiten versteigen und wo man nicht mehr genau weiß, ob sie Opfer einer bösen Welt oder ihrer eigenen Übertreibungen sind" (Nicolaysen, S. 203). Auch an der Jerusalemer Universität vermochte ein u.a. von Martin Buber unterschriebener Brief seine Weiterbeschäftigung nicht zu sichern. In dem Brief hieß es, es könne nicht bezweifelt werden, dass Landshut „mit seiner Familie einfach dem Verhungern ausgesetzt ist, wenn die verantwortlichen Leiter der Universität keine Anstrengungen machen, um ihm wenigstens eine notdürftige Selbsterhaltung zu ermöglichen" (Nicolaysen, S. 256). Landshut hält – und dies schränkt die Wirksamkeit seiner Studien in Palästina stark ein – eine religiöse Rechtfertigung für die Gründung eines jüdischen Staates für unhaltbar; er verweist auf Theodor Herzls Nationalgedanken, der mit der Tradition des biblisch begründeten Judentums bricht.

Die Ausgrenzung endet nicht mit dem Exil, das er dank gelegentlich vergebener Forschungsprojekte, zeitlich begrenzter Lehraufträge und als Leiter der deutschen Abteilung des britischen Mittelmeersenders in Jerusalem und später der Erziehungsabteilung des britischen Kriegsgefangenenlagers in Kairo, dem die Reeducation von etwa 100.000 deutschen Kriegsgefangenen unterstand, schließlich mit seiner Familie überlebte. Noch in einer Darstellung der Gründungsväter der Politikwissenschaft in der Bundesrepublik, die von Hans Karl Rupp und Thomas Noetzel vorgelegt wurde,[426] kommt Landshut nicht vor.

---

425 R. Nicolaysen, Siegfried Landshut. Die Wiederentdeckung der Politik. Eine Biographie, Frankfurt/M. 1997. R. Nicolaysen (Hrsg.), Polis und Moderne. Siegfried Landshut in heutiger Sicht, Berlin 2000.

426 H.K. Rupp/T. Noetzel, Macht, Freiheit, Demokratie, Bd. 2, Marburg 1994.

Landshuts Ausschaltung durch die Nazis findet in repräsentativen Darstellungen der Geschichte der Hamburger Universität sogar ihren Unrechtscharakter: Der einstige Dekan, der Betriebswirtschaftler Curt Eisfeld, der Landshut den Abbruch des Habilitationsverfahrens am 13. Mai 1933 „mit Rücksicht auf die veränderten Verhältnisse" – das ist die judenfeindliche Beamtengesetzgebung der NS-Diktatur – mitteilte,[427] konstatiert in seinen 1973 erschienenen Lebenserinnerungen ohne jede kritische Selbstreflexion, dass „die Haltung der ‚neuen Herren' der Universität gegenüber ruhig und vernünftig gewesen" sei.[428] Zuguterletzt gilt in einer 1991 publizierten Studie von Rainer Waßner der Abbruch der Forschungsrichtung von Landshut, als, nota bene, wissenschaftlicher Fortschritt in Gestalt des Aufstiegs der sogenannten professionellen Soziologie.[429]

Angesichts der vielfachen Nichtwahrnehmung der Arbeiten und der pädagogischen Tätigkeit von Landshut, von dessen Familienmitgliedern allein neun im NS-Regime ermordet wurden, ist es kein Wunder, dass er von einer tiefen Traurigkeit geprägt war.

Die schon erwähnte, auf einer Fülle unpublizierter Quellen gegründete Studie von Rainer Nicolaysen ist eine intellektuelle Pioniertat. Umfassend und differenziert vergegenwärtigt er die wissenschaftliche Lebensgeschichte eines Politikwissenschaftlers mit hohem theoretischem Anspruch, der auf unverwechselbare Weise ein anderes, humanes Deutschland repräsentierte und sich noch nach 1945 vielen Widerständen gegenübersah. Mit aphoristischer Präzision reagiert Landshut Anfang der 50er Jahre auf eine Einladung Carl Schmitts zu einer wissenschaftlichen Tagung: Er qualifiziert Schmitt, der 1936 das Signal zur wissenschaftlichen Ächtung der jüdischen Juristen gegeben hatte,[430] als den exponiertesten Vertreter der deutschen Universität, der sein „wissenschaftliches Lehramt an den äußeren Erfolg der moralischen Monstrositäten des Nationalsozialismus verraten [hat]".[431]

Nicolaysen bettet seine gut geschriebene und sachkundig argumentierende Biographie in die Wissenschafts- und Universitätsgeschichte und in die Geschichte des Exils ein. So entsteht ein politisches Panorama der Wirkungsweise eines jüdischen Wissenschaftlers, der einen zentralen und originellen Beitrag zur

---

427 Nicolaysen, Polis (Fn. 425), S. 180.

428 Nicolaysen, Landshut (Fn. 425), S. 173; vgl. Eisfeld, Aus fünfzig Jahren, Göttingen 1973, S. 134.

429 Nicolaysen, Landshut (Fn. 425), S. 177; vgl. R. Waßner, Auf dem Wege zu einer professionellen Soziologie; in: Hochschulalltag im „Dritten Reich". Die Hamburger Universität 1933-1945, hrsg. v. E. Krause u.a., Berlin 1991, S. 1017 ff.

430 C. Schmitt, Die deutsche Rechtswissenschaft im Kampf gegen den jüdischen Geist, in: Deutsche Juristenzeitung H. 20/1936, S. 1197 ff.

431 Nicolaysen, Landshut (Fn. 425) S. 346.

Neukonstituierung der Politischen Wissenschaft geleistet hat. In der Weimarer Republik gab es an keiner Universität einen Lehrstuhl für Politische Wissenschaft. Landshut aber legte sein fächerübergreifendes, Rechtswissenschaft, Ökonomie und Philosophie umfassendes Studium so an, dass er einen Totalitätsblick entwickeln konnte, der das politische Geschehen als Ganzes zu erschließen sucht. Wie kaum ein anderer entdeckt Landshut auf der Grundlage einer kritischen, durch die fragile Assimilation geschärften Zeitdiagnose die verschütteten Kategorien des aristotelischen Politikbegriffs gleichsam neu, in dessen Zentrum die Frage nach einem die Existenzweise aller freien Bürger – die Sklaven blieben bekanntlich ausgeschlossen – befördernden guten Leben des Gemeinwesens steht. Diesen Politikbegriff, der der Verwandlung von Politik in die Durchsetzung von Privatinteressen entgegensteht, entwickelt Landshut, 28jährig, in einem ersten großen Aufsatz („Über einige Grundbegriffe der Politik“), vor allem in einer Interpretation Rousseaus. An seinem theoretischen Orientierungszentrum hält Landshut lebenslang fest. Noch die unterschiedlichsten Einzelarbeiten sind dem aristotelischen Politikbegriff verpflichtet. Das gilt sowohl für die bahnbrechende Edition der Frühschriften von Marx von 1932, die Landshut als Diagnose der Selbstentfremdung der Menschen unter dem Gesetz der Selbstbewegung der Ökonomie begreift, als auch für die große Studie über die „Gemeinschaftssiedlung in Palästina“ von 1944, die den Anspruch eines selbstverwalteten, auf den ganzen Kibbuz bezogenen Gemeinwesens herausstellt, aber auch die Erosionstendenzen durch einen äußeren Leistungszwang und durch die Auflösung kultureller Beziehungen unbestechlich festhält. Bei dem auch für seinen Mentor Martin Buber prägenden utopischen Sozialisten Gustav Landauer, der von der gegenrevolutionären Soldateska 1919 in München ermordet wurde, findet Landshut Denkperspektiven, die als Maßstäbe eines gelungenen, die Individuen zu kooperierenden Subjekten verwandelnden sozialen Lebens fungieren. Noch in der Interpretation der Schriften von Tocqueville, die Landshut in der Bundesrepublik ediert, findet sich der aristotelische Blick, der die Fixierung auf das private Wohlergehen als Abwendung von der Politik im eigentlichen Sinne, als Bedingung für die Ausbildung einer die Partikularinteressen sichernden Vormundschaftsgewalt erkennt.

Landshuts Begriff von Politik – Nicolaysen spricht im Titel seines Buchs zu Recht von der Wiederentdeckung von Politik – ist keine beliebige Setzung einer dezisionistisch aufgerichteten Tafel von Werten. In der Auseinandersetzung mit Max Weber, dessen große Diagnosen einer technischen Rationalisierung unabhängig von der Erfüllung humaner Zwecke er eingehend rezipiert, insistiert Landshut darauf, dass die Fragestellung richtiger Politik aus der gesellschaftlich-geschichtlichen Wirklichkeit entspringt. Entsprechend wendet sich Landshut gegen Karl Mannheims Ideologiebegriff, der keinen Wahrheitsanspruch stellt und die Ideologien auf die Spiegelung nicht weiter hinterfragter sozialer Seinslagen reduziert. Landshuts Begriff von Politik impliziert, dass deren Gegenstand nicht in bloße Einzeldisziplinen aufgespalten wird, in denen der Zusammenhang des politischen Gesamtsystems und die Frage seiner Bewertung nach Kriterien eines guten sozialen Lebens verschwinden.

Nicolaysens Studie und der von ihm herausgegebene Sammelband „Polis und Moderne"[432] bilden eine Einheit. Der aus Anlass des 100. Geburtstags von Landshut erschienene Band, der, neben erhellenden und erschütternden Dokumenten zur Biographie, eine Reihe wichtiger Beiträge enthält – wie Fetschers Reflexion der Beziehungen des klassischen Politikbegriffs zum Denken Karl Marx' oder Schepps Entfaltung eines politischen Begriffs von Pädagogik –, zeugt von der fortdauernden und produktiven Herausforderung, die von den Arbeiten Landshuts ausgeht.

Allerdings wirft die Position von Landshut auch Fragen auf, die bei Nicolaysen weitgehend ausgeklammert bleiben. Er konzentriert sich weitgehend auf die, freilich genaue Rekonstruktion des Denkens von Landshut und tritt nur gelegentlich – etwa bei der Betrachtung der Vorbehalte Landshuts gegenüber der Studentenbewegung – in eine Diskussion über dessen Position ein. Neben anderen sind drei Punkte von besonderer Relevanz.

Was bedeutet es, wenn Landshut sich als Verehrer von Marx bezeichnet, der dessen Analyse in den ökonomisch-philosophischen Manuskripten, dass die Menschen durch die Herrschaft ökonomischer Mechanismen von ihren Lebenszwecken – sie sind in der Arbeit außer sich und außer der Arbeit bei sich, heißt es bei Marx – entfremdet sind, als sachlich zutreffend ansieht, und sich gleichzeitig als Nichtmarxist begreift? Entgegen seinem Selbstbild, so ließe sich sagen, ist Landshut doch ein Vertreter der Analyse von Marx, über den er 1932 eine Biographie schreibt, die insbesondere für Arbeiter gedacht ist. Gewiss: Landshut teilt nicht Marx' Zukunftsvorstellung einer sogenannten Erlösungshoffnung. Ob aber Marx eine solche eschatologische Vorstellung vom Ende der Geschichte in einer klassenlosen Gesellschaft tatsächlich vertreten hat, bleibt undiskutiert. Marx geht jedoch in seinen Spätschriften von der geschichtlich unveränderbaren Form eines sogenannten, durch den Arbeitsprozess bedingten Reichs der Notwendigkeit aus. Nur jenseits dieses durch keine Erlösung überwindbaren Systems der Arbeit könne das Reich der Freiheit sich konstituieren. Explizit heißt es bei Marx: „Die Freiheit [...] kann nur darin bestehen, dass der vergesellschaftete Mensch, die assoziierten Produzenten, diesen ihren Stoffwechsel mit der Natur rationell regeln, unter ihre gemeinschaftliche Kontrolle

432 Polis und Moderne. Siegfried Landshut in heutiger Sicht, hrsg. v. R. Nicolaysen, Berlin 2000.

bringen, statt von ihm als von einer blinden Macht beherrscht zu werden. [...] Aber es bleibt dies immer ein Reich der Notwendigkeit. Jenseits desselben beginnt die menschliche Kraftentwicklung, die sich als Selbstzweck gilt, das wahre Reich der Freiheit, das aber nur auf jenem Reich der Notwendigkeit als seiner Basis aufblühen kann. Die Verkürzung des Arbeitstags ist die Grundbedingung".[433]

Landshuts in einer Reihe von Aufsätzen in den 50er Jahren entwickelte These, dass in der Bundesrepublik die Klassengesellschaft überwunden sei und auch das Klassenbewusstsein der Arbeiterschaft der Vergangenheit angehöre, wird von Nicolaysen kaum hinterfragt,[434] obgleich zeitgenössische soziologische Arbeiten wie die große Untersuchung von Heinrich Popitz u.a. über das Gesellschaftsbild des Arbeiters zeigen,[435] dass die Arbeiter nach wie vor ein dichotomisches Bewusstsein besitzen und dass für sie auch subjektiv die Gesellschaft in Oben und Unten geteilt ist. Auch die private Disposition über große Eigentumskomplexe, die sich in der ungleichen Verteilung von Vermögen und in der oligopolitischen Aufteilung des Pressemarktes besonders deutlich zeigt, verweist auf die Fortexistenz einer gesellschaftlichen Klassenspaltung. Gesellschaftskritische Autoren, die diese Auffassung vertreten – wie Wolfgang Abendroth – werden mit kursorischen, zum Teil auf journalistische Berichte gestützten Kurzbemerkungen an die Seite gerückt,[436] ohne ihre Arbeiten, die als Resultat der Kritik am Kapitalismus für die Verbindung von demokratischem Rechtsstaat und Sozialismus einstehen, ernstlich zu diskutieren.[437]

Schließlich stellt sich die Frage, die Udo Bermbach in dem schon erwähnten Band „Polis und Moderne" aufwirft, ob die aristotelischen Kategorien eines durch Politik herzustellenden, am Gemeinschaftswohl orientierten Gemeinwesens auf den modernen Staat und seine gesellschaftlichen Grundlagen bezogen werden können. Das Problem zeigt sich am Beispiel von Landshuts Interpretation von Artikel 38 des Grundgesetzes, dem zufolge die Abgeordneten, gleichsam als Polisbürger, an Aufträge und Weisungen nicht gebunden und nur ihrem Gewissen verantwortlich sind. Landshut macht diese Norm, die für dissentierende Abgeordnete einen wichtigen Schutz bedeutet, zum Zentrum des parlamentarischen Geschehens, ohne das wiederum verfassungsrechtlich verbürgte Gewicht der Parteien, die als Organisationen und nicht als eine Ver-

433 K. Marx, Das Kapital, Bd. 3 (1894), Berlin 1964, S. 828.

434 Nicolaysen, (Fn. 425), S. 380 ff.

435 H. Popitz u.a., Das Gesellschaftsbild des Arbeiters, Tübingen 1957.

436 Nicolaysen (Fn. 425), S. 422 f.

437 Vgl. W. Abendroth, Demokratie als Institution und Aufgabe; in: ders., Arbeiterklasse, Staat und Verfassung, hrsg. von J. Perels, Frankfurt/M. 1975, S. 21 ff.; E. Bloch, Naturrecht und menschliche Würde, Frankfurt/M. 1961.

sammlung bloßer Einzelbürger nach Artikel 21 des Grundgesetzes das Recht der Mitwirkung an der politischen Willensbildung besitzen, ins Auge zu fassen. Durch seine aristotelische Perspektive entgeht Landshut das Spannungsverhältnis von Abgeordnetenfreiheit und der demokratischen Funktion moderner Parteien. Dies verweist darauf, dass die Poliskategorien richtiger Politik sich nicht in einfacher Unmittelbarkeit in die Gegenwart einer westlichen Demokratie übertragen lassen.

Allerdings – und dies ist oft übersehen worden – besitzt der aristotelische Begriff von Politik einen utopischen Überschuss, der auf ein erst noch herzustellendes Gemeinwesen zielt, in dem sich Interessen nicht aus Machtgründen, sondern kraft rationaler Argumentation der betroffenen Individuen durchsetzen. In dieser Hinsicht bleibt Landshuts Denken unverändert aktuell.

III. Orientierungen

1.
Verdrängung sozialistischer Rechtstheorie in der Sozialdemokratie
Adolf Arndt und Franz L. Neumann

Die Verbindung in der Formulierung des Themas erscheint naheliegend: Adolf Arndt und Franz L. Neumann spielten, abgesehen von der zeitlichen Dauer, in der SPD eine vergleichbare Rolle. Franz L. Neumann (1900-1954) war in der Schlussphase der Weimarer Demokratie, vom Sommer 1932 bis April 1933, Syndikus des Parteivorstands der SPD. Er kämpfte gegen Presseverbote, Auflösungen von Versammlungen, Verhaftungen, Entlassungen von Beamten und andere Willkürakte des Papen- und Schleicher-Regimes und der beginnenden NS-Diktatur. Adolf Arndt (1904-1974), vor 1933 nicht Mitglied der Sozialdemokratie, 1946 in die SPD eingetreten, war in der jungen Bundesrepublik der juristische Hauptsprecher der SPD. Er führte für die SPD viele Prozesse vor dem Bundesverfassungsgericht, unter anderem die über die Volksbefragung zur Atombewaffnung und über das Regierungsfernsehen Adenauers.

Erstaunlicherweise bezieht sich Adolf Arndt in seinen juristischen und rechtstheoretischen Beiträgen nicht ein einziges Mal auf irgendeine Schrift von Franz L. Neumann.[438] Unberücksichtigt bleiben Neumanns Arbeiten zur Weimarer Reichsverfassung, zur Rechts- und Staatsanalyse des Nationalsozialismus, gleichgültig, ob sie in der theoretischen Zeitschrift der Weimarer SPD oder des ADGB oder ob sie im Prager Exilorgan der Sozialdemokratie oder der „Zeitschrift für Sozialforschung" publiziert worden waren.[439] Auch Neumanns bis heute kaum übertroffenes Hauptwerk zur Struktur und Praxis des Nationalsozia-

---

438 S. das Namensregister in: A. Arndt, Gesammelte juristische Schriften, hrsg. v. E.-W. Böckenförde/W. Lewald, München 1976, S. 445 ff. Zur Bedeutung Franz L. Neumanns vgl. A. Söllner, Ein (un)deutsches Juristenleben. Franz Neumann zum 80. Geburtstag, Kritische Justiz 4/1980, S. 427 ff. sowie J. Perels, Rezension von F.L. Neumann, Wirtschaft, Staat, Demokratie. Aufsätze 1930-1954, hrsg. v. A. Söllner, Frankfurt/M. 1978, Vorgänge 43/1980, S. 96 ff, J. Perels, Das System der staatlichen Rechtlosigkeit – Franz L. Neumann, in: J. Perels, Recht und Autoritarismus, Baden-Banden 2009, S.279 ff.

439 S. die Sammelbände F. Neumann, Demokratischer und autoritärer Staat, hrsg. v. H. Pross, Frankfurt/M. 1967; ders., Wirtschaft, Staat, Demokratie (Fn. 1); ders., Die politische und soziale Bedeutung der arbeitsgerichtlichen Rechtsprechung (1929), in: Arbeitsrecht und Politik. Quellentexte 1918-1933, hrsg. v. T. Ramm, Neuwied 1966, S. 113 ff.

lismus,[440] das 1942 auch in London erschienen war und das den nach England emigrierten, späteren Vorstandsmitgliedern der SPD, Erich Ollenhauer und Fritz Heine, wohl nicht unbekannt geblieben war, findet bei Adolf Arndt keine Erwähnung. Gelegentlich beruft sich Adolf Arndt auf Hermann Heller und des Öfteren auf Gustav Radbruch. Die gesamte, in der Sozialdemokratie organisierte juristische Linke der Weimarer Republik und der Emigration, neben Franz L. Neumann vor allem Ernst Fraenkel und Otto Kirchheimer, ist für Arndt nicht einmal Gegenstand kritischer Auseinandersetzung. Sie ist für den einflussreichsten sozialdemokratischen Juristen der Bundesrepublik einfach inexistent.[441]

Dass die sozialistischen Fragestellungen, Kategorien und Perspektiven von Franz L. Neumann in der Nachkriegssozialdemokratie, für deren Hauptlinie Adolf Arndt als Repräsentant gelten kann, einem radikalen Verdrängungsprozess zum Opfer gefallen sind, hängt mit einem komplexen Faktorenbündel gesellschaftlicher und politischer Bedingungen zusammen, die hier nicht wirklich entwickelt, sondern nur stichwortartig benannt werden können. Mit Beginn des Kalten Krieges 1947/48 – bis dahin hatte sich auch Adolf Arndt für eine sozialistische Wirtschaft eingesetzt[442] – verlor die in Franz L. Neumann paradigmatisch verkörperte wissenschaftliche Richtung in weitem Maße ihr gesellschaftliches Substrat. Nachdem die beiden deutschen Regierungen – demokratisch und nicht-demokratisch – das jeweilige ökonomische und politische Modell der Konfliktparteien des Kalten Krieges durchsetzten, konnten die theoretischen Ansätze von Neumann, die marxistische Ökonomie- und Klassenanalysen des Kapitalismus einschließlich seiner nationalsozialistischen Terrorformen mit dem Ziel der Erkämpfung einer rechtsstaatlich gesicherten sozialistischen Demokratie verbanden, nur in der Opposition festgehalten werden. Diese Perspektive war einem erheblichen Anpassungsdruck ausgesetzt, der sich auch in dem stärker werdenden Trend der Sozialdemokratie widerspiegelte, die eigene wissenschaftliche und zielsetzende Tradition sozialistischer Theorie, wie sie etwa in der „Gesellschaft" (1924-1933) und in der „Zeitschrift für Sozialismus" (1933-1936) verkörpert war, abzustreifen. Da Adolf Arndt als geistiger Wegbereiter dieser

440 F. Neumann, Behemoth. Struktur und Praxis des Nationalsozialismus (1942), mit einem Nachwort von G. Schäfer, Köln 1977.

441 S. das Namensregister in: Arndt, Gesammelte juristische Schriften (Fn. 438).

442 A. Arndt, Das Problem der Wirtschaftsdemokratie in den Verfassungsentwürfen (1946), in: A. Arndt, Politische Reden und Schriften, hrsg. v. H. Ehmke/C. Schmid, Berlin/Bonn/Bad Godesberg 1976, S. 15 ff., insb. S. 25 f.; A. Arndt, Planwirtschaft (1946), ebd., S. 29 ff. Es ist bemerkenswert, dass diese verfassungstheoretischen Texte von Arndt in der an die rechtswissenschaftliche Öffentlichkeit addressierten Ausgabe der Gesammelten juristischen Schriften (Fn. 438) nicht aufgenommen, sondern ins politische Werk Arndts eingeordnet worden sind.

Tendenz, auch als Mitautor des Godesberger Programms von 1959, eine wichtige Rolle spielte, konnte ihm nichts ferner liegen als der positive Rekurs auf Franz L. Neumanns demokratischen Marxismus. Selbst wenn Arndt die Arbeiten Neumanns bekannt gewesen wären, hätte er sie zu dem Ballast gerechnet, der von der Sozialdemokratie über Bord zu werfen sei.

Nun könnte man gewiss sagen, dass die juristische Hauptfigur der westdeutschen Sozialdemokratie zentrale Traditionslinien sozialistischer Rechtstheorie nicht aufnimmt, sagt inhaltlich noch wenig über die Bedeutung dieser Position im Vergleich zu der von Neumann. Daran ist so viel richtig, dass zwischen Arndt und Neumann im Blick auf das rechtliche Verhältnis zwischen Individuum und öffentlicher Gewalt kaum eine Differenz besteht, weil beide der liberaldemokratischen Gedankenwelt verpflichtet sind. Ob Arndt gegen die Todesstrafe, gegen die extensive Handhabung des politischen Strafrechts, gegen das ideologische Überspielen der Gleichberechtigung der Frau Stellung bezieht, ob Arndt für das Widerstandsrecht, die Meinungs- und Pressefreiheit, die demokratische Fundamentalnorm rechtlicher Gleichheit, die strikte Sicherung von Verfahrensgarantien eintritt[443] – er verteidigt die Freiheit gegenüber den Anmaßungen des Staatsapparats, das Denken und Handeln der Individuen autoritativ festgelegten Ordnungszwecken, die in der staatlichen Tötung von Menschen ihre letzte Konsequenz finden, zu unterwerfen. Diese Position formuliert Neumann nicht anders als Adolf Arndt: „Nur weil wir keiner Macht, auch nicht der wohlmeinendsten, die Entscheidung darüber anvertrauen, was für uns gut oder schlecht ist, bestehen wir darauf, daß es einen Bereich der Freiheit gibt, in dem kein Zwang besteht."[444]

Die Differenz zwischen Arndt und Neumann bezieht sich auf die Grenzscheide zu sozialistischer Rechtstheorie, die den liberalen Bezugsrahmen zwar in sich aufnimmt, zugleich aber dadurch überschreitet, dass sie die gesellschaftlichen Schranken für rechtsstaatlich-demokratische Normen wie die Perspekti-

---

443 A. Arndt, Wieder Todesstrafe?, in: ders., Geist der Politik, Berlin 1965, S. 197 ff.; ders., Die geistige Freiheit als politische Gegenwartsaufgabe (1956), in: Arndt, Politische Reden und Schriften (Fn. 5), S. 105 ff.; ders., Das nicht erfüllte Grundgesetz (1960), in: Gesammelte juristische Schriften (Fn. 438), S. 148 f.; Arndt, Agraphoi nomoi, Widerstand und Aufstand (1962), ebd., S. 87 ff.; ders., Begriff und Wesen der öffentlichen Meinung (1962), ebd., S. 395 ff.; ders., Gedanken zum Gleichheitssatz, in: Die moderne Demokratie und ihr Recht (Festschrift f. G. Leibholz), Bd. 2, Tübingen 1966, S. 179 ff.; ders., Das rechtliche Gehör (1959), in: ders., Gesammelte juristische Schriften (Fn. 438), S. 359 ff. Zur Position von Arndt vgl. W. Rupp v. Brünneck, In memoriam Adolf Arndt, Juristenzeitung Nr. 11/12/1974, S. 396 f.

444 F. Neumann, Zum Begriff der politischen Freiheit (1953), in: ders., Demokratischer und autoritärer Staat (Fn. 439), S. 113.

ven einer gesellschaftlichen Verankerung rechtlicher Freiheitsprinzipien systematisch in den Blick nimmt. Im Unterschied zu Neumann verfügt Arndt kaum über klassenanalytische Kategorien, welche die Erkenntnis jener sozialen Bedingungen, ökonomischen Zwänge und gesellschaftlichen Interessengegensätze ermöglichen, die über die Geltung politischer Freiheiten tatsächlich entscheiden. In diesem Punkt bricht bei Arndt sogar die mit den Namen von Sinzheimer, Radbruch und Heller verbundene theoretische Tradition der Sozialdemokratie weitgehend ab, in der gesellschaftliche Antagonismen analytisch durchaus als Grundlage der realen Wirkungsweise des Rechts begriffen werden, wenn daraus auch rechtspolitisch oftmals die Konsequenz gezogen wurde, dass die entgegengesetzten Klassen zusammenarbeiten sollten.[445]

Zwar blitzt bei Arndt da und dort der widerspruchsreiche Zusammenhang zwischen gesellschaftlichen Machtlagen und der Geltung demokratischer Normen auf.[446] Dieser Zusammenhang wird – bis auf die frühen Aufsätze von 1946/47[447] – allerdings nur kursorisch berührt. Als durchgängiger Topos, der die reale Durchsetzung von Normen erklärt, folgt Arndt einer an die Entscheidung der Einzelperson gebundene Position, derzufolge jeder Mensch unabhängig von seiner sozialen und politischen Stellung sich für das Recht und gegen das Unrecht zu entscheiden vermöge. Als Arndt nach dem Untergang der Diktatur des Nationalsozialismus sich 1948 zur Krise des Rechts äußert, sagt er: „Ich bestreite, daß in unseren Tagen etwas anderes offenbar wird als die *zu allen Zeiten* bestehende *Ursituation des Menschen*, und ich vertrete die Überzeugung, daß – nach dem berühmten Wort Rankes – auch unsere Epoche ‚unmittelbar zu Gott ist'." „... Wir müssen begreifen, daß das jeweilige Recht so aussieht, wie jeweils

---

445 Vgl. etwa H. Sinzheimer, Grundzüge des Arbeitsrechts, 2. Aufl. Jena 1927, S. 22 ff.; G. Radbruch, Klassenrecht und Rechtsidee, in: ders., Der Mensch im Recht, 2. Aufl. Göttingen 1961, S. 23 ff.; H. Heller, Rechtsstaat oder Diktatur?, Tübingen 1930; ders., Staatslehre (1934), Leiden 1963, S. 137 f. Während Heller, um eine Leitfigur sozialdemokratischer Rechtstheorie herauszugreifen, in Rechtsstaat oder Diktatur (ebd., S. 24 f.) noch an das Bürgertum appelliert, sich von rechtsstaatlich-demokratischen Prinzipien nicht länger loszusagen, gibt er diese Position in der während des siegenden Nationalsozialismus vollendeten Staatslehre auf. In der Staatslehre (ebd., S. 138) geht Heller davon aus, dass zwischen den Interessen der Wirtschaftsleiter und dem demokratischen Gesetzgebungsstaat keine Vermittlung mehr möglich ist.

446 A. Arndt, Demokratie – Wertsystem des Rechts, in: ders., M. Freund, Notstandsgesetz – aber wie?, Köln 1962, S. 49. Arndt spricht von den „wirtschaftlich Mächtigen, die sich eine Abschaffung der freien Wahlen und der freien Gewerkschaften von einem autoritären oder totalitären Regime erhofften und deshalb Hitler finanzierten ..." (ebd.).

447 S. Fn. 442.

die Menschen aussehen ...“[448] Die Kategorie der Ursituation, die durch das gegen den Fortschrittsbegriff des bürgerlich-revolutionären Naturrechts des 17. und 18. Jahrhunderts gemünzte Wort Rankes, *alle* Epochen seien unmittelbar zu Gott, noch zugespitzt wird, impliziert, dass die geschichtlichen Varianten politischer Herrschaft und damit auch die veränderbaren Formen der entsprechenden Rechtsordnungen unbegriffen bleiben müssen. Wird *der* Mensch zum letzten Bezugspunkt für die jeweilige Geltungsform des Rechts gewählt, so ist dies eine leere und geschichtslose Abstraktion. Folgt man dagegen dem methodischen Zugang Neumanns, so lässt sich zeigen, dass das jeweilige Recht nicht etwa so aussieht, wie *die* Menschen sich darstellen, sondern so, wie das Verhältnis von gesellschaftlicher Struktur und Rechtsordnung, von politischen Kräftekonstellationen und Rechtsgarantien, von juristischer Sozialisation und den Rekrutierungsformen des exekutiven und judikativen Apparats etc. historisch konkret gerade beschaffen sind.[449]

Da Arndt derartige rechtstheoretische Fragestellungen nicht systematisch aufnimmt, fehlen ihm in weitem Maße die Wahrnehmungsformen, um die Interessenlagen jener gesellschaftlichen und politischen Kräfte zu erkennen, für die rechtsstaatlich-demokratische Normen zur Fessel ihrer Herrschaftsinteressen werden. So ließ sich Arndt in der tiefgreifensten rechtspolitischen Auseinandersetzung in der Bundesrepublik, in dem Kampf um die Notstandsgesetze – ungeachtet aller im Detail oft liberaldemokratischen Positionen und herrschaftskritischen Einsichten – doch von der naiv-anthropologischen These leiten: „Die Problematik der rechtsstaatlichen Notstandsbefugnisse ist die Problematik *des* Menschen, ob ihm die Fähigkeit eignet, sich selbst so zu überwinden, daß er in der Not nicht der so verständlichen und so reißenden Angst verfällt, ohne Maß und jenseits des Rechts mit selbstherrlich gewordener Macht ohne Verantwortlichkeit zu versuchen, sein körperlich-nacktes Überleben zu sichern.“[450] Wird das Problem des Ausnahmezustands zu dem *des* Menschen gemacht, verzichtet man auf die Erkenntnismittel, mit denen die klassenpolitische Funktion der Suspendierung rechtsstaatlicher Freiheitsgarantien, wie sie an der Verwendung des Staatsapparats gegen die Arbeiterbewegung in Deutschland exemplarisch kenntlich wurde,[451] durchschaut werden kann.

---

448 A. Arndt, Die Krise des Rechts (1948), in: ders., Gesammelte juristische Schriften (Fn. 438), S. 5, 17. Hervorhebungen v. J. Perels.

449 Vgl. den klassischen Aufsatz von F. Neumann, Der Funktionswandel des Gesetzes im Recht der bürgerlichen Gesellschaft (1937), in: ders., Demokratischer und autoritärer Staat (Fn. 439), 1967, S. 31 ff.; s. J. Perels, Zur Rechtslehre vor und nach 1945, in: ders., Recht und Autoritarismus, Baden-Baden 2009, S. 86 ff.

450 Arndt, Demokratie – Wertsystem des Rechts (Fn. 446), S. 16. Hervorhebung v. J. Perels.

451 Vgl. E. Fraenkel, Der Doppelstaat (1941), Frankfurt 1974.

Als Ersatz für den klassenanalytischen Blick auf die gesellschaftlichen Geltungsbedingungen des Rechts stellen sich unversehens Ideologien ein, welche die wirklichen gesellschaftlichen Ursachen für die Zerstörung der demokratischen Legalität verdecken: In einer Rede zum 30. Jahrestag der Verabschiedung des Ermächtigungsgesetzes vom März 1933 erklärt Arndt, man dürfe nicht „rechten, wer von den Frauen und Männern einst in jenem bereits entmachteten und umzingelten, wehrlosen Reichstag richtiger entschied ... Dieser Tag des 23. März darf kein Tag der Zwietracht sein ... Denn wie des Brotes bedarf unser Volk der Versöhnung, der inneren Versöhnung mit sich selber."[452] Indem Arndt die aufs äußerste zugespitzte Klassenauseinandersetzung zwischen den Kräften der nationalsozialistischen Gegenrevolution und der Arbeiterbewegung, die in der Zustimmung oder Ablehnung des Ermächtigungsgesetzes ihren sichtbaren Ausdruck fand, mit dem Postulat der Versöhnung versieht, finden sich die Feinde und die Anhänger des demokratischen Gesetzgebungsstaates in einem Boot mit der Aufschrift „unser Volk" wieder. Als Komplement für die Frage nach den gesellschaftlichen Ursachen und den politischen Verantwortlichkeiten für die Zerstörung der ersten deutschen Demokratie erscheint ein von Interessengegensätzen unberührtes ‚Volk', das sich als bloße Summe einzelner, ethisch entscheidungsfähiger Menschen darstellt: „... Weil unser Volk damals (also 1933) genau ebenso aus gleichartigen Menschen bestand wie du und ich es sind, hätte nicht zu geschehen brauchen, was geschah ..."[453]

Anders als in dieser schlecht-allgemeinen Unkenntlichmachung des Geschehens von 1933, in der die Realität der antagonistischen Konflikte um die Disposition über den Staatsapparat verschwindet, führt Franz L. Neumann die Erklärungskraft klassenanalytischen Denkens beispielhaft vor, wenn er die gesellschaftlichen Gründe für den Sieg der nationalsozialistischen Diktatur über die Weimarer Demokratie benennt: „Die Ziele der Monopolmächte konnten in einem System politischer Demokratie zumindest in Deutschland nicht erfüllt werden. Die Sozialdemokratische Partei und die Gewerkschaften waren, obgleich sie ihre streitbare Militanz verloren hatten, immer noch mächtig genug, um ihre Besitzstände zu verteidigen. Ihre defensive Stärke schloß es aus, den gesamten Staatsapparat in den Dienst einer partikularen Gruppe der Gesellschaft zu stellen ... Die vollständige Unterjochung des Staates durch die industriellen Machthaber konnte nur in einer Organisation gelingen, in der es keine Kontrolle

---

452 A. Arndt, Unsere geschichtliche Verantwortung für die Freiheit (1963), in: ders., Politische Reden und Schriften (Fn. 442), S. 295.

453 Ebd., S. 297.

von unten gab, in der alle autonomen Massenorganisationen und jede Freiheit der Kritik beseitigt waren."[454]

Da Arndt die Geltung der demokratischen Legalität wesentlich von individueller Entscheidungsfreiheit abhängig macht, ist für ihn auch die Lösung des für die bürgerliche Gesellschaft grundlegenden Widerspruchs zwischen der sozialen Unfreiheit der unmittelbaren Produzenten und der Garantie rechtlicher Gleichheit aus dem Denkhorizont verbannt. War bei Neumann die klassenanalytische Zugangsweise organisch mit der Perspektive verklammert, die demokratische Rechtsordnung durch die Umwandlung des gesellschaftlichen Fundaments zu sichern – „soziale Freiheit bedeutet, daß ... die Fremdbestimmung der Arbeit durch die Befehlsgewalt des Eigentümers an den Produktionsmitteln der Selbstbestimmung weichen muß"[455] –, so geht dieser Zusammenhang bei Arndt verloren: Die Blickrichtung, demokratisch nicht legitimierte Verfügung über den gesellschaftlichen Lebensprozess strukturell aufzuheben, verschwindet. Arndt macht gegen eine gesellschaftliche Aneignung des Produktionsprozesses und damit auch gegen die von ihm einst mitvertretenen Ziele der Nachkriegssozialdemokratie ausdrücklich Front. Auf der einen Seite hält Arndt der klassisch sozialistischen Theorie vor, sie habe das Eigentum abgelehnt (als hätten Marx und Engels nicht die private Formbestimmtheit des Eigentums kritisiert, um eine gesellschaftliche Bestimmung über das Eigentum in Gang zu setzen), auf der anderen Seite spricht Arndt positiv davon, dass alle Parteien der Bundesrepublik „marxistisch" dächten, weil sie Eigentum für den Arbeiter forderten (als ob es zwischen Forderungsrechten und Verfügungseigentum keinen Unterschied gäbe).[456] Statt der von ihm verworfenen Vergesellschaftung der Produktionsmittel proklamiert Arndt denn auch die „Überwindung der Klassenkampfsituation durch Partnerschaft."[457]

Partnerschaft ist nur möglich im Rahmen prinzipiell harmonisierbarer Interessen. Wird dies für die sozialen Grundbeziehungen – übrigens gegen Arndts frühe Einsicht: das „entscheidende Verfassungsproblem [ist] die Spannung von Kapital und Arbeit"[458] – unterstellt, so wächst jenen bürgerlichen Kräften, die das Handeln in Kräftegegensätzen nicht verlernt haben, ein Vorteil zu.

---

454 Neumann, Behemoth (Fn. 440).

455 F. Neumann, Die soziale Bedeutung der Grundrechte in der Weimarer Verfassung (1930), in: ders., Wirtschaft, Staat, Demokratie (Fn. 438), S. 70.

456 A. Arndt, Sozialismus in unserer Zeit (1954), in: ders., Politische Reden und Schriften, (Fn. 442), S. 59, 53.

457 Arndt, ebd., S. 62.

458 Arndt, Das Problem der Wirtschaftsdemokratie in den Verfassungsentwürfen (1946), ebd., S. 17.

2.
Negation der Gedankenwelt der SPD durch ihren Generalsekretär

Die SPD erkennt man nicht wieder. Ihr Generalsekretär, Olaf Scholz, bläst im fünften Regierungsjahr der rot-grünen Koalition zur Attacke auf die Tradition seiner Partei. Die empirisch und theoretisch fundierte Intervention von Heidemarie Wieczorek-Zeul gegen die Auflösung der Zielbegriffe der Sozialdemokratie (Frankfurter Rundschau vom 19. September 2003) zeigt, wie tief Scholz und seine Adepten in der Parteiführung intellektuell gesunken sind: Den Begriff des demokratischen Sozialismus denunziert Scholz, unter dem Beifall des politischen Gegners, des FDP-Vorsitzenden Westerwelle, als „Sprechunfall", der „für die Zukunft eine geringe Aussagequalität" habe. Gerhard Schröder stimmt seinem Generalsekretär mit der Bemerkung zu, der Begriff lege nahe, dass es eine Form von Ökonomie jenseits der Marktwirtschaft gebe. Dies ist jedoch, geschichtlich beglaubigt, keine irreale Möglichkeit. Es gab – merkwürdig, dass dies schon vergessen ist – in der Tschechoslowakei von 1968 und in Ansätzen in der Sowjetunion unter Gorbatschow eine Demokratie auf nicht-kapitalistischer Basis, die die Verwendung von Marktmechanismen durchaus einschloss. Die Experimente scheiterten nicht wegen immanenten Funktionsstörungen, sondern aus machtpolitischen Gründen.

Mit der Infragestellung des antizipatorischen Gedankens des demokratischen Sozialismus wird das analytische Instrumentarium für das Erkennen, Einschränken und Überwinden privilegierter Verfügungsstrukturen über die Gesellschaft preisgegeben. Diese Kursänderung ist keine irrlichternde Fußnote in der Programmdebatte. Die Infragestellung des Zentralbegriffs der SPD entspricht in vielfacher Beziehung der praktischen Politik der Regierung Schröder, die die Steuerquote des Staates, das zentrale Instrument für gesellschaftliche Gestaltungen, vor allem zugunsten der Industrie so stark absenkt, dass Deutschland im europäischen Vergleich fast zu den Schlusslichtern gehört. Dies zielt ins Herz der Partei, die in ihrem Namen das Ziel der Milderung und Überwindung demokratisch nicht legimitierter sozialer Herrschaft enthält.

Der Generalsekretär wirkt wie der Großinquisitor Dostojewskis, der das Christentum der Erniedrigten und Beleidigten aus der Perspektive der Machtstellung der Herrenkirche neutralisierte. Scholz treibt der SPD den mit dem Begriff der Umverteilung nur unzureichend beschriebenen Begriff sozialer Freiheit, der Infragestellung gesellschaftlicher Machtverhältnisse, aus. Franz L. Neumann, Justitiar der SPD bis zur Machtübernahme Hitlers, einer der bedeutendsten Analytiker des NS-Systems, schrieb: Die im sozialen Rechtsstaat verkörperte soziale Freiheit bedeutet, „daß die Arbeiterschaft ihr Arbeitsschicksal selber bestimmen will.“ In dieser Tradition steht auch das Grundgesetz, das politische Korrektur-, Kontroll- und Transformations-positionen gegenüber einer unbegrenzten Privatwirtschaft enthält. Nach dem Grundgesetz ist das Privateigentum nicht einschränkungslos gewährleistet, seine inhaltliche Bestimmung obliegt dem Gesetzgeber (Art. 14 Abs. 1 GG). Ebenso bemerkenswert wie konsequent ist, dass Scholz das Grundgesetz links liegen lässt, als habe es Carlo Schmid nie gegeben, der den auf Hermann Heller zurückgehenden Gedanken des sozialen Rechtsstaats in der Verfassung als Leitbegriff verankern konnte.

Mit dem Angriff auf die eigene Tradition verliert die SPD ihren gesellschaftskritischen Begriff. Die sozialdemokratischen Widerstandskämpfer, die sich der Klassengesellschaft Nazideutschlands entgegenstellten und dafür im Zuchthaus, im Konzentrationslager und auf dem Schafott landeten, haben keine Gegenwartsbedeutung mehr. Die Gedankenwelt Julius Lebers, designierter Innenminister einer Regierung des 20. Juli, für den die Erkämpfung des Rechtsstaats mit der Schaffung einer demokratischen Wirtschaftsgesellschaft zusammenfiel, verschwindet im Mottenschrank.

An die Stelle kritischer Tradition tritt die Übernahme der Ideologie der gesellschaftlichen Gegenspieler: Statt einer Umverteilung von unten nach oben müsse man von einem umgekehrten Phänomen sprechen. „Die zehn Prozent der Steuerpflichtigen mit dem höchsten Einkommen (haben) mehr als die Hälfte ... des gesamten Aufkommens der Einkommensteuer bezahlt“, schreibt Scholz. Seine These, die nur eine Steuerart heranzieht, aber nicht die ungleichen Eigentums- und Vermögensverhältnisse berücksichtigt, entspringt selektiver Wahrnehmung. Die von der rot-grünen Koalition in ihrer ersten Regierungszeit durchgesetzte Absenkung der Körperschaftsteuer und die Gewährung weitreichender Verlustrückträge führte kurzfristig zu milliardenschweren Steuergeschenken für die großen Kapitalgesellschaften. Diese nach oben transferierten Milliarden fehlten für die Sanierung der Sozialsysteme.

Wenn der Generalsekretär seine Thesen zu Ende denken würde, müsste Willy Brandt posthum aus der SPD ausgeschlossen werden. In seinen Erinnerungen („Links und frei“) schrieb Brandt: „Es bleibt als Kern allen sozialistischen Strebens die Idee einer klassenlosen Gesellschaft, die die ökonomische und politische Unterdrückung hinter sich gelassen hat.“

3.
Die rot-grüne Regierungspolitik und die Grundsätze der Sozialdemokratie
Offener Brief an Heidemarie Wieczorek-Zeul

Hannover, 15. April 2002

Liebe Heidemarie Wieczorek-Zeul,

wenn ich mich recht erinnere, haben wir uns zuletzt bei einer 20.-Juli-Feier in Berlin getroffen. Unterhalten haben wir uns über Fritz Bauer, jenen großen sozialdemokratischen Juristen, der entschiedene Gegenpositionen zu einer rechtsfreien Omnipotenz eines Staates einnahm und die Überwindung sozialer Abhängigkeit ins Zentrum der Rechtspolitik rückte. Ich schreibe Dir auch in Deiner Funktion als stellvertretende Vorsitzende der SPD, für die Fritz Bauer einst ein wichtiger Repräsentant war.

Wenn ich es recht sehe, ist Deine Rolle in der Bundesregierung als Bundesministerin für wirtschaftliche Zusammenarbeit und Entwicklung nicht unwesentlich durch die Gedankenwelt der klassischen Sozialdemokratie bestimmt, die darauf zielte, ungleiche soziale Machtlagen zu verändern. Zwei Punkte sind mir besonders in Erinnerung. Entgegen der Linie von Bundeskanzler Schröder hast Du im vergangenen Jahr das Rüstungsprogramm der Regierung der USA zur Raketenabwehr aus grundsätzlichen Erwägungen abgelehnt: Es bindet Unsummen von Geld, das für die Entwicklung der Dritten Welt, in der 1,2 Milliarden Menschen in absoluter Armut leben, weit sinnvoller verwandt werden könnte. Auf dem Höhepunkt des Krieges in Afghanistan, dessen zivile Opfer durch Experten auf 3.000 bis 4.000 Menschen geschätzt werden, hast Du, wiederum im Gegensatz zum Regierungschef, für einen vorläufigen Bombenstopp plädiert: um das Leid der Schutzlosen und der Hungernden, die vor den insbesondere mit tückischen Streubomben geführten Luftangriffen flohen, durch Hilfsmaßnahmen zu mildern.

Auch eine Reihe gemeinsamer politischer Projekte der rot-grünen Koalition markieren, denke ich, einen vorwärtsweisenden Bruch mit der Ära Kohl: der Ausstieg aus der gattungsgefährdenden Kernenergie (wenn auch mit langen Fristen und problematischen Sicherheitsstandards), das Vertragswerk zur Entschädigung von Zwangsarbeitern, der auch individuelle Ausbau der Mitbestimmung, die Aufhebung der Diskriminierung gleichgeschlechtlicher Beziehungen, die nunmehr auf den Weg gebrachte generelle Außerkraftsetzung der NS-Urteile gegen Deserteure, die aktive Beendigung des – wegen des fehlenden UNO-Mandats völkerrechtlich nicht legitimierbaren – Kosovo-Krieges, deren sinnfälliger Ausdruck die spontane öffentliche Umarmung des finnischen Vermittlers Martti Ahtisaari durch Gerhard Schröder war.

Trotz einer in Ansätzen neuen Politik gibt es – und das ist der eigentliche Grund für meinen Brief – schon seit langem einen starken Prozess der Demobilisierung erheblicher Teile der sozialdemokratischen Anhängerschaft. Ich erlebe dies in vielen Gesprächen mit Hochschullehrern an der Universität und mit sogenannten einfachen Leuten. Vorbehalte, die eigene Partei zu wählen, sind weit verbreitet, ohne dass ein Wechsel in der politischen Präferenz hin zur FDP oder CDU damit verbunden wäre. Mein Eindruck, der durch soziologische Untersuchungen bestätigt wird, ist: Die Gruppe der politisch bewussten potentiellen Nichtwähler nimmt dramatisch zu. Bei den jüngsten Kommunalwahlen in Hannover war in den Bezirken, in denen die soziale Deklassierung fortschreitet, eine extrem niedrige Wahlbeteiligung von unter 40 Prozent zu verzeichnen. Ein ähnlicher Befund ergibt sich im Hinblick auf die Kommunalwahlen in Nordrhein-Westfalen vor drei Jahren, bei denen die Wahlbeteiligung um 30 Prozent und der Stimmenanteil der SPD um 13 Prozent zurückging. Bei den Landtagswahlen in Schleswig-Holstein und in Nordrhein-Westfalen im Jahr 2000 hat die SPD, vor allem wegen des desolaten Zustands der durch die Rechts- und Verfassungsbrüche belasteten CDU, die Regierungsverantwortung verteidigen können. Aber der starke Trend zur Abkehr erheblicher Teile der eigenen Anhängerschaft von der SPD setzte sich unvermindert fort: In Nordrhein-Westfalen übten rund eine Million früherer SPD-Wähler, in Schleswig-Holstein rund 500000 frühere SPD-Wähler Wahlenthaltung.

Angesichts der Tendenz zur Wahlabstinenz innerhalb der Wählerschaft der SPD stellt sich die Frage nach den Ursachen. Meine Hauptthese ist: Die mit der Sozialdemokratie Kurt Schumachers, Willy Brandts und Hans-Jochen Vogels verknüpfte Gedankenwelt steht – bei aller Unterschiedlichkeit – in erheblichem Gegensatz zur Hauptlinie der gegenwärtigen Regierungspolitik, die weitgehend durch die mit der Richtlinienkompetenz verbundene Machtstellung des Bundeskanzlers bestimmt wird, ohne dass abweichende sozialdemokratische Positionen chancenreich formiert werden können. Die Konsequenzen dieser Konstellation sind, denke ich, bisher nicht in vollem Maße erkannt worden. Das Problem eines inneren Erosionsprozesses der SPD lässt sich an der praktischen Politik ihres Vorsitzenden am ehesten verfolgen. Diese Politik hat ihre eigene Logik, die in dem Pragmatismus von Einzelentscheidungen kaum erkennbar ist. Sobald ihr innerer Zusammenhang in den Blick tritt, kann sie fundierter diskutiert werden.

Bestimmend war für die SPD das Ziel eines sozialen Rechtsstaats, der ökonomische Privilegienstrukturen einschränkt, ja zum Teil zu überwinden sucht.

Das gleiche Prinzip galt für die internationale Ordnung, die durch völkerrechtliche Regelungen von Machtdurchsetzungsprozessen einzelner Staaten getrennt werden sollte.

Der Begriff des sozialen Rechtsstaats, der im Grundgesetz, auch vermittelt durch das Denken Hermann Hellers, unverrückbar verankert ist, bildet vielfach nicht mehr die Leitlinie der Regierungspolitik. Soziale Schieflagen werden nicht kompensiert, sondern zu Lasten der sozial Abhängigen verstärkt. Ich nenne einige Strukturbeispiele: Durch die rot-grüne Koalition wurde in der Rentenpolitik das Privileg geschaffen, dass die Arbeitgeber von der anteiligen Mitfinanzierung der Renten in bestimmtem Maße freigestellt werden, die Arbeitnehmer aber diesen Anteil selbst übernehmen müssen. Während die – mit der Steuerreform um monatlich 125 Euro reduzierte – Lohnsteuer der abhängig Beschäftigten regelmäßig und direkt eingezogen wird, werden Großunternehmen außerordentlich begünstigt. Besonders gravierend ist dabei die Absenkung der Körperschaftssteuer und die Gewährung weitreichender Verlustrückträge. Einige der größten Unternehmen zahlen im Unterschied zu den bei ihnen Beschäftigten im Jahr 2001 kaum mehr Steuern. Durch diese Vorzugsstellung sind insgesamt Steuerausfälle bis zu 60 Milliarden Euro zu erwarten. So ist es kein Wunder, dass Umfragen der Gesellschaftspolitik der rot-grünen Koalition ein schlechtes Zeugnis ausstellen: Nach den Erhebungen von Michael Vester meinten im Jahr 2000 nur 20 Prozent, dass es unter der rot-grünen Bundesregierung mehr soziale Gerechtigkeit als unter Helmut Kohl gebe, 11 Prozent meinten das Gegenteil, und 61 Prozent sahen keinen Unterschied. Ebenso urteilte Marion Gräfin Dönhoff in ihrem letzten Interview. Sie sprach davon, dass sich bei uns „eine Klassenkampfsituation“ – angesichts der immer größer werdenden Schere zwischen Arm und Reich – herausbildet. Zur Befestigung der sozialen Schieflage gehört, dass die Bundesregierung jegliche Gesetzesinitiative zur zusätzlichen steuerlichen Inanspruchnahme von Großeigentum abgelehnt hat. Eine Erhöhung der Erbschaftsteuer für Wohlhabende, deren Erbe mit der eigenen Leistung nicht das geringste zu tun hat, wird von vornherein ausgeschlossen. Gustav Radbruchs Einsicht – er ist übrigens der Lehrer von Fritz Bauer – ist vergessen: „Die Erblichkeit des Reichtums (bedeutet) am Ende der Gesellschaftsordnung die Erblichkeit der Armut.“

Auch Einzelentscheidungen des Regierungschefs verstärken die gegebenen gesellschaftlichen Machtlagen. Die „private Mobilisierung staatlicher Macht“, von Heller noch kritisch notiert, wird zum positiven Programm. Die ökologisch gezielte Altauto-Verordnung, die der zuständige Umweltminister vorgelegt hatte, wird vom Bundeskanzler nach einer Intervention des Vorstandsvorsitzenden von VW im Sinne der Industrie kassiert. Der von der Gesundheitsministerin erarbeitete Gesetzentwurf zur Begrenzung der Arzneimittelpreise wird durch das

Eingreifen des Regierungschefs in Form eines Ablasshandels, durch den die Industrie sich mit einer Pauschalzahlung von der Hälfte des Sparbeitrags loskaufen kann, zu Fall gebracht. Und die gesetzförmige Ausweitung des Grundsatzes der Gleichstellung von Frauen und Männern in der Wirtschaft wird vom Bundeskanzler, ebenfalls im Nachvollzug der Positionen der Industrie, nicht in Gesetzesform gegossen, sondern auf ein rechtlich nicht verbindliches Postulat reduziert. Wenn ein sozialdemokratischer Bundeskanzler den Sonderinteressen der Industrie in exekutivischen Einzelaktionen zum Durchbruch verhilft, ist es besonders inkonsistent, die Politik der Gewerkschaften, die Millionen abhängig Beschäftigte repräsentieren, als Vertreter bloßer Partikularinteressen zu qualifizieren, wie dies Schröder öffentlich getan hat.

Die vielfache Abkehr von der Gedankenwelt demokratischer Teilhabe findet ihre Entsprechung in einem politischen Handeln, das den Kategorien technokratischer Effektivität folgt, für die sich die Frage der vernünftigen Einrichtung der Gesellschaft nicht eigentlich stellt. In der Debatte um eine – nach dem Embryonenschutzgesetz grundsätzlich ausgeschlossene – wissenschaftliche Forschung an Embryonen vertrat der Bundeskanzler eine an der technischen Machbarkeit orientierte Position. Das Problem eines absoluten Schutzes von Embryonen – eine rechtliche Schrankenziehung, wie sie Bundespräsident Rau und Justizministerin Däubler-Gmelin forderten – löste Schröder durch die Einführung wirtschaftlicher Interessen auf. Die prinzipielle Nichtverfügbarkeit von Leben wird durch das Gegenkriterium einer ökonomischen Verwertbarkeit von Embryonenforschung mattgesetzt. In einem Interview erklärte Schröder: „Es ist nicht unethisch, darüber nachzudenken, ob man einem Volk in einer entwickelten Industriegesellschaft die ökonomische Nutzung dieser Technologie möglich macht oder nicht. Die Biotechnologie eröffnet uns wirtschaftliche Chancen, und sie wird ähnlich wie die Kommunikations- und Informationstechnologie in Zukunft die Volkswirtschaft beeinflussen." Wird die Möglichkeit ökonomischer Nutzung als ethisches Kriterium eingeführt, hat dies weitreichende Folgen. Die Orientierung einer technischen Weichenstellung an unmittelbaren wirtschaftlichen Profitinteressen führt dazu, dass die Fragen der Einrichtung der Gesellschaft, der moralischen und rechtlichen Grenzen der Naturbeherrschung beiseite geschoben werden. Die bloß instrumentelle Vernunft der Technologieentwicklung enthält in sich keine Schranken für die Verwendungsform von Wissenschaft. Die alte Erkenntnis, dass der Fortschritt der Wissenschaft, um mit Brecht zu sprechen, in ein Fortschreiten von der Menschheit weg umschlagen kann, verschwindet.

Der technischen Verkürzung des Wissenschaftsbegriffs entspricht bei uns in Niedersachsen die von einer sozialdemokratischen Regierung geplante und am Ende Gesetz gewordene technokratische Umstrukturierung der Hochschulen. An die Stelle der Partizipation der Hochschulangehörigen auf der Ebene der zentralen Vertretungskörperschaft des Senats soll nach dem Gesetzentwurf vom Mai 2001 eine Herrschaft des Universitätspräsidiums treten. Es übernimmt die einstigen parlamentarischen Kompetenzen des Senats in Haushalts- und Berufungsfragen. Die geplante Leitungsstruktur fällt noch hinter den Obrigkeitsstaat zurück, in dem das Parlament immerhin das Budgetrecht besaß. Mit diesem Gesetzentwurf, den die großen Universitäten Niedersachsens einmütig ablehnen, wird wiederum die Gedankenwelt des sozialen Rechtsstaats, der Mitwirkungsrechte im gesellschaftlichen Bereich sichert, weitgehend verabschiedet. Niedersachsen ist das einzige Land, in dem die Sozialdemokratie über eine absolute Mehrheit im Parlament verfügt. Ausgerechnet hier wird eine Präsidialherrschaft errichtet, durch die die Hochschulangehörigen ihre Mitwirkungs- und Entscheidungsrechte im Kernbereich der Universität verlieren.

Auch in der Außenpolitik stehen technokratische Entscheidungskriterien vielfach im Vordergrund. Wenn der Bundeskanzler trotz anfänglicher Distanz das von der Regierung Bush geplante milliardenschwere Raketenabwehrsystem dezisionistisch-schnell akzeptierte, als er die Beteiligung deutscher Firmen an der Entwicklung der Technologie jener Systeme einforderte, waren die fatalen Konsequenzen unübersehbar. Denn dies bedeutet – übrigens auch im Gegensatz zur Position des früheren Außenministers der Bundesrepublik, Hans-Dietrich Genscher –, dass die Gewinninteressen der deutschen Industrie den absoluten Primat gegenüber der fundamentalen Frage nach der Funktion des Raketenabwehrsystems für die weltpolitische Gesamtkonstellation bekommen. Abgesehen von den ungeheuren Kosten dieses Systems bestünde dessen strategische Bedeutung darin, dass die Vereinigten Staaten weitgehend unverwundbar wären. Die USA könnten ihr eigenes Drohpotential auf der ganzen Welt viel wirkungsvoller einsetzen. Die umfassende Ausweitung militärischer Operationsfreiheit ist schon jetzt Inhalt der im März dieses Jahres an die Öffentlichkeit gelangten Planungen des amerikanischen Verteidigungsministers Rumsfeld: Die Abschreckungsdoktrin soll weitgehend durch die Strategie des möglichen Einsatzes sogenannter kleiner Atomwaffen gegen bestimmte Länder – wie Libyen, Irak, Nordkorea, aber auch Rußland oder China – ersetzt werden. Angesichts der Gefahren einer absoluten Dominanz der Vereinigten Staaten für die Weltgesellschaft wirkt die kurzsichtige ökonomisch-technische Unterstützung der amerikanischen Militärstrategie als eine Verabschiedung von einer Politik der Begrenzung von Großmachtinteressen. Dies ist um so fataler, als sich die Vereinigten Staaten, wie die Ablehnung des Internationalen Strafgerichtshofs zeigt, internationalem Recht vielfach nicht unterwerfen wollen.

Der gleichen Linie folgt die Neubestimmung der Bedeutung des sogenannten „Militärischen“ durch den Regierungschef. Schröder wandte sich nach dem 11. September 2001 gegen eine sogenannte „Tabuisierung des Militärischen“.

Diese Formulierung relativierte er in einem späteren Interview ein Stück weit, um aber im Kern an ihr festzuhalten: Es gelte, „diesen Aspekt (des Militärischen) in der Außenpolitik nicht zu tabuisieren, was lange gemacht wurde". Damit wird der zivilisatorische Prozess einer tatsächlichen Ächtung des Militärischen – man mag es auch Tabuisierung nennen –, der im nationalen wie im internationalen Recht seinen umfassenden Niederschlag gefunden hat, in seiner Bedeutung verkannt. Mit der Negativvokabel Tabu wird die Tatsache der völkerrechtlichen Eingrenzung militärischer Aktionen, die auf ein Selbstverteidigungsrecht und auf Interventionen auf der Basis eines UN-Mandats beschränkt sind, verfehlt. Muss man daran erinnern, dass das Grundgesetz nach der entsetzlichen Enttabuisierung des Militärischen durch den Nationalsozialismus und seinem alle Rechtsschranken einreißenden Vernichtungskrieg in Artikel 26 ein ausdrückliches Friedensgebot, also eine Tabuisierung des Militärischen im positiven Sinne des Wortes enthält?

Die allgemeine Legitimierung von Militäreinsätzen hat zu tun mit der neuen Nato-Strategie, wie sie 1999 beschlossen wurde. In ihr werden Interventionsoptionen ohne Verteidigungslagen festgelegt. Die zentrale Frage, ob sie an ein Mandat des Sicherheitsrates gebunden werden müssen, wird nicht in kategorischer Klarheit beantwortet. Dem Sicherheitsrat kommt die militärische Interventionskompetenz nicht absolut, sondern nur „primär" zu. Damit ist die Möglichkeit der Selbstmandatierung der Nato, die Durchbrechung völkerrechtlicher Schranken nach machtstrategischen Regeln, grundsätzlich eröffnet.

Die Relativierung von Rechtspositionen in internationalen Beziehungen tritt besonders deutlich in der Position des Bundeskanzlers zum Tschetschenien-Krieg ans Licht: Hatte er zuvor die russische Vorgehensweise kritisiert, so nimmt er inzwischen diese Position teilweise zurück. Offenbar orientiert an der von Nato-Generalsekretär Robertson nach dem 11. September 2001 entwickelten neuen Haltung, durch die Putin als Verbündeter in den Antiterrorkampf eingebunden werden soll, erklärt er nun, dass man die militärische Auseinandersetzung Rußlands in Tschetschenien differenzierter betrachten müsse. Damit war in allgemeinen Worten eine gewisse, zuvor abgelehnte Teillegitimation der Operation Moskaus nicht mehr kategorisch ausgeschlossen. Diese neue Bewertung, durch die das an rechtlichen Maßstäben orientierte Beurteilungskriterium der Verübung von Kriegsverbrechen seine uneingeschränkte Gültigkeit verliert, beruht auf keiner Änderung der Lage in Tschetschenien. In einem Bericht der Menschenrechtsorganisation „Human Rights Watch", den eine in der „Frankfurter Allgemeinen Zeitung" von Markus Wehner veröffentlichte Darstellung bestätigt, wird der Terror der russischen Armee gegen tschetschenische Häftlinge anhand vieler Einzelfälle beschrieben – ebenso wie die Tatsache, dass Tschetschenen systematisch von russischen Soldaten verschleppt werden, ohne dass diese dafür zur Rechenschaft gezogen werden. Der Bericht der Menschenrechtsorganisation wurde unter dem Titel „Willkommen in der Hölle" veröffentlicht.

Zu dem verbreiteten instrumentellen Verständnis von Politik gehört ein gebrochenes Verhältnis zur geistigen Tradition der Sozialdemokratie. Mit der Relativierung dieser Tradition löst sich das notwendige Spannungsverhältnis von Ziel und Weg in der praktischen Politik weitgehend auf. Ein Exempel ist das mit großem öffentlichen Aufwand präsentierte Papier von Blair und Schröder von 1999, das die SPD von ihrem theoretischen Gedächtnis weitgehend reinigt. In dem Papier findet sich folgende Formulierung: „In der Vergangenheit wurde die Förderung der sozialen Gerechtigkeit manchmal mit der Forderung nach Gleichheit im Ergebnis verwechselt. Letztlich wurde damit die Bedeutung von eigener Anstrengung und Verantwortung ignoriert und nicht belohnt und die soziale Demokratie mit Konformität und Mittelmäßigkeit verbunden statt mit Kreativität ..." Diese auf die Sozialdemokratie gemünzte These ist eine ideologische Abwehrformel, die von Neoliberalen und von intellektuellen Repräsentanten der Unternehmerschaft vertreten wird. Sie hat mit der theoretischen Tradition der Sozialdemokratie nichts zu tun.

Tatsächlich bedeutet soziale Gleichheit nicht Uniformierung der Gesellschaft; schon Marx kritisierte einen sogenannten „rohen Kommunismus". Die Schaffung größerer sozialer Gleichheit zielt darauf, die Teilhabe aller am gesellschaftlichen Lebensprozess im Rahmen ihrer unterschiedlichen Fähigkeiten und Bedürfnisse möglich zu machen. Durch die Entstellung des Gedankens der sozialen Gleichheit, für den noch Herbert Wehner in Reden im Deutschen Bundestag engagiert stritt, wird die emanzipatorische Dimension dieser Schlüsselidee der Sozialdemokratie aus dem politischen Symbolspektrum verabschiedet. Dem entspricht, dass Gerhard Schröder auf einer kürzlich abgehaltenen Veranstaltung der SPD davon sprach, dass seine Partei schon immer eine Partei der Mitte gewesen sei. Diese Behauptung hat mit der Rolle und dem Selbstverständnis der Partei August Bebels und Rudolf Hilferdings, der illegalen Gruppen der Sozialdemokratie im Dritten Reich, der Grundhaltung von Kurt Schumacher und Willy Brandt – ungeachtet vieler Unterschiede im Einzelnen – nichts gemein. Ihr Selbstverständnis war, selbstredend, das der politischen Linken, die im Gegensatz zu den traditionellen Eliten in der Wirtschaft, der Bürokratie und im Militär standen, bestimmt von der Zielvorstellung, die Ausgliederung des gesellschaftlichen und internationalen Prozesses aus den demokratischen und rechtsstaatlichen Geltungsprinzipien schrittweise zu überwinden. Brandts 1982 erschienene Erinnerungen tragen den Titel „Links und frei", nicht etwa: „In der Mitte und frei". Brandts Perspektive hat von ihrer Bedeutung kein Jota eingebüßt. Er schrieb: „Aus meiner frühen Jugend habe ich das Verlangen mitgebracht, daß die Vielen, und nicht nur die Wenigen, am Tisch der Gesellschaft Platz haben müssen ... Es bleibt die Aufgabe, die Demokratie sozial, wirtschaftlich und kulturell auszudehnen."

Die Auflösung des historischen Gedächtnisses der SPD schlägt sich auch in dem Umgang des Bundeskanzlers mit der NS-Vergangenheit nieder. War die Erinnerung an das System planmäßiger Willkür, dessen Opfer so viele Sozialdemokraten wurden, für die SPD als Richtpunkt konstitutiv, so geht der Regierungschef – abgesehen von seinem Eintreten für die Entschädigung von Zwangsarbeitern – gegenüber der kritischen Erinnerungsarbeit auf Distanz. Schröder verteidigte, trotz gewisser Einschränkungen, Martin Walsers Friedenspreisrede von 1998, die die Schuldfrage beiseite schob und moralische Kategorien für die Analyse der NS-Herrschaft generell diskreditierte („Moralkeule Auschwitz"). Schröder verschloss die Augen vor den Formulierungen Walsers und sagte: „Es wäre sicher falsch, Walser als jemanden zu klassifizieren, der den Verdrängern Argumente liefern will." Dies Absehen vom Text und der Stoßrichtung der Rede Walsers, die mit Vokabeln wie „Moral-Pistole" die Wahrnehmung der NS-Despotie aus einem kritischen Bezugsrahmen löste, bestimmt Schröders Rechtfertigung jener Sonntagsrede. Jürgen Habermas, der wie kein anderer der versuchten Umdeutung der NS-Vergangenheit im Historikerstreit entgegentrat – seine Position hatte er zuerst auf einer Veranstaltung der SPD vorgetragen –, wandte sich nun auch kritisch gegen das frei flottierende Geschichtsbild, mit dem Schröder operiert. Habermas konstatiert: „Auf die telegentrivialisierende Weise gelingt ihm (Schröder) mit wenigen Bemerkungen eine Entsorgung der Vergangenheit, die Kohl auf seine pompös historisierende Art in Bitburg noch verfehlt hatte. Schröder ... wendet sich ‚gegen die Unart, dem Volk den erhobenen Zeigefinger zu zeigen' ... Der amtierende Kanzler ist drauf und dran, in die Nachgeschichte einer Republik, die glücklicherweise noch lernte, statt aufzutrumpfen, als Plattmacher einzugehen. Jenem Denkmal (für die ermordeten Juden), das ein Stachel bleiben solle, zieht er ein gefälliges Stadtschloß vor." Das Beiseiteschieben eines kritischen Gedächtnisses hat politische Funktionen. Es löst unabdingbare Kriterien für die Festlegung politischer Ziele, die immer auch aus der Reflexion der Vergangenheit gewonnen werden, auf.

Ich komme auf den Ausgangspunkt meines Briefes zurück. In einem Artikel für die „Frankfurter Rundschau" hast Du geschrieben, dass die „Prinzipien des sozialen Rechtsstaates, der national erstritten worden ist, in der globalen Wirtschaft und Gesellschaft zu verankern" seien. Ich stimme Dir vollständig zu. Dass Du Dich mehrfach, zuletzt auf der UNO-Konferenz in Monterrey, für eine institutionell gesicherte Zähmung des internationalen Kapitalismus durch die Schaffung eines dem Sicherheitsrat nachgebildeten Weltrats für Wirtschaftsfragen einsetzt, der ein demokratisch legitimiertes Gegengewicht zu der von den

Industrieländern dominierten Institution der Weltbank und des Internationalen Währungsfonds bilden soll, verdient viel stärkere öffentliche Unterstützung.

Allerdings muss man inzwischen die Einschränkung machen, dass der soziale Rechtsstaat auch national angesichts der Verschärfung sozialer Schieflagen nicht mehr auf einem festen Fundament ruht. Der Perspektivwechsel auf internationalem Gebiet ist auch auf nationalem Felde erforderlich – wenn sich die Sozialdemokratie nicht von den Festlegungen des Grundgesetzes, die sie einst selbst durchgesetzt hat, weiter entfernen will.

Ich breche ab, sicher wirst Du vieles anders sehen. Aber diese zugespitzte Zwischenbilanz nimmt bewusst das Problem der Demobilisierungstendenzen in der Anhängerschaft der SPD in den Blick. Ich bin mir nicht sicher, ob dieses Problem, von dem der Ausgang der kommenden Bundestagswahl nicht unwesentlich abhängt, in der Führung der SPD zureichend erkannt wird. Mit dem einfachen Verweis auf Stoibers konservative Position, seine Angriffe auf das neue Mitbestimmungsgesetz, auf eine zeitgemäße Einwanderungsregelung und seine Absicht, den Ausstieg aus der Kernenergie rückgängig zu machen, wird die Remobilisierung wichtiger Wählerschichten der abhängig Beschäftigten, der Arbeitslosen und der Intelligenz nicht gelingen. Nur wenn die Sozialdemokratie ihr Gesicht zurückgewinnt, hat sie eine wirkliche Chance.

Für Deine Arbeit wünsche ich Dir weiter soviel Durchsetzungskraft wie bisher.

Mit freundlichen Grüßen

Dein Joachim Perels

Nachweise

I. Grundlegungen

1. Demokratische Alternativen zur kapitalistischen Krisendynamik. Das Beispiel des Prager Frühlings, in: Krise ohne Ende? Zur Geschichte und den Ursachen kapitalistischer Krisen und ihrer möglichen Ursachen, hrsg. v. Loccumer Initiative kritischer Wissenschaftler und Wissenschaftlerinnen, Hannover 2009, S. 75 ff.
2. Die Zerschlagung der Gewerkschaften 1933. Schutz des Kapitalismus durch Beseitigung der Koalitionsfreiheit, Blätter für deutsche und internationale Politik H. 5/2008, S. 87 ff., unter dem Titel: Die Zerschlagung der Gewerkschaften am 2. Mai 1933
3. Die Harzburger Front – Etappe im Aufstieg des Nationalsozialismus, Harzburger Front. Gleichschritt zur Diktatur, Ausstellungskatalog, hrsg. v. P. Schyga / M. Weber, Goslar 2009, S. 60 ff., unter dem Titel: Die Bedeutung der Harzburger Front für den Aufstieg des Nationalsozialismus
4. Sozialismus als Demokratie. Probleme einer Ordnung gesellschaftlicher Selbstbestimmung, in: Kritische Justiz H. 2/1971, S. 166 ff., unter dem Titel: Zur politischen Verfassung des Sozialismus
5. Sozialistisches Erbe an bürgerlichen Menschenrechten, in: Es muß nicht immer Marmor sein. Erbschaft als Ungleichzeitigkeit, Ernst Bloch zum 90. Geburtstag, hrsg. v. J. Perels/J. Peters, Berlin 1975, S. 89 ff.
6. Volkssouveränität als Instrument der Perestroika? in: Soziale oder sozialistische Demokratie. Freundesgabe für Peter von Oertzen, hrsg. v. J. Seifert/ H. Thörmer/K. Wettig, Marburg 1989, S. 242 ff., unter dem Titel: Demokratische Legitimität als Instrument der Perestroika. Über Schwierigkeiten der Umgestaltung der Sowjetunion

II. Theoretiker

1. Utopie als Gesellschaftskritik – Ernst Bloch, in: Aufschrei der Utopie. Möglichkeiten einer anderen Welt, hrsg.v. M. Hawel/G. Kritidis, Hannover 2006, S. 20 ff., unter dem Titel: Die Gegenwartsbedeutung von Blochs Geist der Utopie
2. Der plebejische Blick – Bertolt Brecht, in: Junge Kirche H. 6/ 1974, S. 339 ff., unter dem Titel: einfach und komplex – Bert Brecht.
3. Wider das monarchische Prinzip – Peter von Oertzen, in: Zur Funktion des linken Intellektuellen heute. In memoriam Peter von Oertzen, hrsg. von der

Loccumer Initiative kritischer Wissenschaftlerinnen und Wissenschaftler, Hannover 2009, S. 11 ff., unter dem Titel: Vergegenwärtigung demokratischer Verfassungstheorie – mit Widersprüchen. Peter von Oertzens marxistische Auseinandersetzung mit dem staatsrechtlichen Positivismus des Obrigkeitsstaats

4. Auf dem Kampfboden der Weimarer Demokratie – Theodor Lessing, in: Blätter für deutsche und internationale Politik H. 11/2008, S. 103 ff., unter dem Titel: Verdrängt und Vergessen. Der Philosoph und Publizist Theodor Lessing
5. Legalität und sozialistische Strategie – Wolfgang Abendroth, in: Kritische Justiz H. 2/1974, S. 147 ff.
6. Verfassungspositionen und gesellschaftliche Emanzipation – Jürgen Seifert, in: Kritische Justiz H. 3/2005, S. 337 ff., unter dem Titel: Im Spannungsfeld von Politik und Verfassung
7. Überschreitung des schlecht Bestehenden – Oskar Negt, unveröffentlicht
8. Ein vergessener Begriff von Politik – Siegfried Landshut, in: Im Gespräch. Hefte der Martin-Buber-Gesellschaft Nr. 6/2003, S. 80 ff., unter dem Titel: Siegfrieds Landhuts vergessener Begriff von Politik

III. Orientierungen

1. Verdrängung sozialistischer Rechtstheorie in der Sozialdemokratie. Adolf Arndt und Franz L. Neumann, in: Recht, Demokratie und Kapitalismus, hrsg. v. J. Perels, Baden-Baden 1984, S. 137 ff.
2. Negation der Gedankenwelt der SPD durch ihren Generalsekretär, in: Frankfurter Rundschau v. 10. Oktober 2003, unter dem Titel: Angriff auf die Tradition der SPD. Generalsekretär Scholz liquidiert soziale Grundsätze, um die Macht zu erhalten
3. Die rot-grüne Regierungspolitik und die Grundsätze der SPD. Offener Brief an Heidemarie Wieczorek-Zeul, in: Ein unvollendetes Projekt. Fünfzehn Positionen zu Rot-Grün, hrsg. v. O. Negt, Göttingen 2002, S. 164 ff., unter dem Titel: An die Bundesministerin für wirtschaftliche Zusammenarbeit und Entwicklung. Brief an Heidemarie Wieczorek-Zeul